教育部人文社会科学研究一般项目资助
"教师教学决策的运行机制及演化研究"（11YJA880145）

山东省教师教育创新研究基地、课程与教学论学科资助

聊城大学学术著作出版基金资助

教师教学决策的运行机制研究

张朝珍 著

中国社会科学出版社

图书在版编目（CIP）数据

教师教学决策的运行机制研究／张朝珍著．—北京：中国社会科学出版社，
2016.12

ISBN 978-7-5161-9585-7

Ⅰ.①教…　Ⅱ.①张…　Ⅲ.①课堂教学—教学研究　Ⅳ.①G424.21

中国版本图书馆 CIP 数据核字（2016）第 325541 号

出 版 人	赵剑英
责任编辑	王　琪
责任校对	胡新芳
责任印制	王　超

出　　版	中国社会科学出版社
社　　址	北京鼓楼西大街甲 158 号
邮　　编	100720
网　　址	http://www.csspw.cn
发 行 部	010-84083685
门 市 部	010-84029450
经　　销	新华书店及其他书店

印　　刷	北京君升印刷有限公司
装　　订	廊坊市广阳区广增装订厂
版　　次	2016 年 12 月第 1 版
印　　次	2016 年 12 月第 1 次印刷

开　　本	710×1000　1/16
印　　张	16.5
插　　页	2
字　　数	237 千字
定　　价	59.00 元

序

　　教师专业发展中的"发展"是指教师在渐进的、变化着的过程中所达到的境界或水平。新手教师成长为专家教师的过程不是清晰、简单的直线过渡，而是呈现有交叉的、渐进的阶段性特征。从教学过程及效果的统一性来分析，掌握学科知识是教师专业发展的基础层次，探究学科智慧是提高层次，体悟学科创新是更高层次。教学活动中必然和内在地包含着教师的判断、选择等教学决策行为，教师向更高一个专业层次的提升，都离不开反复地观摩、体悟自身、他人的教学决策活动。同时，课堂教学改革凸显了教师作为教学决策者的地位，教师的教学决策能力既是教师作为决策者角色的重要体现，也直接关系到学生的培养质量和教师自身的专业成长。因此了解教师教学决策如何运行、教师的教学决策力怎样发展起来，就成为一个兼具理论和现实意义的问题。

　　张朝珍博士在《教师教学决策的运行机制研究》一书中，根据教师专业发展阶段理论，揭示了教师教学决策的运行机制及其演变特征。首先，收集和整理了国内外有关文献并加以系统梳理，介绍本书展开的学术背景。其次，设计、发放教师教学决策的调查问卷。通过对问卷的统计分析，初步了解不同类型教师的教学决策运行特点，为研究提供统计学意义上的依据；然后通过课堂观察与访谈，描述不同类型教师的教学决策运行状况。再次，在上述研究的基础上，基于复杂性科学理论论证了教师教学决策演变的复杂性和影响教师教学决策发展的主要因素。最后将教师教学决策置于当前教育改革的学校场域背景下，分析教师教学决策发展的惯习特征和资本制约，揭示了教师教学决策发展的社会结构动力。

本书认为，不同教师教学决策的运行机制差异表现在教学决策子系统的联结、教师对扩展性教学问题的决策和教师教学决策框架三方面。在这些差异中存在着教师教学决策发展的基本脉络，其核心是教师教学决策力的渐进性提高。虽然不同教师、同一教师教学决策的发展具有发展结构的个性化、发展方向的多样化、发展路径的非线性化和发展动力的耗散性等复杂本质，但教师教学决策这一复杂系统的演化又具有共同的支配要素。教师教学决策发展是教师主体动力、学校场域动力和社会场域动力三者之间相互作用所产生的合力共同作用的结果。不同专业发展阶段教师的需求层次和需求满足程度与教师的职业惯习、拥有的资本性质和资本总量密不可分。

作者通过研究得出了以下结论：在新手教师特别是熟练教师的经验型教学决策中，智慧型教学决策也时隐时现，专家教师的课堂教学中也包含着明显的技术与经验型决策成分。我们要突破既有的线性思维，从多元和个性化的角度重新审视教师的教学决策。这也说明教师专业成长应该和能够呈现一种体现教师个性特色、横向延展性的发展，大量熟练教师也可以成长为各具专业特色、各种职业人格类型的专家型教师。本书提出的这种超越"精英取向"的教师专业成长理念不仅具有深刻的洞察之处，还具有指导教师教育实践的现实意义。

张朝珍同志在攻读博士学位期间就开始关注和研究教师教学决策问题，已经于 2011 年出版了专著《教师教学决策论》。在南京师范大学教育学博士后流动站学习期间，她在自己前期研究的基础上，对教师教学决策进行了更加具体和深入的研究，形成了自己的博士后研究工作报告。现在经过补充、修改和完善即将付梓成书。作为她的学术合作教师，我深感欣慰。

本书站在国内外已有研究的高度上，从基础教育现实出发，对教师教学决策的运行和发展进行了有深度的实践描述和理论分析。当然，对教师教学决策这一领域的研究不是一蹴而就的事情，尚有一些问题需要我们进一步去思考。希望张朝珍博士能够在后续的研究中拓展研究思路，立足本土的文化传统，揭示中国文化语境下教师教学决策发展的应有特色，促进更多的人去关注和研究教师教学决策问题，为课堂教学改革和教师专业成长提供教学决策理论的支撑。

是为序，以示鼓励。

南京师范大学教授　杨启亮

2016 年 8 月 16 日

目　　录

导　论

教学变革中的教师角色

第一节　研究背景

一　专业化背景下的教师发展：从专业结构到核心素养

中外基础教育改革的实践已经证明，课堂教学改革的核心环节是教师的专业发展，教师的专业素质直接影响到基础教育改革成败和中小学校教育质量的提高。伴随着全世界范围内教师职业专业化的推进，关于教师发展问题的研究视角也从对教师职业属性、社会地位、资格与准入制度等外在标准分析转向对教师专业素质的讨论。

教师专业素质表现为一种横向的结构形态，这些横向面在不同专业发展阶段的教师身上又有着不同的体现。对教师专业素质结构的划分有着各种视角和观点，概括起来主要包括专业知识、专业能力、专业道德和专业情感态度等方面。其中专业知识包括本体性知识、条件性知识、实践性知识和操作性知识，解决的是教师"懂不懂"教书育人的问题；专业技能包括课程开发能力、教学设计能力、学生管理与评价能力，解决的是"能不能"教书育人的问题；专业道德、专业理想、专业性向和专业态度则体现了教师"愿不愿"教书育人的问题。我们应该以哪个方面为重心来衡量和评价教师的专业素质并推动教师的专业发展，目前存在着三类取向：其一是教师专业发展的理智取向。该取向认为教师的专业能力在本质上是受学科专业知识、教育学、心理学知识等所包含的教育教学原理与技术驱动和制约的，教师的专业发展就是掌握这些专业知识、原理、技术的过程。好教师的标准就是拥有丰富的专业知识和学科视野、高水平的专业技能，这使得他们能够根据不同学生的需要以及课堂上不断变化的教学情境，对教学内容进行取舍、加工，灵活采取各种教学策略。其二是教师专业发展的实践—反思取向。该取向认为教师专业发展的实质并不在于外在技术性知识的获取，而在于通过不断的教学反思，促进教师对自己的专业活动有更为深入的理解，加强教师对自身教育实践的认识，在此基础上提升教育实践。教育情景所具有的生成性特性，要求教师必须凭借自己对教育教学的理解和领悟，对灵活多变的情景创造性地做出自主判断和选择。因而在长期的实践中积累起来的、在"行动中反思"得来的实践性知识才是教师专业发展的基础。① 其三是教师专业发展的生态取向。该取向认为教师的专业发展与学校这一生态环境的运行有着密不可分的联系。虽然教师专业发展是一个高度个体化的学习过程，但它不是在真空中发生的，而是个体教师与具体教育情境交互作用的结果。教师专业发展在更大程度上依赖于教师群体的合作文化和有组织的专业活动。② 如果说第一种取向是从教师专业发展的内容来建构教师专业发展的指标体系，第二种和第三种取向则是对教师专业发展动因模式的讨论，体现了将外因或者内因视为对教师专业发展起决定作用的研究范式。"外因论"注重环境、制度、组织文化等外部因素对教师专业成长的影响，主张以有组织、有计划的职业训练来促进教师在专业知识、实践技能等方面的发展；"内因论"注重教师主观能动性在专业发展中的作用，主张激发教师自觉、自主的发展意识，通过反思、对话等途径来实现教师的专业成长。教师具有自我发展的意识和能力，能够主动、自觉地承担专业发展的主要责任，通过不断地学习、实践、反思、批判、质疑、创新，提升自己的教育教学能力，从而实现教师发展的多元性、差异性

---

① 朱新卓：《"教师专业发展"观批判》，《教育理论与实践》2002 年第 8 期。
② 教育部范教育司：《教师专业化的理论与实践》（修订版），人民教育出版社 2003 年版，第 27—30 页。

和创造性。①

　　无论是自上而下的教师专业发展外推范式还是教师主体自觉的内驱范式，都需要落实到教师专业素质的全面提高上。对教师的专业素质也就不能停留于泛泛谈论素质结构层面，而应该在对教师专业素养结构整体把握的基础上，进一步关注教师群体在面向基础教育中长期发展实践的需要和个人终身发展所必须具备的核心素养这一问题。这些核心素养是不同学科领域、不同专业发展阶段教师的专业成长都不可或缺的共同底线标准，是基本和必要的教师专业素养要素。

　　教学专业化是教师专业发展的核心，教师应该具备的核心素养必然要落实和体现在教学专业素养上。教师核心素养是教师为完成教书育人的工作必备的关键职业能力。从教师专业素养的结构化角度分析，借鉴日本学者森敏昭的分类（见图0—1），② 将教师教学所需的核心素养分为教学基础力、教学思考力和教学实践力三层。其中教学基础力作为教师的基本职业能力，是教师教学思考力的基础。教学活动中教师必须具有的基础力包括一般人文与科学知识的掌握、表达能力；对学科基本知识的加工与整合能力；获取和利用多元信息的信息能力。此外，教师教学活动中还应该具有一定的教学观念、教育信仰等信念力这一隐性的基础力。教学思考力包括教师的问题解决能力、批判性思考能力和元认知能力等，其实质即教师的教学决策力，是教师对各种教学问题进行判断、探源和创造性解决的高阶认识能力。这种不断发现、反思创造与适应的思考力成为教师开展教学活动、提高实践力的认知保障。实践力是基础力和思考力的综合体现，教师教学基础力和思考力通过认知性教学实践、伦理性教学实践和社会性教学实践得以展现，最终表征为教师的教学实践力。合理的教师教学决策是有效教学实践的前提，而合理的教学决策又以教师基本的职业能力与正确的教育信念为基础，因此，教师教学决策力就成为教师核心素养的"思考力"这一中间纬度，成为需要我们加以关注的重要方面。

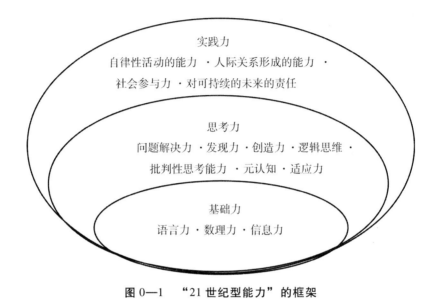

图 0—1　"21 世纪型能力"的框架

来源：〔日〕森敏昭：《21 世纪学习的创造》，北大路书房 2015 年版，第 133 页。

转引自钟启泉《基于核心素养的课程发展：挑战与课题》，《全球教育展望》2016 年第 1 期。

决策是主体对行为的判断与选择。作为一种专业活动，教师决策涉及教师职业生涯的方方面面，既包括教师在国家课程的二次开发、地方课程和校本课程的设计与开发环节中体现出来的课程决策，也包括伴随着教学过程的不断展开进行的教学决策，还包括教师对自身专业发展进行谋划的职业生涯决策。教师的专业发展必然和必须表现为教师课程与教学决策水平的不断提高。由于课程与教学两者关系在课程实施环节的部分交叉，教师课程决策与教学决策也部分地呈现一种交叉和重叠状态。本书是从课堂教学中的教师课程决策这一微观层面，将课程决策视为教学内容决策，纳入教师教学决策的一部分进行研究的。教学过程即教师不断做出各种各样教学决策的过程，教学质量直接取决于教师教学决策的质量。因此教学决策素养是教师专业素养的必然构成部分，教师教学决策水平的提高就成为教师专业发展的重要内容，分析教师教学决策发展过程中的核心要素也就成为本书的目标之一。

二　教师职业角色的转向：从执行者到决策者

教师专业发展的实践告诉我们，并不是每一个新手教师都能成长为专家教师，即使新手教师发展为专家教师，其发展路径也不是一个清晰、简单明了的直线过程，而是受到若干主客观因素的影响。与新手教师相比，专家教师教学实践的根本特征是教育智慧的形成和绽放。教育智慧的形成不是由理论到实践的直接运用和过渡，它是教师在实际的教育情境中，在面对解决复杂而具体的实际问题过程中，经过观摩、领悟、反思到不断体悟，逐渐获得在复杂教学情境中的卓越决策力，这一卓越能力又通过有效的教师教学行为得以彰显。因此构成教师专业素质结构的核心要素既不是单纯的专业知识和技能，也不是单一的教师的职业信念和性向，而是融会教师知识、信念和经验、集中表现为综合判断力和批判反思能力的教师教学决策。从教学决策的视角审视教师教学实践的运行过程，就成为了解教师专业发展的阶段性特征，促进教师专业发展的重要方面。

尽管我们不能假定经验即专业性，但在某个阶段的教师身上仍然可以发现某些专业性的表现。因此，了解在若干年的经验之中那些专业性能被哪些教师在哪种情境中发展起来，对教师教育有着丰富的启示。[①] 随着我国基础教育变革的深度推进和教师作为变革实施重要力量的被认可，教师教学思想和行为研究成为关注的焦点，教学决策研究便是其中一个颇有价值的研究领域，由此也引发了一个前瞻性思考：中小学教师是教育教学活动的执行者还是决策者？

课程改革必然要求对教师教学行为的更新和重塑。在国家课程一统天下的传统课程开发模式下，"仿教师的课程"使教师只能去

---

① Elizabeth Gatbonto, "Looking Beyond Teachers´ Classroom Behaviour: Novice and Experienced ESL Teachers' Pedagogical Knowledge", *Language Teaching Research*, Vol. 2, 2008, pp. 161-182.

执行由专家学者、教育行政管理者设计好的课程文本和制度规范，教师成为课程的"消费者"和"执行者"。第八次基础教育课程改革明确了"国家课程—地方课程—校本课程"的三级课程管理模式，赋予了教师开发和设计课程尤其是校本课程和综合实践活动课程的开发权力，使教师也成为课程开发的设计者和决策者，但教师在国家课程的校本化实施和班级层面的教学决策活动往往被忽视。对于教师教学是决策活动还是执行活动有不同的理解。如教师是课程的执行者，要提高教师的课程执行力。"构成教师课程执行力的要素包括对课程的理解能力、对教材的二次开发能力、基于课程标准的教学设计能力和课堂教学实施能力。"① 这一观点从字面看是对教师课程执行力价值的强调，但对于课程执行力包含教材的二次开发能力等方面的解释，实质上说的是教师对课程与教学的决策力。这种概念使用上的混乱导致人们对教师角色认知的模糊。理论论证缺乏充分的逻辑一致性也导致实践领域的"各说各话"和主观解释。如"关注教师教学执行力促使教师实现再超越"、"聚焦课堂，提升教师课程执行力"②、"教师应致力于提高教学执行力"③ 等实践领域的表达。从作者对这些观点的实际说明看，大多是对教学常规的强调和教学技能的要求，这种表述在客观上容易导致对教师作为决策者地位的认识偏差，陷入教师即执行者的观念误区。从课程标准的实施要求而言，高质量的教学需要教师专业和规范的执行行为，但这一执行行为的实质是教师对课程标准、教材文本等外在、他人决策产物的再认识和再决策。课堂教学作为复杂多变、充满偶然性、难以确切预知的生态系统，作为师生通过交互作用不断创生课程、实现主体价值的具体教育情境，需要教师持续地做出有效、合理、迅速的教学决策。教师教学决策不仅仅是教学计划的执行，更是对教学决策方案的再生成。因此，教师是作为课程与教学的决

① 姚志敏、谢利民：《教师课程执行力——一个值得关注的课题》，《教育探索》2010 年第 11 期。

② 谷梦琴：《聚焦课堂，提升教师课程执行力》，《天津教育》2011 年第 5 期。

③ 方宏：《教师应致力于提高教学执行力》，《兰江导报》2012 年 3 月 27 日第 A09 版。

策者而非执行者发挥着专业人员的作用。

教师教学决策不仅是教学实践问题的核心，也是教师教育课程的必然构成。教师教学决策应该是一种专业性决策，但教师教学决策的实践离应有的专业程度还有着一定的距离。"由于种种原因，教师们并不利用实际上拥有的权力去改进课程。教师们普遍地认为自己还算比较有自主权的——控制着教什么和怎么教——但到真正实践时，他们又往往很难脱离这个单一的模式：站在全部学生面前——说、解释或演讲。"① 教师教学决策是在特定的教学情境中进行的，教师教育要促进教师情境理解能力的提高，这种理解能力是在复杂、模糊、变动不居的教育情境中明智地判断与决策的基础（Elliott，1991），因此莫雷和波特在《教师教育手册——建立职前教师的知识基础》一书中也指出，教师教育专业课程需要考虑五个方面的问题：学科内容、普通人文知识、教育学科内容、多元文化和国家方面的知识、教师教学中的决策问题（F. B. Murray & A. Porter，1996）。②

三 对本书的前提性思考

任何研究的开展首先要解决研究的原点问题。对教师教学决策的运行研究需要思考的原点问题是：教师教学有决策吗？如果现在的中小学教师没有决策活动，有的只是教学执行行为，那么本书的研究就失去了现实意义。如果说教师教学中有决策，但这种决策是否符合教学的专业水准？这又涉及教师教学是不是一个专业和教师教学决策的专业特殊性是什么等问题。

美国教育家约翰·杜威指出，在学校教育中教师应该是领导者。他认为，传统教育倾向于把教师看成是独裁的统治者。"实际上，教师是一个社会团体的明智的领导者。教师作为一个领导者，

---

① ［美］丹尼尔·坦纳、劳雷尔·坦纳：《学校课程史》，崔允漷译，教育科学出版社 2006 年版，第 329 页。

② F. B. E. Murray & A. Porter, *The Teacher Educator's Handbook*: *Building a Knowledge Base for the Preparation of Teachers. The Jossey-Bass Education Series*, Jossey-Bass Publishers, 350 Sansome St., San Francisco, 1995, p. 757.

依靠的不是其职位，而是其广博、深刻的知识和成熟的经验。认为自由的原则使学生具有特权，而教师被划在圈外，必须放弃他所有的领导权力，这不过是一种愚蠢的念头。"① 领导活动必然包含着决策行为，因此对教师教学决策的研究作为对教师思想与行为研究的一个具体研究领域，受到越来越多人们的关注。当前理论领域对教师教学决策研究的日益关注和实践领域中的学校领导者、普通教师对教师教学决策的"集体无意识"之反差，引发了对以下几个问题的讨论，对这几个问题的回答不仅是教学决策理论自洽性的需求，也是对教师教学决策实践样态的确认与分析。

（一）有还是无？对教师教学决策是否存在的思考

作为一名研究课堂教学决策的理论工作者，笔者不止一次地被问：决策好像属于领导的事情，教师又不是领导，教学有决策吗？我们整天备课、上课、批作业，好像没有什么决策活动。这样的疑惑也促使我们对教师教学决策研究进行反思，教师教学过程中到底有没有决策行为呢？

1. 教师教学包含着决策活动

（1）教学过程与教师决策的密不可分。

决策指人们为了实现改造世界的目的，以对事物发展规律及主客观条件的认识为依据，寻求并决定某种最优化目标和行动方案的过程。② 决策（Decision-making）是管理学和决策行为学中的基本概念，有狭义与广义的区分。在以西蒙为代表的现代决策理论出现之前，人们通常从狭义上把决策仅仅看成对行动方案的最后选择，至今在系统分析一类的文献中仍采用这样的含义。但西蒙从广义上扩展了决策的内涵，把决策理解为"人们对行动目标和手段的探索、判断、评价直至最后选择的过程"③。此后的现代管理文献沿用了西蒙的定义。《软科学大辞典》对决策这样解释："决策是人们为了达到一定目标，从各种可能的行动方案中进行选择的过程。决策

---

① ［美］约翰·杜威：《我们怎样思维·经验与教育》，姜文闵译，人民教育出版社 2005 年版，第 223 页。

② 辞海编辑委员会：《辞海》第 1 部，上海辞书出版社 1999 年版，第 994 页。

③ 黄孟藩、王凤彬：《决策行为与决策心理》，机械工业出版 1995 年版社，第 2 页。

存在于人类一切实践活动中，存在于人类历史的全过程。"① 因此，决策的本质是主体的判断与选择过程。教学活动也是这样一个过程。不管是否意识到，教师教学决策是伴随教学活动始终的具体行为。在教学计划环节，教师要有意识地思考教学内容的设计与开发是否建立在学生的准备状态基础之上，教学安排能否激发学生参与学习的积极性和创造性；在课堂教学的互动环节，教师发现出现预设之外的教学问题时要考虑是否选择可替代的其他教学方案；在教学后的教学评价环节，教师还要结合学生学习的效果，反思教师对学生学习活动的设计、组织和实施的效果和问题所在，及时调整下一环节的教学安排。因此，教师教学决策既是一种行为表现，也是一种复杂的认知和社会活动。教师作为教学活动的设计和实施者，需要在复杂和流变的教学情境中对教学过程的种种问题加以观察、判断并予以解决。这些决策活动不仅仅是教学有效实施的手段，也是教学活动的重要组成部分。

（2）教师教学决策权的实存。

决策的存在内含着一种权力的获得。教师教学决策首先是自主的行为，是一种自觉自愿的主体判断与选择、自我控制并为之负责的行为；其次是专业的行为，教师的教学决策权是教师对教学进行自主决策的权力，是其专业自主权的重要内容之一。从课程运行的角度看，学校课程实施以国家课程的校本化实施为主，包括"学校根据自身的特点和条件，就课程资源、单元进度、授课顺序、教学方法等课程议题进行自主决策"②。这些决策权主要是通过教师的教学活动贯彻的。当今学校系统组织变革的一个重要方面是把专业自主权交给教师。教师作为一个专业人员，在他负责一个或几个班级的这段时间里要对工作程序拥有自主决断的权力，要"从若干个方向运用个别的、团队或整个学科的方式将课程加以运作，拟定全年的教学活动行事历，拟订各单元的计划，充实课程与补救教学，定期进行课程评鉴"③。虽然从宏观的角度讲这种专业自主权的争取并

---

① 李忠尚：《软科学大辞典》，辽宁人民出版社1989年版，第33页。
② 吴刚平：《学校课程管理实务》，高等教育出版社2005年版，第39页。
③ ［美］格拉索恩：《校长的课程领导》，单文经译，华东师范大学出版社2003年版，第18—22页。

不十分成功，但人们不得不承认，当教室的门关上的时候，教师是课堂教学的领导者。不同于行政领导，教师领导在本质上是非等级制的，它更少强调"体系中的正式角色"，而是基于专业权力和知识进行的影响力的发挥过程，其影响力既来自教学或教育专业能力，也来自于教师作为国家权力系统的"基层承担人"所具有的权力性权威。

2. 教师教学中的决策为何被质疑"空场"

决策空场指人们把决策置于教师教学活动和过程之外，质疑教师教学决策的存在。理论领域对教师教学决策研究的质疑主要是教学决策和教学设计是否存在着差异，教学决策是否是教学设计的同义反复；实践领域对教学决策的困惑则是教师决策是否存在。前者关系到教师教学决策研究的价值合理性问题，后者则关系到教师教学决策研究的现实合法性问题。

（1）教学决策与教学设计之间的交叉关系。

对教学决策与教学设计的关系进行界定，是教师教学决策研究必须做出的回答。教学决策的前提之一是备选方案的设计；教学设计的过程也包含着对内容、方法策略等的选择，二者有着构成要素与功能的交叉，而且概念解释用词的互用也容易使我们将教学设计混同于教学决策。但交叉不同于相同，二者有着各自的研究领域，关键差异在于关注的问题和外延的不同。

教学设计的外延小于教学决策。教学设计即教学计划的制订过程。这一源于加涅的观点是目前占主流的对教学设计的解释。加涅在其著名的《教学设计原理》一书中，对教学设计所下的定义是："教学系统设计是对教学系统进行具体计划的系统化过程。"（R. M. Gagne，1999）我国学者何克抗认为，"教学设计是运用系统方法，将学习理论与教学理论的原理转换成对教学目标（或教学目的）、教学条件、教学方法、教学评价等教学环节进行具体计划的系统化过程"[①]。因此，教学设计关注的方面是对教学方案的系统计划，虽然这也是一个教师进行决策的过程，但只是在教学准备环节

---

① 何克抗：《也论教学设计与教学论》，《电化教育研究》2001年第4期。

的教学计划决策。教学设计"是以一种书面的形式把将要完成的事情或活动的结果写下来，而不是变成实际的产品或结果，……教学设计不是一种直觉的冲动"①。也就是说，教学设计作为教学行为前的系统计划，往往要求以书面的形式表达出来，这在强调规范操作的教育技术学领域尤为明显。因此教学设计中的决策过程并不包含教师在处理课堂教学突发事件时的即时性决策或生成性决策。

教学决策关注的焦点是判断和选择，它存在于教学前教师对教学信息的收集与分析、备选教学方案的设计、教学中对教学方案的实施、教学后对实施效果的评价等几个环节中，其外延包括整个教学过程。教学决策未必通过书面的形式表达出来，决策作为行动前的主体认知过程，往往通过教师的语言和行为的变化表现出来，这在课堂教学中的互动性决策阶段尤其如此。教学的情境性和动态变化使教学互动过程存在着大量生成性的即时决策，这些即时决策大多是直觉决策或潜意识决策，甚至只是在头脑中的"映像"决策。因此，教学决策既有外显的计划方案等表现形式，也充满着内隐的判断与选择等认知活动。②

（2）对国外概念体系的本土转化与解释力不足。

现有直接探讨教师教学决策的文献主要是国外的研究成果。当前国内对教师教学决策的研究尚处于理论建构的起步阶段，整体研究较为薄弱。在运用国外的理论框架和概念体系对我国的教师教学决策实践进行研究时，需要思考这些基于他国文化背景和 20 世纪末的学校教育理论的教师教学决策研究，是否及时反映了认知心理学、决策行为学和课程与教学理论的最新发展，能否真实反映我国教师教学决策的实际情况等问题。当前对教师教学决策的分析存在着两大不足：一是诠释失当，只是将管理学中的决策定义简单移植和套用到教育学中，对教师教学决策的特殊性以及实践表征缺乏具体解释，使中小学教师对自己日日进行的教学决策活动产生了概念理解的困难和陌生感。二是过度诠释，如将构成决策活动的判断等

---

① 李志厚：《国外教学设计研究现状与发展趋势》，《外国教育研究》1998 年第1 期。

② 张朝珍：《教师教学决策论》，人民出版社 2011 年版，第 17—18 页。

同于决策，忽视了决策本身包含的问题简化、信息搜集与加工、判断与选择的整体性。这也告诉我们，无论是教师教学决策的概念体系还是推论方式，都需要将其转化为本土的语言模式，在我国文化的背景中进行现实性解释和考察，由此推导我国教师教学决策的运行机制。没有这样的概念转换和理论诠释，教师教学决策研究就会出现理论论证的"自说自话"和实践领域"莫名其妙"这样一个"两张皮"的结果。

（3）教师教学决策的性质导致的认识模糊。

决策本质上是主观的认识还是客观的实践，不同学科对这个问题的回答缺乏统一的答案。哲学认识论将决策视为一种特殊的认识活动。决策是随着人类认识的感知活动系统、抽象活动系统、评价活动系统的运行和发展而形成的最高环节的决策活动系统。[①] 管理学则将决策视为认识和实践的统一。从管理学对决策概念的解释变迁看，决策不是传统规范性决策范式的人类绝对理性，而是人类有限理性的产物。赫伯特·西蒙指出"管理即决策"。决策既是一种方案的制定也是方案的实施和执行过程，是包括"收集情报—根据信息寻找可能的行动方案—选择相对满意的方案—实施方案并进行评价"的全过程。这种界定将决策的形成过程和实施过程合在一起，虽然是为了强调管理过程中决策活动的重要性，但实质是基于群体、显性决策的特征提出的。按照决策结果的形式划分，决策包括隐决策和显决策两种。"隐决策是隐藏于决策者的头脑之中，没有以物化的形式表现出来的决策。它一般是个人行为的决策"，与隐决策对应的"显决策一般是由群体构成的决策系统的决策。决策者经过决策过程，制定的决策要以语言、文字、图像等形式表现出来，为决策执行者所了解和掌握"，[②] 教师教学决策则兼具隐决策和显决策的双重特征。

对教师教学决策概念的说明既要体现决策活动的一般属性，也要对教师教学活动的本质特征进行解释，在此基础上分析教师教学

---

① 王霁：《认识系统运行论》，中国人民大学出版社 1990 年版，第 304 页。

② 萧浩辉、陆魁宏、唐凯麟：《决策科学词典》，人民出版社 1995 年版，第 30 页。

决策这一交叉概念的内涵和外延。教师教学决策的特殊性表现为，它首先是个体决策；其次教师既是教学决策的制定者也是直接执行者；再次学生既是教师教学决策的目的也是教师教学决策的根据，因此他们不是教师教学决策的执行者而是合作者、参与者和影响者。教师的教学决策既可能是一种隐决策，如对轻微学生违纪行为表现出的"无作为"；也会是显性的决策表达，教学过程中教师的决策也常常以语言、行为、文字等形式表现出来，表达教师对学生学习活动的指导、指令和反馈。这种引导性的决策表达是通过让学生理解教师的教学安排，激发学生对教师制定和选择的教学方案的参与兴趣、配合和投入的积极性，以获得有意义的教育教学效果。因此不能将西蒙的决策直接用于解释教师的教学决策。虽然教师教学决策有着显性的特征，但这种显性只是对教师决策的形式表达，是教学决策方案实施的开端。教师教学决策不是一种纯粹的主观认知，而是在特定的教学情境中，以课程知识为中介，与学生这一特殊决策对象在互动教学中不断形成和演化的认识和思考过程。

　　决策内在表现为一系列复杂的思维认知过程，外在表现为实践方案的确定和开展。教师教学决策是从已知到未知，围绕问题进行的推论性思考。它始于教师对教学问题信息的观察、判断，终于对问题解决方案的选择，其本质是一种特殊的认识过程，这种特殊性表现为它是一种为了（for）教学实践、在（in）教学实践中、通过（by）教学实践实现的活动。行动的开展过程既是决策的实施也是启动新决策的开端。决策是行动的选择，是"行之始"，行动则是决策的执行，是"知之成"。"决策认识活动所形成的观念结果，是对实践将要创造的新型客体的超前反映，……它以事实认识和价值认识为依据，并按照实践活动的要求将前者以扬弃的形式包含在自身之中，同时又含有前者所没有的内容。对于这种体现着实践冲动、实践要求，并能够直接向实践转化的认识，我们称之为'实践理性'认识。"① 因此从"认识—实践"互动的角度看，教师教学决策也由两个阶段构成：一是教学方案的设计与选择等主体认识过

---

① 王霁：《认识系统运行论》，中国人民大学出版社1990年版，第319页。

程；二是教学方案应用于教学实践促进学生学习的决策实施过程。教学决策是在教学实践中形成和发展的，教学决策的价值也需要实践去检验和认证。作为一种认识活动的教师教学决策，从根据教学目标收集各种材料和信息到加工、形成教学决策方案，这是一个从感性认识到理性认识的上升过程，是教师"通过认识的形式化、模式化、观念化等程序把握实践对象的思维过程，即主体运用符号操作、思维建构、思想实验等形式对包括主体行为、手段和客体对象等要素在内的实践进度超前反映的过程"①。但这种认识是直接为教学实践服务、直接按教学实践的要求、对教学实践问题的解决。特别是互动性教学决策，更是"为了实践、在实践中、通过实践"的决策认识和教学实践的相互交织的体现。从这个意义上讲，教师教学决策具有部分的实践性质，教师现实的教学决策活动往往是思维操作和行为外显同时展开的结果，教师在其内隐空间中所进行的决策性思维操作，与其在外显空间中所表现出的对象性教学行为，不可能在时间和空间上截然分明地区别开来。教学决策的制定和执行即"知与行"之间的区分就是一种隐性的间隔。

考尔德黑德（Calderhead，1984）从决策认知的角度，将教师决策分为反思性决策、即时性决策和常规性决策三种形式。② 反思性决策是对持续一段时间后的教学活动的思考与评价，即时性决策是对互动教学过程中不断进行中的事件和问题的决策；常规性决策是对反复出现的日常教学问题的决策。教师教学决策具有内隐与外显相统一的特点，并非所有的教学决策都是外显的，教师在"行动中"的即时操作环节就存在着大量的直觉决策和隐性决策。虽然直觉决策在人类决策活动中也有着快速简洁解决问题的作用，但卓越的教学需要高质量的教师决策，高质量的教学决策必然是以理性和审慎的决策为主导，如果我们不能有意识地关注教学过程中教师合理性的决策行为，系统地培养教师的教学决策能力，忽略内隐的决策过程的存在及其对教师个体教学行为的深刻影响，就不能唤醒教

① 刘李胜：《决策认识论引论》，博士学位论文，中共中央党校，1993 年。
② J. Calderhead, *Teachers' Classroom Decision Making*, London：Holt, Rinehart and Winston, 1984, p. 21.

师对这些隐性决策的自觉关注，不能使其从一种隐性的状态转变为一种显性的状态，并对其进行反思与批判，这些处于隐性状态的教学决策就会流于经验的直觉和随意，教师作为教学决策主体就不能建构起理性和审慎的教学决策行为模式。因此，教师对自身决策活动的认识模糊与教师教学决策"知行合一"的特点也有关联。但教师教学决策只有"隐与显"的程度差异，没有"有或无"的不同。

（二）经验还是专业？对教师教学决策现状的思考

教学决策既具有"教学性"，也具有"决策性"。"教学性"决定了教师要掌握基本的乃至先进的教学知识，"决策性"要求教师摆脱经验性决策，增强教学决策的专业性。教学决策不是脱离教学活动的独立存在。作为教学手段，教学决策是教师为了促进学生的全面发展而自觉实施的教学规划。作为一种教学专业行为，教学决策水平的提高是教师专业发展的必然要求，有效的教学决策离不开教师对专业知识的积累和创造性应用。教师教学决策应该超越既有的经验状态，不断向专业行为转化。

1. 基于经验和惯例的教师教学决策

教师教学决策的内容就是行将实施的教学活动方案和计划，教师采取怎样的教学设计反映了教学实践的操作逻辑，是历经多次常规性、惯例性的教学决策运作，在教师深层意识结构中不断内化、积淀和再建构的结果。目前对教师教学决策实践的研究发现，我国中小学教师教学决策的主要问题是经验型教学决策。教师教学决策实践离应有的专业化水平还有一定的距离。由于种种原因，"有些教师根本不把他们自己视为有技术的独立劳动者；他们满足于驯服地履行为他们安排的课程、程序和考试时间，他们按教学时期和课堂要求执行学校的课程，教育当局的方针、规定或建议的教学法……官方教科书所严格规定的任务"①。在以"应试教育"为目标的课程与教师管理制度下，教师们已经习惯了对外来课程方案的无异议接受和忠实贯彻，教师对自身地位与作用的主要认同是传统的"传道授业解惑"的教学文化和教师角色观。许多教师作为课程与教学的

---

① 刘捷：《专业化：挑战 21 世纪的教师》，教育科学出版社 2002 年版，第 246 页。

被动"消费者"和执行者,"固守着自己的教学经验,最终达到偏颇与封闭的状态,呈现出'茧式化'的态势,即因维护旧有的经验而走向僵化、独断、作茧自缚"①,形成主观随意和狭隘的经验型教学决策。这种缺乏反思和升华的教学决策影响了教师对自我决策行为与学生学习相关性的理性思考和自觉调控,使教师教学行为在因循惯例中维持。因此,了解教师在特定情境下的教学决策过程,帮助教师从知识灌输者向教学决策者转变,既是教师专业发展的需要,又是课堂教学成功变革的主体保证。

2. 基于教学专业的教师教学决策

教师的职业经验是必需的但又可能是局限的。教师专业发展的水平表现为依次提升的教育经验水平、教育科学技术与艺术水平、教育文化水平。② 虽然许多教师即使不考虑自身专业发展问题,只是凭借经验按部就班地进行常规教育与教学,也可能创造不错的业绩。但这些发挥着正向功能的教学决策经验只能是教师由初级层次的经验决策向高级层次的专业决策渐进的必由之路,而不是最终的发展目标。

教师教学决策的专业特性首先是教师作为教学专业人员的本质体现。18 世纪末 19 世纪初,随着教育科学化运动的推进,教学作为一门专业开始形成自己的特征,要求教师教学由从经验化向专业化转变。我国教师法(1994)第三条规定:"教师是履行教育教学职责的专业人员",首次从法律上确认了教师的专业地位,也体现了社会对教师成为教学专业人员的角色期待。这种期待需要通过教师专业的教学决策使之成为现实。其次,教师专业发展的实践从另一个方面说明了教师谋求教学决策专业化的现实可能性。从新手教师(novice teacher)、熟练的教师(experienced teacher)到专家教师(expert teacher)的更迭,其专业水平不断演进的过程也是教师教学决策力逐渐提高的过程。

总之,教师教学决策的存在不是研究者的主观想象,而是一种

---

① 成晓利:《论教学经验的困境及其超越》,《中小学管理》2006 年第 6 期。
② 杨启亮:《教师职业专业发展的几种水平》,《教育发展研究》2009 年第 24 期。

客观存在。这是对教师教学决策的前提性说明。对教师教学决策
"有"或"无"的讨论和教师教学决策的经验和专业之分这两个问
题有着内在的关联。教师对自身教学决策的认知空场状态在一定程
度上说明教学决策运行的经验性。囿于经验的教学活动导致故步自
封的教师主观随意决策，使其教学决策不具备专业决策活动的特
征。教师教学决策的经验状态既说明唤醒教师决策意识的重要性，
也说明教师教学决策与其说是一种权利赋予，不如说是一种能力的
增强。这种能力的增强需要的不仅仅是教师群体的努力，更需要学
校组织和管理对专业化的教师教学决策的引领和支持。

第二节　研究目的和意义

一　研究目的

现有对教师教学决策的研究主要以一般意义上的教师群体为对
象进行，或者是针对学科教师的课堂教学决策进行个案研究，缺乏
对教师教学决策的比较研究。本书根据教师专业发展阶段理论，将
教师群体大致分为新手教师、熟练教师和专家教师三类，通过聚焦
教学决策揭示教师教学的运行机制和演变特征。由于教师教学决策
是一个学科交叉领域的概念，对教师教学决策的理论建构是研究的
重要内容。本书一方面通过合理借鉴哲学、决策行为学、认知心理
学、社会学等相关学科的研究成果，在对已有的教师教学决策理论
成果加以梳理的基础上，基于复杂性科学理论进一步剖析教师教学
决策及其发展变化的复杂性本质、特征。另一方面以中小学教师为
调查样本，精选部分小学教师为个案，通过调查、访谈和比较研究
的方法，对新手教师、熟练教师和专家教师的教学决策运行机制进行
描述和比较分析，探寻教师教学决策呈现阶段性差异的原因和影响因
素。在此基础上，揭示教师教学决策发展演变的本质、特征与规律，
为优化不同专业发展阶段教师的教学决策提供学理根据和实践参考。

总之，不同教师教学决策的差异是一个客观存在，了解这种差
异只是研究的前提而不是目的。本书的目的不是找出三类教师教学

决策之间的差异之处,而是在三类教师的教学决策差异性分析基础上,揭示教师教学决策力演进的"轴心区域",分析教师专业发展过程中应该具备的核心素养,为有层次、分类别、满足不同专业阶段教师发展需求的教师教育变革提供理论支撑,促进教师群体教学专业水平的最大发展。

二 研究意义

(一)理论意义

1. 为教学论研究提供新的研究视角和理论论域

对教师教学行为的研究是有效教学研究的重要方面,但抛开教师决策这一教学行为的上位要素,会使研究只能在教师行为的表面进行,不能从根本上解释教师教学活动的认知和思想状况。教学活动的展开是教师教学决策引领下的过程,没有高质量的教学决策就没有有效的教学,教师专业提升的过程也是其教学决策力不断增强的过程。教师教学行为的优化不能仅仅停留于外显的教学行为的改进,更要透过教师教学行为的表层结构了解其深层结构,这就需要对教师教学决策进行专门研究。由于教师专业发展的复杂性,同一教师在专业发展的不同阶段、不同专业发展阶段的教师之间都存在着教学决策水平和程度的演变差异。作为教师专业实践能力之一的教学决策力研究,是属于学科交叉领域的问题,目前尚缺乏专门和系统的分析。从专业发展的角度对教师的教学决策进行学理分析,能够在一定程度上改善教师教学决策研究的薄弱领域,扩大课程与教学研究的理论论域。

2. 对教师教学决策研究的丰富和深化

当前对教师教学决策的研究主要是针对一般意义上的教师群体,或者针对教师个体进行的个案研究。由于不同专业阶段教师的发展需求有着层次化、个性化的差异,后续研究就需要揭示不同教师群体教学决策的特殊性,了解影响教师教学决策发展的核心要素。本书从教师教学决策这一视角对三类不同专业发展阶段教师进行横向的比较,能够揭示新手、熟练与专家教师教学行为差异的深层原因,通过剖析不同类型教师教学决策运行的结构系统、功能和演进特征，思考影响这些差异性的主客观因素，进一步深化和细化对教师教学决策的研究。

（二）实践价值

1. 优化教师教学行为

任何针对课堂教学的变革及其相应的教师教育模式的变革都需要通过教师自主的专业思维与教学决策过程来实现。本书通过了解教师外显的教学活动背后的认知决策过程以及影响其教学判断与选择的知识、价值观和学校生态文化因素，在此基础上揭示不同专业发展阶段教师的教学决策运行机制，在生态文化的系统框架内找寻教师自身发展的主体追求和外部环境的互动特征，有助于为谋求变革的教师教育实践提供学理说明，促进教师教学行为的优化。

2. 促进教师专业发展

教师素质与其承担的教学质量息息相关。教学决策是教师行为的主导因素，有效教学需要有效教师，而有效教师则需要具备专业的教学决策能力。教师教学决策力的形成和提高不是一蹴而就的事情，需要教师自我的专业认同和主观努力。对不同专业发展阶段教师的教学决策的系统研究有助于唤醒教师的主体意识、决策意识、自主发展意识，并通过教学决策运行过程的转变和优化，不断提升教学质量，在教师实现自我成长的同时也促进学生的全面发展。

第三节　核心概念与研究问题

一　核心概念

（一）教师教学决策

决策的本质是一种认识和思考。虽然决策内在表现在行动方案的制定，外在表现为行动的展开，但外在的行为表现只是行动方案的实施。在方案执行过程中因为具体情境的变化会有新的即时决策形成，这只能说明决策是一个随着实践运行持续不断的过程，而不能说明决策的执行本身也是决策。因此决策的本质是一种理性意义上的主体认知，是决策主体在解决实践问题过程中的信息搜集、判断和比较权衡。虽然在决策实践中也存在着凭借直觉、顿悟等非理性形式的决策，但这些非理性决策的质量离不开日常理性决策的锤炼和积淀。

教师教学决策的边界是教学，教学是决策这种认识活动的本体性存在。教师在教学过程中进行着各种各样、反反复复的决策，只要教师还在参与着教学活动的运行，教学决策就是教师职业生活的必然构成。教学决策是教师在掌握和拥有各类知识、价值观、职业信念系统和思维方式的基础上，在与学校组织文化、教师群体文化、学校管理制度的互动和交织中生成、表现和演进的。

教师教学决策的特殊性表现在两个方面对它的限定，一是教学的特殊性限定；二是教师的特殊性限定。前者是指教师教学决策要凸显教育教学的价值和意义，后者是指教学决策作为教师的专业行为，与教师的专业发展过程紧密结合在一起，体现了教师教学决策发展的主体性。不同专业发展阶段教师的教学决策有着种种差异，其实质是教师调节教学决策活动中主客观关系的能力差异，它包括两个方面：一是教学决策认识形成过程中教师的信息获取、选择与加工的能力差异，二是在教学决策执行过程中，教师对外部动态教学情境下生成性信息的开发、利用的能力差异。前者取决于教师对于教学的本质、目的、手段与结果的主体认知与判断，体现了他们的教育观、课程观、教学观、学生观；后者取决于教师实施教学决策方案过程中的生成能力，体现了他们的资源意识和驱动教学实践的价值取向。不同专业发展阶段教师的教学决策力表现为教师主体对教学环境的"适应—利用—创造"的层级差异。

（二）教师教学决策的发展

教师教学决策的发展即教师教学决策水平的不断提高，这一提高也是教师职业生涯不断演进的过程。从教师专业发展的主体自觉性看，教学决策的发展是从一种模糊的、盲目的或者直觉的主观随意型经验决策到一种清晰谋划的、有安排的、自觉型专业决策的转化过程；从教师教学决策发展的动力看，这一发展既是教师个体对自我职业生涯规划的结果，也是教师群体间相互激发和反思的产物；从教师教学决策发展的轨迹看，尽管教师个体的教学决策演化有着方向、路径和方法等多方面的复杂性，但从教师群体的演化看，则呈现从初级到高级的一般性发展趋势，是教师群体在专业发展阶段上的不断递进。

（三）运行机制

所谓机制，就是有机体内部的活动原理，是指为实现某一特定功能，一定系统结构中各要素的内在工作方式以及诸要素在一定环境条件下相互联系、相互作用的运行规则和原理。教师教学决策的运行机制是由教师教学决策的基本要素构成的子系统之间的相互影响及其动态展开的作用过程和作用原理。教师教学决策的运行机制体现在课前的教师教学计划决策、课中的师生互动性教学决策和课后的教师教学评价与反思性决策的循环过程中，由教学目标确定、教学内容开发、教学方法与课堂管理策略选择、学情分析等教学决策要素在教学过程中共同发挥作用，由此驱动着整个教学系统的不断展开。

二　拟解决的主要问题

本书以上述研究思路和目的为指导，主要解决以下几方面的问题：

（一）不同专业发展阶段教师的教学决策运行机制如何

教师专业发展的阶段差异表现为教师职业生涯的各个方面。从决策行为学的角度看，教师所有的教学行为差异，其根本表现是教师教学决策的差异。以教师教学决策作为切入点，来了解不同专业发展阶段教师的教学行为特征，既是对教师专业发展理论的深化和细化，也是对教师决策行为这一教学活动内在构成要素的专题探讨。教师教学决策的主要形式是个体决策，群体决策只是一种补充。即使面对同一教学任务和活动，不同教师个体也会做出各异的决策，如"同课异构"活动中表现出来的明显差异。本书将同一专业发展阶段的教师作为一个研究单元，通过描述和揭示中小学教学实践中处于不同专业发展阶段教师的教学决策运行轨迹，揭示教师教学决策运行的阶段性表现、运行轨迹呈现着怎样的特征和本质，这是本书首先需要解决的基础性问题。

（二）支配教师教学决策运行的基础要素有哪些

处于同一专业发展阶段的教师群体在教学决策表现上虽然有着个体化的差异，但也有着同一教师群体的共同特征。那么不同专业发展阶段教师教学决策的运行，除了具有毋庸置疑的差异性之外，是否具有其共同性？即在不同教师教学决策的运行中还存在着哪些核心、基础要素？这些基础要素怎样影响着不同教师的教学决策？这些问题是在对教师教学决策进行差异性分析的基础上，需要第一步思考的方面。

（三）教师教学决策运行的复杂性及发展动力

教学决策的不断发展，是教师专业发展的有机构成。教师教学决策的发展是在复杂多样的影响因素共同作用下进行的。这些影响因素有哪些？它们如何作用于教师教学决策的发展？对这一问题的思考需要将研究视角置于复杂的学校生态环境中，对影响教师教学决策实践的多元关系结构进行分析，以揭示教师教学决策运行的复杂性本质。

第四节　研究思路与内容

一　研究思路

（一）本书的研究假设

（1）不同专业发展阶段的教师，其教学决策的运行机制呈现不同的特点。

（2）从新手教师、熟练教师到专家教师，其专业水平不断演进的过程也是教师教学决策力逐渐提高的过程。

（3）教师教学决策系统结构的特殊性和外部制约之间的互动，构成教师教学决策演进的复杂动力系统。

（二）研究思路

1. 生态理性和社会理性的研究视角

专业取向已经成为当今社会一个重要的职业价值标准。自20世纪90年代以来，教师研究成为课程与教学论与教师专业发展研究的热点问题。重视教师研究，特别是重视教师研究中相对薄弱的专业性教学决策研究，就成为充实教师研究的又一尝试。决策行为研究属于管理学、决策学和心理学的研究范畴，教师决策有着不同于其他人类决策行为的特殊性，这种不同既源于教师作为教育教学专业人员的性质，也体现中小学校这一特殊教育生态和社会环境对教师教学决策的制约。因此本书借鉴 20 世纪 80 年代后兴起的"情境—生态范式"的相关理论，以生态理性和社会理性为研究取向来分析教师的教学决策，将教师教学决策行为视为教师主体与教学环境互动的结果。

2. 量化和质性相结合的研究方法

本书首先对教师教学决策现状进行了问卷调查，用数量来描述教师教学决策的群体差异，其次运用质性研究方法进行案例聚焦。质性研究的深透性要求和研究者本人精力的有限决定了研究对象的有限性，即只能是对部分教师甚至是对几个教师的研究，这就要求研究对象的选择必须具有代表性和典型性。遵循"提出问题—形成假设—描述案例—提炼解释根据—得出结论"的研究设计思路，本书以同一学校的三位小学教师为研究对象，将每一位教师作为一个案例加以描述，通过案例内分析和跨案例聚类分析聚焦教师教学决策力的发展变化，因而具有案例研究的特点。本书的案例既是描述性的，也是解释性的，即在对比不同类型教师教学决策不同与共同之处的基础上，解释形成这些差异的原因以及哪些基础要素以何种方式、在何种情境下影响到教师的教学决策发展。

二　研究内容

本书的主要内容包括以下几方面：

（1）收集和整理国内外有关文献并加以系统梳理，介绍本书展开的学术背景。

（2）设计、发放教师教学决策的调查问卷。通过对问卷的统计分析，初步了解不同类型教师的教学决策运行特点，为研究提供统计学意义上的量化依据。然后走入学校和课堂进行实地观察与访谈，以内容维度、过程维度和方法维度构成的三维分析框架，描述不同类型教师的教学决策运行状况。

（3）分析在"断裂中连续"的教师教学决策演变的复杂性以及在复杂性运行中凸显出来的、影响教师教学决策发展的基础要素。

（4）将教师教学决策研究置于当前学校教育改革的社会背景下，基于理性分析教师教学决策发展的社会结构动力，揭示教师从摸索教学决策规律的"技术掌握者"、"技术熟练者"向创造性地运用规律的"教学决策艺术家"转化的过程中，教学决策发展的本质特征（见图0—2）。

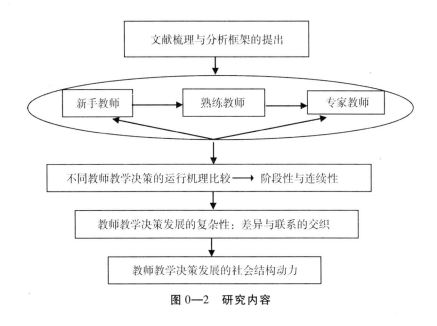

图0—2　研究内容

第五节　研究设计与方法

一　研究设计

（一）研究对象的界定

对于不同专业发展水平教师的区分和界定，目前还没有一个公认的、统一的标准和绝对可靠的办法。由于新手教师是缺少教学实践经验的一类群体，现有的研究对于他们的界定比较统一，基本上是按照教龄的长短来衡量的。一般被定义为 0 至 2、3、4 年，甚至包括任教不足 5 年的教师，基本类别则包括师范生、实习教师和初任教师。实践经验告诉我们，同一所学校中、同样教龄的新手教师，有的在很短的时间内就成长为教学骨干，展现着向专家教师发展的巨大潜力，有的只是成为经验丰富的熟练教师；同样教龄的熟练教师，也存在着不断分化发展的趋势，部分教师最终成长为专家教师，而很多熟练教师即使临到退休阶段也是教学决策低水平重复的"教书匠"。所以工作年限的差异是否反映了教师专业成长过程中的个体差异有着继续研究的必要性。

国外的许多研究是将非新手的熟练教师等同于专家教师来研究的。如根据美国学者伯利纳（Berliner，1994a）的界定，专家教师是教龄 5 年以上，教学表现突出的教师，新手教师则是教龄不足 2 年的教师。卡茨（Katz，1972）、伯顿（Burden，1979）以 5 年及 5 年以上教龄作为成熟的界限划分了新手教师和熟练教师。[①] 威特斯曼选择专家教师的标准则是在 5 年以上的教龄、任教过综合课程、指导实习时能够促进实习教师反思、课堂教学能够体现大学教师教育的教学理念等方面。[②]

我国学者在新手和专家教师的界定方面也有着不同的标准。有学者将专家教师定义为 10 年以上教龄，因教学突出而获得各种荣誉称号的教师；[③] 或把职称为高级教师、教龄在 15 年以上的教师称为专家型教师，把职称为三级及在校毕业生、教龄在 0 至 4 年之间的教师称为新手型教师，而处于二者之间的即为熟练型教师；[④] 或者认为专家型教师是职称为高级、教龄在 16 年及以上的教师，他们是在学科教学或学术研究领域的某一方面有专长的教师，将 0 至

连榕：《教师专业发展》，高等教育出版社 2007 年版，第 179—108 页。

[②] D. A. Westerman, "Expert and Novice Teacher Decision Making", *Journal of Teacher Education*, 1991, pp. 292-305.

[③] 杨翠蓉：《小学数学专家教师和新教师教学过程中的认知比较研究》，博士学位论文，华东师范大学，2006 年。

[④] 连榕、孟迎芳、廖美玲：《专家—熟练—新手型教师教学策略与成就目标、人格特征的关系研究》，《心理科学》2003 年第 1 期。

4 年教龄的在职教师或实习生定义为新手型教师;[①] 专家教师是具有 10 年以上教龄，因教学突出而获得特级教师或学科带头人等荣誉称号的教师;新手教师是教龄在 2 年以内的教师。[②] 对同一类教师群体专业发展阶段的研究，也形成了初步的成果。如新手教师成长的亚阶段包括注重自我的新手和领会教学的新手，逐渐进入适应期成为熟练教师;熟练教师则遵循任务的熟练、问题的熟练、稳定的熟练等专业水平的不断提高，一般需要 6 至 10 年的努力才可能成为专家教师。专家教师成长的亚阶段包括创新的专家阶段（从教 10 至 15 年）和领军的专家阶段（从教 15 至 20 年）。[③] 有研究将中学骨干教师作为专门的研究对象，其成长过程大体可分为三个阶段：（1）形成期：教师参加工作最初 1 至 5 年是其能否形成正确的教育思想、良好的心理素质的关键时期，是其有可能成为骨干教师的苗子而初露端倪的阶段。（2）发展期：教师参加工作后的 5 至 10 年是其基本适应教育、教学工作的时期，也是一个教师区别于一般教师而逐渐成为学校教学骨干，逐渐走向成熟的阶段。（3）成熟期：教师参加工作后的 10 至 15 年，是其完全适应教育教学工作时期，也是其完全掌握了教学主动权，各方面都成熟后成为学校教学骨干的阶段，成为教师群体中的优秀者。[④] 这些分类说明教龄虽然不是衡量教师专业发展水平的关键因素，但它代表着教师教学经验的丰富程度，成为区分不同教师群体专业发展阶段的一个基本标准。

此外，基础教育实践领域对教师专业发展阶段的划分则根据各自的认识和理解制定标准，划分阶段呈现大同小异的特点。如 2007 年英格兰开始实施中小学教师专业标准，将教师群体划分为合格教师、普通教师、优秀教师、资深教师、高级技能教师等层次，从专业特质、专业知识与理解、专业技能三方面界定了各阶段教师所具

---

①　高加春：《高中地理专家型教师与新手型教师课堂提问的比较研究》，硕士学位论文，华东师范大学，2011 年。

②　尹筱莉：《化学专家·新手教师课堂教学特质比较研究》，博士学位论文，华东师范大学，2007 年。

③　连榕：《教师专业发展》，高等教育出版社 2007 年版，第 116—120 页。

④　费玉林：《中学骨干教师的成长规律研究和培养方法探索》，《教学与管理》1999 年第 7 期。

备的特征。① 其中的资深教师、高级技能教师标准，都强调在制定
学校政策和实施、改进教学实践、引领其他教师发展方面，愿意发
挥策略性的领导作用。我国东北师大附中实施的教师分阶段递进培
养工程，将工作 0 至 1 年的教师视为入门教师，2 至 5 年的应成长
为胜任教师，6 至 10 年的应为成熟教师，11 至 20 年的应为骨干教
师，20 年以上的应为专家教师。② 这一工程是针对教师分阶段发展
提出的培养目标，是从教师专业发展的应然标准进行的定位。

　　以上主要是从教龄的角度对教师群体进行的划分，也有学者根
据教师应该具有的专业素养区分了处于不同发展阶段的教师。余文
森教授从教师的专业境界出发区分了三类教师。他认为教师有着能
师、人师与教书匠之分。教书匠即灌输型教师；能师即智慧型教
师，他们不仅有学问，而且具有教育智慧；人师是教师修养的最高
境界，兼备教育实践家与教育理论家双重角色的优秀素质。作为实
践家，他们躬行实践，始终活跃在教学改革的实验田中，对教育教
学进行最真实、最有创造性的变革，从而不断突破自我、超越自
我。作为理论家，他们思想深刻，勤奋耕耘，著书立说，在理论上
有突出的建树。③ 杨启亮教授从影响教师专业发展的基本因素出发，
将教师专业水平分为教育经验水平、教育科学技术与艺术水平、教
育文化水平三类。无论是用旧经验驾驭教育教学的现实样态，还是
直接移植国外的经验改革中国的教育教学，教育经验水平都是因循
旧的教学经验难以超越既有的发展水平。教师职业发展的科学技术
和艺术水平是对教育教学技术、技艺、技巧的看重乃至依赖。教育
文化水平是一种更高的层次和境界，是超越经验主义和技术操作的
主体体验样态，体现了极具个性特色和创造性的解放理性。④ 这样
的分类有助于引导我们从教师专业发展的内在精神和职业素养方面

---

　　① 许立新：《英格兰中小学教师专业标准：内容、特征与意义》，《教师教育研究》
2008 年第 3 期。
　　② 蒋礼：《基于教育自觉的教师专业化发展实践研究》，《中小学教师培训》2014
年第 8 期。
　　③ 余文森：《试论教师的三种境界：教书匠　能师　人师》，《中国教育学刊》
1997 年第 4 期。
　　④ 杨启亮：《教师职业专业发展的几种水平》，《教育发展研究》2009 年第 24 期。

来评判教师。但这样的分类属于理念层面的界定，尤其是具备最高专业层次特征的中小学教师凤毛麟角，这使得在研究设计中既缺乏可操作性的说明，也难以按图索骥进行现实的查找。

　　由以上分析可以看出，当前对教师专业发展水平的界定标准虽然存在各种差异，但是这些标准之间也存在着共性，即从教师的教龄、职称、荣誉称号、学生学业成绩等方面加以区分。除了教龄外，特级教师、省市级名师、学科带头人等都成为研究者界定研究对象是不是专家教师的重要标准。从我国教师专业发展的现状来看，特级教师、省市级名师的获得是建立在他们的教学影响力、学科教学的成绩、班主任工作的成就和公开课的名次和等级等基础上的，反映了教师教育教学实践行为的技术熟练性和合乎外部预期的工作绩效。但是专家教师能够从熟练教师中脱颖而出，就其实现专业跨越的个人因素而言，离不开教师对自我成长历程、教育教学行为和理念的反思与研究。郑金洲在张万祥等人的《教师专业成长的途径》一书的序中写道："走出迷茫，从无助感中彻底摆脱出来，只有一条道路：将自己置身于研究之中，把课堂作为研究现场，把每一次教学交往活动作为思考的对象，在问题的寻找与问题解答的索解中重新认识自己的生命价值，重新认识教学的取向与实施方式。"[①]无论是处于职业高原期的熟练教师向专家教师的跃迁，还是专家教师从创新型专家到领军型专家的升级，从"匠"到"师"的转换都需要教育教学研究的必要支撑。因此，本书对新手教师和熟练教师的界定以教龄为主；专家教师的界定除了以上标准之外，还有一个更重要的标准即教师的教学研究经历和能力，具体表现为是否主持过市级以上的教学、科研项目。本书对新手教师界定为0至4年教学实践经验的教师；专家教师需要具备以下特征：（1）教龄15年以上，职称为高级以上，得过市级以上的教学名师称号；（2）市级以上的公开课获奖者或者教学能手获得者；（3）主持过市级以上的教学研究项目。鉴于教师专业发展速度的个性差异，综合考虑上

---

① 张万祥、万玮：《教师专业成长的途径——30位优秀教师的案例》，华东师范大学出版社2005年版，第1页。

述标准，熟练教师则确定为介于新手教师和专家教师之间，具有 10 年以上教龄的普通教师。

本书研究的是处于不同专业发展阶段的中小学教师的教学决策运行状况，因此在选择研究对象时采取了目的性抽样和最大差异性抽样的原则。在前期发放调查问卷时，是面向中小学教师，在大样本的分析中了解一般意义上的教师教学决策的差异性。由于专家教师在现实生活中数量相对较少，在调查问卷的取样中只是进行了新手和熟练教师的大类别对比，即将少数的专家教师纳入熟练教师群体中进行统计学意义上的考察；后期的质性研究则以一所小学为案例研究样本，选择分别代表新手、熟练和专家教师的三位小学数学教师进行深度的田野调查。

在学校的选择上，研究者选择了不很熟悉但是有前期工作联系的 S 公立小学。这所学校在当地具有较好的口碑和较强的升学竞争力。虽然地处经济不很发达的鲁西地区，但是在齐鲁名校长 P 校长的带领下，不断进行着教育理念的更新和课堂教学的革新。这所学校代表着处于不断努力中的大部分小学的现状。在教师的选择上，本着最大差异性抽样的原则，抽取能够为研究问题提供最大信息量的研究对象。被抽中的样本教师的教学决策能够最大限度地覆盖研究现象中各种不同的情况。从科学研究的严谨性思量，对于教师教学决策的演进过程需要将一位或几位教师从入职到退职的整个职业生涯作为研究的时间周期，从历史发展的纵向加以比较，以此来说明教师教学决策力的阶段性演进，但这样的研究时间跨度太大，不具备研究的现实条件。此外，最初的研究设计是根据研究需要分别在新手、熟练和专家教师三个层次上各选择教师两名，学科分别包括数学、语文和综合课程。后者的设想是验证在课程改革的背景下，特别是共同面对综合课程如综合实践活动课程这一全新的课程形态时，新手教师和专家教师都缺乏相关理论积累和实践经验的时候，他们的教学决策是否存在着、在学科课程教学中也明显存在的阶段性差异。但是后续的研究发现这样的设计覆盖面太广、工作量太大，容易使研究过程湮没在大量繁杂的数据中，因此最终将研究对象定位为三位小学数学教师。

（二）对研究伦理、研究效度的思考

本书遵循质性研究的基本伦理要求，首先是自愿参与、相互信任的原则。研究者将研究的意图和设计明确告知研究对象，在不影响参与研究的教师生活和工作的前提下，平等、信任地开展研究。其次是保护隐私的原则。对案例中涉及的学校和教师都采取化名处理，避免给他们带来不必要的社会负面影响。再次是合理回报原则。为获得研究学校和教师的支持和参与的积极性，研究者会协助参与该校的教研和科研工作，尽量满足教师在专业发展上的要求。在研究的效度方面，以前期调查问卷分析得出的结论为基础，对同一组资料采用三角互证的原则，同时让案例中的教师阅读案例描述和解释初稿，以获得反馈及时修正。

对于研究效度的问题，既是研究者在设计研究方案的时候不断思考的重要方面，也是在研究过程中不断引起研究者反思的问题。特别是随着后期对田野资料的分析，经常在脑海中浮现这个"致命"的问题：教师的教学实践必然存在着个体差异，笔者选择的三位教师的教学过程能否反映三类教师的教学决策状况呢？研究的效度如何保证？一方面，任何实证研究都可能存在着样本的有限性、实践经验的模糊与流变、随机变异和推断的偏差等问题，对这些问题的解决除了采用大样本进行多变量的统计分析外，还有一条路径即基于小样本的日常经验，进行一种田野进入和现象深描，以挖掘具体事件之间的逻辑关系所蕴含的启示。这种启示是一种个性的直接反映，但也有着同类现象的共性。共性和个性是一切事物的固有本性。虽然任何个性不能完全反映共性的特征，但是共性是通过个性体现、在个性中存在的。尽管作为个体的教师之间有着多种多样的差异，但是他们之间也必然存在着一定的共性。为此本书在前期进行了较大范围的调查研究后，采取了案例聚焦的研究方法，将能够最大程度地反映"新手—熟练—专家"教师教学决策状况的三位小学数学教师作为研究对象，对他们的教学决策进行全面的描述，从个案的视角揭示不同专业发展阶段教师的教学决策差异和联系。另一方面，从质性研究方法的指向看，我们选择部分个案作为研究对象，是因为这些个案教师的教学决策特征具有代表性，也因为这些特征的代表性，这些教师作为个案才有了典型性。也就是说，个案可以是非常独特的，但它体现出来的某些特征却具有重要的代表性。因此通过概括个案中具有重要意义的特征，也可以揭示个案中蕴含的整体意义，借用格尔兹的观点，我们"不是超越个案进行研究，而是在个案中进行概括"①。这种与量化统计概括方法不同的质性分析概括方法的意义在于，通过对教师教学决策的比较，结合教师专业发展理论进行一种关联性说明，来揭示教师教学决策力的发展与演变。

复杂事物的演变不是单一方向的展开，而是一种多样性统一转变为另一种多样性的统一。作为自组织的教师教学决策系统在不断的开放与丰富的过程中，存在着教师教学决策认知与实践由简单到复杂的渐进过程。虽然处于"新手—熟练—专家"三个专业发展阶段的教师群体之间有着明显的从低到高的层级差异。但教师的专业发展过程是一个复杂系统，并非每一个教师的专业成长都遵循着从新手到熟练再到专家教师的发展路线，一位新手最终成长为专家教师只是其中一种发展可能性。本书通过揭示教师个体的教学决策差异，进一步分析他们在教学决策的哪些系统和要素方面呈现着从低到高的差异化发展路线、哪些教学决策要素的发展有着内在的关联，以此来说明个案中教师决策力发展的复杂性和特殊性。

作为个体的教师教学决策力提高是各种综合性的主客观要素交织影响和作用的结果，体现了教师专业发展的偶然性和个性化，但在共同的文化背景、制度规约和学校场域中一起工作的教师群体，在其专业生活中通过集体备课、师徒带教、学科教研等形式，也实现着在教学决策理念、教学决策知识和教学技巧等方面的互促和共享，使不同专业发展阶段的个体教师对某些基本的教学要素的决策呈现出相似性。这些相似性乃至一致性是新手教师、熟练教师和专家教师之间通过合作研讨和集体学习得以传递和习得的专业"核心能力"。因此对三位教师教学决策运行中的阶段性发展和主要影响

---

① 卢晖临、李雪：《如何走出个案——从个案研究到扩展个案研究》，《中国社会科学》2007 年第 1 期。

因素进行深度探讨也就成为本书必不可少的效度意义上的说明。

二 研究方法

20 世纪 90 年代以来，"新手—专家教师"的专长比较研究逐渐成为心理学研究的一个重要课题。这种研究在很大程度上受认知心理学信息加工模式的影响，以技术熟练为核心，寻找专家技术操作的心理学原理，为研究教师专长提供了丰富的实证资料。但这一心理学研究视角难以在更广阔的教师发展的现实生态环境中，对教师教学活动进行深入和系统的分析。本书不是对这一研究范式的直接移用，而是借鉴教师分类比较的方法，在教育学、教师专业发展理论、决策行为科学、教师教学决策等理论研究的基础上，确立教师教学决策发展的专业标准，为不同专业发展阶段教师的教学决策演变提供一个分析和评判的理论框架。由于研究者研究时间和精力的有限性，很难对作为个体的新手、熟练和专家教师在教学决策认知和行为方面，进行从入职到退职这一大跨度的演变研究，因此本书是通过选取一组新手、熟练和专家教师进行抽样性比较研究。

根据美国学者伯利纳（Berliner, 1988）的研究，教师专长的发展要经过新手、熟练新手、胜任型教师、能手、专家阶段，舒尔（Shuell, 1990）从知识、经验和技能获得的角度，将教师教学专长的发展划分为新手阶段、中间阶段和高水平阶段。中间阶段相当于伯利纳提出的熟练新手和胜任型教师阶段。我国学者申继亮对中学高级教师的调查研究也发现，教师职业专长发展呈现出阶段性，可以分为学徒期、成长期、反思期和学者期。[①] 这些都说明，虽然教师的专业发展有着必然的个性特色，但是从新手教师、熟练教师再到专家教师这一发展趋势的现实存在也说明，教师专业发展的三个跨度能在逻辑上复演个体教师的职业生涯发展，这也是本书得以展开的逻辑起点。

本书采用量化分析和质性分析两种手段。量化研究主要通过数

[①] 申继亮、费广洪、李黎：《关于中学教师成长阶段的研究》，《天津师范大学学报》（基础教育版）2002 年第 9 期。

据收集和统计分析的方法揭示研究对象的数量关系，从量的关系上发现教育活动的本质联系及其发展变化的内在规律。质的研究是以研究者本人作为研究工具，在自然情境下，采用多种资料收集方法，对研究现象进行深入的整体性探究，从原始资料中形成结论和理论，通过与研究对象互动，对其行为和意义建构获得解释性理解的一种活动。由于针对我国教师教学决策的比较研究成果较少，需要先了解最基本的教师教学决策运行信息。首先采取调查研究方法，在一定范围内把握不同类型和层次的中小学教师教学决策的现状，然后进入现场，以一所小学内的部分教师为研究对象进行质的研究，具体包括课堂观察、深度访谈和文本分析。

（一）文献研究法

基础研究的前提之一是相关文献的查找。文献研究法主要指搜集、鉴别、整理文献，并通过对文献的研究，形成对研究问题的脉络整理和边界厘清，为借鉴和设计研究所需的理论框架提供学理基础，确保在前人研究的基础上，实现研究的继承与拓展。本书吸收借鉴了国内外的相关研究成果，在此基础上提出了自己的研究问题，对教师教学决策的发展及演变动力进行了初步的理论论证。

（二）比较研究法

本书的比较研究既包括对不同教师群体的比较研究，也包括对教师个体间的比较研究。前者是基于量化研究手段的使用，对教师群体加以分类后进行比较，以了解教师教学决策差异性的一般和共性特征。后者的比较则采用质的研究方法，以一所小学的三位教师作为个案进行比较研究。通过对不同专业发展阶段的三位数学教师的教学决策运行机制进行描述和分析，来比较不同教师教学决策的差异和差异中体现的发展趋势。

（三）调查、观察与访谈法

本书调查问卷的目的是对不同专业发展阶段的教师人群的教学决策进行统计学意义上的一般了解，采取随机抽样和方便抽样的方法。向参加我校承办的省市级中小学教师暑假培训班学员和实习支教学生发放调查问卷 300 份，并运用 SPSS 17.0 统计软件进行数据处理（见附录 1）。

　　由于教师决策的内隐性特征，单纯的量化手段只能从统计学意义上揭示不同教师群体教学决策的差异性，但无法揭示具体教师教学行为背后的决策过程和决策动因，需要通过对教学过程及其教学事件的叙事性再现和动态关联性分析，对不同类型教师的教学决策逻辑进行动态的解释。因此本书在调查问卷的基础上，精选 S 小学的新手教师、熟练教师、专家教师各一名进行课堂观察、深度访谈，结合刺激回忆和查看档案材料如教师说课方案、备课本、反思日志、教研活动记录、学生作业与试卷等方法，了解教师教学决策的发生过程和决策依据。具体的资料收集与分析的方法包括课前的教师说课口语报告以了解教师的教学计划决策过程；课中的决策行为观察和课堂教学后的追踪访谈。资料分析方法即通过阅读收集到的原始资料，根据相关理论对资料进行深度分析，揭示不同类型教师的教学决策的差异性与相关性。

第一章

不同专业发展阶段教师的
教学决策研究回溯

教师的基本教学技巧是决策，优秀教师和一般教师的区别不在于提问和讲述的能力，而在于知道何时去问何种问题的决策能力（Shavelson，1973）[1]。作为专业人员的教师，总是处在职业生涯的特定发展阶段。不同专业发展阶段的教师，面对同样的教学问题，做出的教学决策往往有着诸多差异。对这些有差异的教学决策实践进行比较研究，就成为了解不同类型教师教学决策的本质特征、促进不同层次的教师在现有专业水平上进一步发展的重要方面。

第一节　国外对教师教学决策的比较研究

按照教学阶段的先后，教师教学决策分为教学前的计划决策、教学中的互动性决策和教学后的评价与反思性决策三部分，这是当前占主流的分类方式。不同专业发展阶段的教师在教学计划决策、互动性教学决策和反思性教学决策三方面存在着决策维度、决策焦点和决策模式的差异。心理学领域采用"新手—专家对比"的研究方式，已经初步揭示了两类教师的教学过程差异，但这些对比只是对教师外在行为的描述，缺乏对决定教师行为的教学决策因素的进一步分析，对不同教师教学决策的比较研究正是针对这一问

---

① R. J. Shavelson, "What Is The Basic Teaching Skill ?", *Journal of Teacher Education*, Vol. 14, 1973, pp. 144-151.

题进行的。

一 对教师教学计划决策的比较

(一) 决策要素的差异

教学计划决策研究针对的是教师在课堂行动之前的思维活动。决策要素主要包括教师对教学目标、教学内容、教学方法、学情的决策。

在教学目标的决策维度上，与新手教师更注重短期的教学目标和以课时为单位的教学决策相比，专家教师[①]更倾向于制定长期的教学目标和以课程单元为核心进行教学设计。埃罗·罗普（Eero Ropo，1987）研究了3名专家教师、4名新手教师的教学计划决策。与新手教师相比，专家教师的教学计划包含着更高水平的教育理念、原则和常规，他们能够对不同学生的信息正确地加以解释。在一般教育目标方面，专家教师能够将教育目标与学生成就结合起来；在学科教学目标方面，能够将教学目标与学生情况结合起来制定整体性目标。[②]在教学内容的决策维度上，与新手教师相比，专家教师在进行教学计划决策时更加注重整个课程单元的流畅性而非每节课的细节（萨德［Sardo］，1982），[③] 他们注重知识间的横向联系，能够将每节课的教学与整个课程单元联系起来，从学生的角度对教学内容加以改变、组合或增加（Westerman，1991）。[④] 韦斯特

---

① 虽然新手教师既可能是无经验教师，也可能是较少经验的教师；专家教师是有经验的教师，但有经验的教师不一定是专家教师，国外现有的研究并没有将他们明确区分。现有研究的研究对象或者是新手教师和专家教师之间的对比，或者是无经验教师和有经验教师之间的对比，或者是初任教师和资深教师之间的对比。本书在梳理时尊重文献原文，没有在行文时统一用词，但评论时以新手和专家教师概括以上分类，来思考不同类型教师的教学决策差异。

② E. Ropo, *Teachers' Conceptions of Teaching and Teaching Behavior*：*Some Difference Between Expert and Novice Teachers*, Paper Presented at the Annual Meeting of the American Educational Research Association, 1987, pp. 20-24.

③ H. Borko, C. Livingston, "Cognition and Improvisation：Differences in Mathematics Instruction by Expert and Novice Teachers", *American Educational Research Journal*, Vol. 26, 1989, pp. 473-498.

④ D. A. Westerman, "Expert and Novice Teacher Decision Making", *Journal of Teacher Education*, 1991, pp. 292-305.

曼对英国某公立小学的 5 位专家教师和 5 位实习教师的教学决策进行了对比研究。研究发现，这两类教师在教学知识综合的程度、与学生行为有关的决策和教学阶段之间的关联互动方面都存在着差异。在教学计划决策阶段，专家教师注重知识间的横向联系，能够将每节课的教学与整个课程联系起来。以课程指南为基础，从学生的角度对教学内容加以改变、组合或增加。

在教学策略和方法的决策维度上，伯利纳等人（Berliner，1987；Carter，1988）使用刺激回忆的方法，对有经验、较少经验和无经验三类教师的教学计划过程进行了对比研究。参加者被要求制订为期 5 周教学任务的前两天的教学计划。研究发现，与较少经验和无经验教师相比，有经验的教师更关注班级学生的整体情况而不是关于学生的特定信息。在教学任务的设计上，有经验教师看重教学过程的开始或导入环节，较少经验和无经验教师看重的则是教学内容的起点问题。[①] 这可能是因为有经验教师有着详细有效、关于特定教学背景的知识结构，使他们在面对自己不熟悉的学生进行教学计划决策时，更多地将决策焦点置于对学生整体情况的把握和学生兴趣的激发方面，而较少经验和无经验教师尚不能做到对教学内容的融会贯通，所以更关注教学内容的恰当处理。这一点得到了后续研究的验证。豪斯等（Housner & Griffeys，1985）比较了有经验的在职物理教师和无经验的职前物理教师的教学计划，发现有经验教师有多于新手教师两倍多的教学策略设计。莱因哈特（Leinhardt，1989）等人用教学备忘录（Agendas）指代教师教学计划的构成，包括教学目的、目标、教学活动和操作规则。与新手教师相比，专家教师自述的教学备忘录的内容更丰富，有更多细节，这种丰富明显反映在教学计划决策中教师更明确地强调学生活动、要测验的要点以及比新手教师多于两次以上的教学调整等教学策略。[②]

（二）决策模式的差异

决策模式是教师计划教学时采用的操作程序和行为原则。不同

---

① C. M. Clark & P. L. Peterson，"Teachers' Thought Processes"，*Handbook of Research on Teaching*，Vol. 3，1986，pp. 255-296.

② Ibid..

教师的教学计划决策过程存在着目标模式、过程模式和循环模式的差异。

　　萨德（1982）比较了新手与有经验初中教师的计划决策模式，发现新手教师常遵循泰勒理论的目标模式，即由特定的目标、选择学习活动、组织学习活动和特定的评价程序构成的线性过程。随着教师经验的不断增长，他们花费的备课时间会越来越少。尼尔、佩斯和肯斯（Neale，Pace，Case，1983）的研究发现这种差异其实不存在。所有的教师在实施教学计划时遵循的不是目标模式而是过程模式。他们对 9 名师范生、19 名资深小学教师进行的对比调查发现，师范生和资深教师都表达了对目标计划模式的基本认同。但资深教师认为这一模式只对师范生有用处，对他们没什么意义，师范生则报告说只有他们被要求按照这一模式做计划时，他们才会采用。[1] 英格（Yinger，1979）对一位小学资深教师教学计划的决策过程进行了研究，发现资深教师教学计划的核心是一个不断循环的问题解决模式。这一问题解决模式由三阶段的计划构成，即问题的发现计划（发现循环）、问题的形成和解决计划（设计循环）和问题实施计划（实施循环）。[2] 对教师教学计划决策的目标模式、过程模式到循环模式的揭示，说明随着教师教学决策经验的不断丰富，他们更注重课堂教学中的动态生成。即使新手教师和有经验教师都可能采用过程模式进行教学计划决策，但有经验教师追求教学计划决策的螺旋上升，能够在每一次决策回路后不断总结反思，实现循环决策。

　　从以上的比较看，与新手教师相比，专家教师的教学计划决策有着决策策略丰富、注重长远教学目标和将课程单元作为教学设计的基本单位等特征。专家教师的教学计划决策模式也说明他们能够将各个教学环节联系起来，将"决策—实施—反思"的运行过程作为一个彼此促进的整体去思考。

---

　　[1]　H. Borko, C. Livingston, R. J. Shavelson, "Teachers' Thinking About Instruction", *Remedial and Special Education*, Vol. 6, 1990, pp. 40-49.

　　[2]　R. Yinger, "Routines in Teacher Planning", *Theory into Practice*, Vol. 3, 1979, pp. 163-169.

二　对教师互动性教学决策的比较

教师互动性教学决策是一系列即时决策的总和，是此时此刻必须做出、无暇多思的决策。默润等（Morine & Vallance, 1975）研究了教师互动性决策的三种类型。一是课堂人际互动性决策，二是计划预设的互动性教学决策，三是计划外的互动性教学决策。[①] 人际互动中的学生行为常常是计划外互动的主要动因，因此对学生学习行为的关注与相应的教师教学决策成为研究教师互动性教学决策的首要方面，其次是对学生纪律问题与相应的教师课堂管理决策的研究。不同类型的教师在这两个方面存在着决策焦点的差异。

（一）学生学习行为关注——课堂教学决策焦点的差异

豪斯发现，虽然有经验的物理教师和新手物理教师都关注学生的表现、参与和兴趣，但是有经验教师更关注学生表现的线索，新手教师则关注学生的兴趣。与之相似的发现是，当问及他们改变教学决策的线索是什么时，有经验教师将学生的表现作为改变决策的主要根据，而新手教师将学生的兴趣、口头表达或请求作为根据。因此，与新手教师更强调学生是否快乐、忙碌相比，有经验教师更关注学生对于实践技能的获得。另外，有经验的教师更多地关注个体学生的行为，新手教师则关注整个班级的行为表现。[②] 在注意学生发出的非言语线索上，专家教师常用这些线索作为反馈来判断和调整教学，能运用经验和教学法知识来解释这些活动，推测活动与活动、活动与情境之间的关系。新手教师只注意课堂中的细节，不能解释他们看到的事情间的联系（约翰逊，Johnson, 1992）。[③] 专家教师对学生回答的内容和教学过程予以更多的专注，愿意根据不

---

① G. Morine-Dershimer, E. Vallance, *Special Study B: A Study of Teacher and Pupil Perceptions of Classroom Interaction*, Far West Laboratory for Educational Research and Development, 1975, p. 11.

② Beau Fly, Jones, Lorna Idol, *Dimensions of Thinking and Cognitive Instruction*, Lawrence Erlbaum Associates Inc, 1990, p. 333.

③ K. Carter, K. Cushing, D. Sabers, P. Stein, D. Berliner, "Expert-Novice Differences in Perceiving and Processing Visual Classroon Information", *Journal of Teacher Education*, Vol. 3, 1988, pp. 25-31.

同学生的情况调整预设；新手教师则抱怨互动教学的时间不够用，教学过程中更专注于自己的教学行为和课堂纪律。对学生的错误回答，专家教师通过给学生提供"脚手架"，帮助学生理解知识。这些"脚手架"包括重复问题、举例、问题分解和替代性解题思路等。与新手教师相比，因为采取的"脚手架"和启发式教学策略的数量更多，专家教师能够解决更多的教学问题，问题之间的关联度高（埃罗·罗普，1987）。① 总之，专家教师的互动性教学决策主要是学习活动驱动，是能够根据学生学习情况灵活调整教学预设的创造型决策，新手教师的互动性教学决策主要是教学目标驱动，是以完成教学预设目标为导向的任务完成型决策。

（二）学生纪律行为关注——课堂管理决策焦点的差异

教师的管理决策与他们每天的教学决策是不可分的。在面对课堂教学中的负面信息时，约翰逊（1992）研究了 6 名 ESL（English as a Second Language）实习教师，发现他们对负面信息的反应有选择性；对负面信息的应对策略不多。虽然教师在教学前和教学中都会考虑教学管理问题，但新手教师更关心课堂互动中的教学管理问题。他们往往认为只要学会如何应对学生在课堂上的不配合和分心等问题就可以了，但事实并非如此。库恩（Kounin，1970）的研究发现，被认为是有效和无效的教师，他们的差别不在于处理课堂管理问题的方法和手段的不同，而在于发现和阻止学生纪律问题形成、发展的能力。彼得森等人（1978）根据有效教师即他们所教学生的成绩好这一标准进行的研究发现，有效教师能够将学生的违纪行为消灭在"萌芽"状态中，他们更多地因为学生的肯定性信息进行互动性教学决策；相反，无效教师不善于采取与教学预设不一致的调整策略。② 安德森（Anderson，1982）等人将学生集中于课堂学习任务的时间长短作为区分有效与无效管理决策的标准，其研究

---

① E. Ropo. "Teachers' Conceptions of Teaching and Teaching Behavior: Some Difference between Expert and Novice Teachers", *Paper presented at the Annual Meeting of the American Educational Research Association*, 1987, pp. 20-24.

② J. Calderhead, *Teachers' Classroom Decision Making*, London: Holt, Rinehart and Winston, 1984, p. 21.

证实了库恩的结论。① 专家教师的教学与管理是融为一体的，他们将学生纪律问题归因为学习问题；而新手教师将学生纪律问题归因为学生品质问题，为完成教学计划不顾及学生的情况，教学进程经常因课堂管理问题中断（韦斯特曼，1991）。这说明专家教师能够通过高程度的学生参与学习活动来避免课堂纪律问题，这源于他们对保证学习活动顺利实施的课堂教学行为规范和教学步骤的建立，源于大量的保证课堂有效率运行的管理技巧。明确和统一的课堂行为要求和惩罚措施、良好的师生之间的关系、与学生兴趣和能力匹配的教学活动的开展等方面也促进了专家教师课堂管理决策的有效性。

　　互动性教学决策作为一个需要教师不断做出专业判断与选择的过程，都是在特定的教学情境中进行的。新手教师看重课堂教学中的自我表现和学生的外在表现，专家教师更善于了解学生行为表现的本质和学习特点。这些差异的主要原因是教师对当下教学情境的不同诠释和归因决策。无论是针对学生的学习问题还是纪律问题的解决，专家教师都能够进行合理归因并因此提出有效的应对策略。这不仅反映了专家教师在教学过程中善于收集各类教学信息、迅速加工信息以做出准确判断的决策能力，还说明他们有着丰富的互动性决策经验和惯例反映模式等实践性知识，这使他们善于分辨各种信息的真假与否和有用与否，并做出即时、有效的教学决策。

三　教师反思性教学决策的比较

　　反思性教学决策即教师对已经发生的教学决策的反思。它可以发生在课前、课中和课后的各个阶段。课前的反思性决策与后续的教学计划决策往往融会在一起，成为教师教学计划的重要构成；课中的反思性决策是教学行进中的思考，其实质是教师互动性决策的缘起，它帮助教师发现教学中的决策问题，是教师在做出决策时的自我监控，很多研究就将这些环节合在一起进行研究。

　　穆阿利姆（M. Moallem，1998）对一位小学专家教师"课中"

① J. R. Anderson, "Acquisition of Cognitive Skill", *Readings in Cognitive Science*, Vol. 4, 2015, pp. 362−380.

的反思性教学决策进行了一项人种志的研究。在互动性决策阶段，有三类事件会引起教师的反思：学生的需求、教师本人的表现和内容学习出现困难。这些都会引起教师反思自己的教学预设，并运用已有的知识和经验进行调整。① 这一研究揭示了专家教师反思性决策的原因，或者说是引发专家教师改变教学预设的主要因素，但缺乏对不同专业水平教师的对比。"课后"的反思发生在两个阶段，一是课时教学后的即时反思，包括教学活动是否流畅、时间安排合理与否和提问的内容是否恰当等；二是单元教学或一周教学后的延展性反思，包括课程内容的理解、教学方法的审视，重新定义自我的实践性理论等。伯利纳等人（Berliner, 1988）分析了无经验、较少经验、有经验三类教师对同一个课堂教学短片的即时反思与评价。有经验教师聚焦于他们认为有教学意义的信息，能够准确地回忆与学生和教学内容有关的教学事件，相反，许多较少经验和无经验的教师更关注自身的表现，不能说出有价值的重要信息。② 这说明有经验教师的反思不仅仅局限于教学表面现象和教学细节，而且能够在反思中将教学决策反思与实践性知识和教学理论的反思结合起来。总之，不同专业发展水平教师的反思性教学决策存在着以学生为中心还是教师以自我为中心、表面觉察还是深层思考、细节关注还是整体思维的差异。

四　教师教学决策认知图式的差异

多尔等人（Doyle, 1977a）采用有效教师即课堂教学中有着高程度的学生参与这一标准，观察了58名师范生的教学决策，对比了不同新手教师之间的差异。研究发现好的新手教师能够做出快速判断、简化复杂信息、根据即时和长期意义进行区分、分类处理课堂事件。相反，低效教师主要从细节上描述自己的互动性教学决

---

① M. Moallem, "An Expert Teacher's Thinking and Teaching and Instructional Design Models and Principles: An Ethnographic Study", *Educational Technology Research and Development*, Vol. 2, 1998, pp. 37–64.

② C. M. Clark & P. L. Peterson, "Teachers' Thought Processes", *Handbook of Research on Teaching*, Vol. 3, 1986, pp. 255–296.

策，不善于运用分类、简化信息的策略。加涅（Gagne，1984）等人使用认知心理学的语言和结论来研究专家和新手教师的认知过程。与专家教师相比，因为缺乏更详细的认知图式、新手教师不具备元认知和监控技巧，而这些能力使专家教师能够监控整个教室的状况，发现问题、做出决策并解决问题。博尔科等人（1989）通过对比实习教师和他们的实习指导教师的决策差异后发现，这些差异源于新手教师认知图式的不详尽、缺乏关联性和一致性。他们在对课堂教学情境分析方面也存在着差异。当讨论到自己或他人的班级管理时，与新手相比，专家教师能够运用自己的实践性知识，根据常规更快地预测、确定要处理的课堂问题。这一研究与多尔和加涅的研究结论具有一致性。考尔德黑德（1981，1983）对比了两类教师对常见的课堂关键事件的看法。他发现，专家与新手教师的差别在于他们对课堂事件的认知和诠释不同。专家教师有着丰富的认知图式，这些图式包括课堂教与学的知识、对学龄儿童可能怎样行为与需要怎样帮助的知识、对课堂事件可能怎样发生及如何处理等的知识，这些经验和图式使他们能够形成解释教学信息的有意义的框架，了解课堂上的期望是什么，并因此制定管理学生行为的程序和规则。新手教师既缺乏赋予课堂事件意义的概念化结构，也不能简化和提取不同事件的共性。

　　现有的研究表明，新手教师和专家教师的教学行为差异源于他们的决策差异。除了教师个性特征导致的决策差异之外，与新手教师群体相比，专家教师群体不仅有着合理有效的教学决策，还有着自觉主动的课程决策，教师决策质量的提高与他们的批判反思能力也有着直接的关联。有经验教师群体的共同特征之一就是课程决策的凸显。他们能够从课程目标、内容设置和课程实施要求出发设计教学的步骤和方法，在课程维度上思考教学的决策，在教学维度上对课程进行决策。卓越教师的核心特征是在先进教育理念指引下，对教学决策实践的反思批判，这种反思批判是教师教学决策力不断提高的主体保障。

第二节　国内对教师教学决策的比较研究

国内关于教师教学决策的比较研究包括心理学视角下对新手和专家教师教学行为的比较、教育学视角下对不同专业发展阶段教师的教学过程、教学行为的比较，这些研究可分为三部分。第一部分是从教师的教学行为入手分析，分析比较新手—专家型教师的教学决策认知过程及其特性；第二部分是从教学过程中涉及的教师言语行为表现、教学策略运用、学生评价等方面进行的比较；第三部分是直接围绕教师教学决策进行的比较研究。这些研究成果都为本书提供了有价值的借鉴。

一　教师的教学认知比较研究

对教师的教学认知比较主要是从心理学视角下开展的。俞国良（1999）对48名普通中学专家教师和新手教师的教学表现进行比较研究后发现，在教学行为的各个方面的量表得分及总分上，专家教师显著优于新手教师，两类教师的个人教学效能感与教学行为均存在显著的正相关。[①] 杨翠蓉对小学数学专家教师和新教师教学过程中的决策认知差异进行了比较。研究发现，在教学计划阶段，专家教师除了侧重于对教学活动进行计划外，还对教学目的、教学内容进行计划；新教师主要是对教学活动进行计划，并且在这一部分更倾向于设计细微的教学步骤。专家教师的教学结构图（即教学计划决策的结果）与新教师相比更复杂、联系性更强。在教学实施阶段，专家教师的教学既遵循既定的教学计划，同时又能根据课堂教学线索对教学计划进行变动，表现出灵活性，而新教师基本是按照既定的教学计划进行教学；专家教师在教学中更多地对学生回答问题情况、对教学材料、教学内容的理解进行思考，其课堂教学过程

---

① 俞国良：《专家—新手型教师教学效能感和教学行为的研究》，《心理学探新》1999年第2期。

中的决策目的是促进知识学习和加强学生的理解，而新教师在教学中更多的是对学生出现错误、学生注意力分散情况进行思考，他们在课堂教学过程中的决策很少会考虑教学目的。[1] 孟迎芳等人以中学教师作为研究对象，研究了新手—熟手—专家型教师的教学策略。新手型教师比熟练型教师更重视课前策略，但课中策略上显著低于熟练型教师，课后策略上二者没有差异；熟练型教师在教学策略三个维度上都显著低于专家型教师，专家型教师的教学策略表现出灵活性、创造性以及有效的反思能力。[2] 连榕的研究团队（2003；2005）先后对专家—熟手—新手型教师的教学策略与成就目标及人格特征的关系、心理特征、教学策略、教学动机特点等进行了实证性的比较研究。在教学策略、成就目标方面，专家型教师均优于熟练型教师，而熟练型教师又优于新手型教师；重视课前准备，成绩目标是其重要的工作动机是新手型教师的主要特征；课中策略水平较高，任务目标成为重要的工作动机是熟练型教师的主要特征；教学策略以课前计划、课后的评估、反思为核心，批判性强是专家型教师的主要特征。[3] 这些研究主要是基于心理学的视域，对不同专业发展阶段教师的教学行为进行的比较，以了解教学行为背后教师的决策心理。

二　教师的课堂教学行为比较

教育学视角下对教师课堂教学行为的比较研究主要是从学科教学的特殊性出发，研究学科内部不同专业水平教师的教学行为、教学策略的差异。研究发现，化学学科中的专家与新手教师的课堂教学特质有着明显的不同。专家教师的课堂教学是以学生为中心的对学生已有知识和经验的改造过程，而新手教师是以教师为中心的知识技能的单向传递过程。专家教师与新手教师课堂教学特质差异具

---

[1] 杨翠蓉：《小学数学专家教师和新教师教学过程中的认知比较研究》，博士学位论文，华东师范大学，2006 年。

[2] 孟迎芳、连榕、郭春彦：《专家—熟手—新手型教师教学策略的比较研究》，《心理发展与教育》2004 年第 4 期。

[3] 连榕：《新手—熟手—专家型教师心理特征的比较》，《心理学报》2004 年第 1 期。

体表现为其各构成要素的差异。专家型化学教师的课堂教学行为特征是以激励和恰当地利用多媒体手段为支持条件，以推进学生思考和探索为根本的教学活动循环（指以"问题—互动—总结"为基本环节的循环）与教师角色循环（指以"主导角色—辅助角色—主导角色"为基本环节的循环）的有机统一。教学目的与手段的统一是化学专家教师课堂教学行为特征形成的基本原因和基本动力。[1] 新手型数学教师与专家型数学教师的教学决策有着各自的特征。数学专家教师在课前计划和准备阶段比新手教师更具有预见性及灵活性，更注重学生的需要；在课堂教学的各个方面表现也显著优于数学新手教师，如教材的呈现、教学内容的安排和执行、语言行为、教学注意等。在课后反思方面，数学专家教师的反思主要以学生为中心，而数学新手教师的反思则更多地考虑自己的教学是否有效。因此，可以看出数学专家教师在教学过程的三个方面都优于新手教师。[2] 中学数学新手与专家型教师的课堂教学行为差异主要表现在：（1）言语呈示行为方面，新手教师语言组织不够准确、清晰、简练，专家教师则在语言方面表现出数学知识的高度的组织化和结构化；（2）文本呈示行为方面，新手教师并没有把文本呈示作为语言呈示的补充，并未起到使学生厘清知识间的关系，建立知识网络的作用，而专家教师可合理地安排利用文本呈示，增强学生对知识的理解记忆；（3）提问行为方面，新手教师过于以自我为中心，设计的问题不能密切关注学生的行为，而是关注自己教学任务的完成，专家教师则能以学生为中心来确定教学提问行为。[3] 高中化学熟练型教师和化学专业的师范生在教学设计、教学行为和教学策略方面都存在显著的差异。在教学设计方面，熟练型教师与师范生在教学目标、教学重难点、教学评价、板书设计、教学反思的认识上有着

---

① 尹筱莉：《化学专家·新手教师课堂教学特质比较研究》，博士学位论文，华东师范大学，2007年。

② 田甜：《新手型数学教师与专家型数学教师教学过程的比较研究》，硕士学位论文，华中师范大学，2009年。

③ 冯国英：《中学数学新手与专家型教师课堂教学行为比较研究》，硕士学位论文，重庆师范大学，2010年。

显著的差异。在教学过程的各要素的认识方面，熟练型教师与师范生在教学重难点的准确把握、教学过程和教学内容、教学方法、板书设计等方面能否完全基于学生既有的认知水平和知识储备上都存在着显著的差异。在教学设计内容特征方面，熟练型教师和师范生在内容细节的描述、描述问题的方式、教学资源这几个方面的差异不是很明显，但是在教学目标、教学思路、与教材思路的一致性、知识点的数量、教学重难点、学生对于某个问题的预期反应这几个方面，熟练型教师优于师范生。在教学设计的过程特征方面，熟练型教师在导课、教学的展开和结课方面都优于师范生。在教学策略的使用频数方面，熟练型教师也明显高于师范生。[1]

　　不同专业发展阶段的教师除了在课前教学计划、课中互动性教学和课后的教学评价与反思过程中存在着明显差异外，在具体的教学环节和教学活动的展开方面，他们的教学行为选择也有着明显的不同。对高中地理专家型教师与新手型教师课堂提问环节的比较研究表明：（1）高中地理专家型教师有更强的问题意识，问题认知水平较高，善于根据学生的认知水平设置问题，落实三维目标更有成效；而新手型教师也有问题意识，但难以以此指导教学行为，他们更关注知识与技能目标。（2）专家型教师在提问时，充分考虑到学生的最近发展区，为了促进学生思维能力的发展，更习惯提出有思考价值的问题。在提问后的等待时间方面。专家型教师比新手型教师平均等待时间更长，且在留给学生思考时间的安排上，力求照顾到全体，而新手型教师的课堂往往缺乏耐心。专家型教师能对答问学生进行即时有效的反馈，即使面对错误答案，也善于引导学生进行过程反馈，而新手型教师对学生的错误回答，缺乏必要的耐心和适当的解决办法，更习惯从自身的角度来设计问题。（3）专家型教师已视课后反思为一种习惯，而新手型教师还没有意识到课后反思的重要性。[2] 新手—熟练—专家型三类中学数学教师的教学策略选

---

　　① 申妮：《高中化学熟手型教师和师范生教学过程的比较研究》，硕士学位论文，山西师范大学，2011 年。

　　② 高加春：《高中地理专家型教师与新手型教师课堂提问的比较研究》，硕士学位论文，华东师范大学，2011 年。

择也存在着显著差异。熟练型教师在多数教学策略的决策上高于新手教师，表现为教学常规工作的流畅、熟练；专家型教师在教学策略的决策上显著高于新手教师，表现出灵活性、创造性、实效性以及较强的反思和研究能力。① 此外，师范生和专家教师之间存在着差异显著的课堂教学行为和差异不显著的课堂教学行为。其中教学目标明确、教学思路清晰、现代化教学手段的应用等各项师范生和专家教师差异不显著的课堂教学行为，反映的是课堂教学中较为一般的要求，它们容易被认识到，也相对容易被掌握；而教学要求适合学生最近发展区、合理的知识构建方式与重点、难点处理、适合学校学生实际情况、分组教学方法的采用、针对学生行为变化灵活应变等10项师范生和专家教师差异显著的课堂教学行为，反映的是课堂教学的最本质的要求，不容易被师范生掌握。新手型教师尤其是师范生在课堂教学中比较注重教学知识内容的呈现，授课过程中言语的表现是否正确、连贯，教学思路、教学目标是否清晰，能否如期完成教学任务等。在洞察课堂教学行为过程中，新手教师还不能分辨出学生课堂行为中那些具有典型意义的活动，分辨哪些活动具有教学意义并加以注意，及时进行处理等，不能够及时把握学生的课堂学习反应，而失去了调整课堂教学节奏与步调的最佳时机。教学反馈信息的丢失，使得新手教师把注意力都集中在课堂教学内容的呈现方面。② 除了上述研究发现外，其他相关研究结果大同小异，不再一一赘述。③ 这些研究以我国的中小学教师作为研究

---

① 潘振华：《新手—熟手—专家型中学数学教师教学策略的比较研究》，硕士学位论文，福建师范大学，2007年。

② 田江、李丽、周福盛：《师范生课堂教学行为的新手专家法研究》，《宁夏大学学报》2003年第6期。

③ 类似的学位论文如：常丽：《新手、成手、专家型化学教师课堂教学即时性评价的个案比较研究》，硕士学位论文，东北师范大学，2007年。孙晓林：《高中新手—熟手型物理教师课堂教学行为差异研究》，硕士学位论文，苏州大学，2006年。杨小苹：《高中专家教师和新手教师物理概念教学比较研究》，硕士学位论文，西南大学，2011年。谢晖：《新课程下新手型与熟手型中学物理教师课堂教学行为的研究》，硕士学位论文，湖南师范大学，2010年。贾宁：《小学语文专家型教师与新手型教师教学言语比较的个案研究》，硕士学位论文，首都师范大学，2008年。楼帅：《专家与新手型科学教师课堂教学策略的比较研究》，硕士学位论文，华东师范大学，2010年。

对象，从学科教学的特殊性出发或者针对课堂教学的部分环节，对不同专业发展程度的教师进行了比较研究，这些研究成果代表着对教师教学决策研究的前期探索。

三　对教师教学决策的初步比较

目前对教师教学决策的比较研究，主要是对某一个教学决策环节进行比较，或者对某一类教师的整体教学决策进行比较。

（一）教师的教学计划决策

对教师教学计划决策的比较研究以个案的质性分析为主。有研究者选择了两名分别代表着专家与新手的初中英语教师。研究发现他们的教学计划决策类型相同，即教师同样是将教学计划分为学期计划、单元计划以及课时计划，但是教案表现形式不同。与新手教师不同，专家型教师不会关注如何写出一份漂亮的、有模板作用的教案。专家型教师的教学目标设计比新手型教师综合全面，教学内容的组织安排比新手型教师更加符合学生需要。[①]

除了专门针对不同类型教师的比较研究之外，还有对某一特定专业发展阶段教师的个案研究。如对一位小学英语新手教师（工作2年）进行的个案研究发现，新手教师在课前的教学设计环节，决策的重点首先是教材分析与教学目标的确定，其次是学情分析和教学方法的选择，但该教师缺乏对学生评价的设计。[②] 对一位小学数学骨干教师[③]进行的个案研究发现，该教师在计划决策中的教学目标模糊、笼统，导致教学活动与教学目标脱离，影响了最终的实施效果。教师设计的活动与问题停留于表层的知识学习，忽视了对学生数学思维能力的培养这一深层目标，同时设计的问题与解决问题

---

① 刘莹：《专家型与新手型教师教学决策比较研究——以重庆市 Q 中学英语教师为个案》，硕士学位论文，重庆师范大学，2011 年。

② 占丰菊：《课堂教学中教师互动性决策的初步研究》，硕士学位论文，华东师范大学，2004 年。

③ 该研究中的骨干教师应该是骨干中的优秀教师，甚至具有专家教师的部分外在特征。如：小学数学高级教师、农村学校骨干教师指导教师、省小学数学职称说课评审委员，教龄 16 年，数学教学 7 年以上，有课题研究经历和能力。参见杨豫晖《数学教师教学决策——以小学数学教学为例》，重庆大学出版社 2012 年版，第 28—29 页。

的具体活动之间不匹配，导致没有达成问题设计的最初设想。其表层原因是没有创造性地使用和开发教材，深层原因是教师教学观念中的绝对与工具主义的数学观、教师主导学生配合的教学观、教师中心的学生观和教学思维方式呈现拼凑和线性的不足。① 这些研究从一个侧面体现了不同专业发展阶段教师教学计划决策的特征。

（二）教师的互动性教学决策

在互动性教学决策阶段，专家型教师在以下三个方面做出了比新手型教师更为合理的教学决策，包括根据学生情况调整教学的计划决策、专家型教师在知识传授过程中灵活使用各种教学方法、注重为学生创设运用语言的真实情境。当课堂管理出现问题时，新手型教师更多地关注了问题的表象，没有像专家型教师那样对学生的违纪行为做出深层次的原因分析。② 新手教师课中的互动性教学决策主要表现为实施和修改原订计划两个方面，新手教师的课中教学决策主要是落实原订计划，在需要修改教学预设的互动环节，虽然新手教师也会按照自己的教育理念采取以学生中心的教学设计，但教师决策常常出现时间不足和效果不理想等问题。③ 骨干教师的互动性教学决策以执行类、变化类决策为主，少有生成类决策。变化类决策中的思维含量不高，多为技术化处理；少数生成类决策也缺乏教学智慧，处于简单应对阶段。呈现随意决策和包办代替的思维训练理念。④

（三）教师的教学评价与反思性决策

很多研究没有专门针对教学后的决策，理由是教师教学前决策和教学后决策的差别不明显。⑤ 既有的研究发现，专家型教师和新

① 杨豫晖：《数学教师教学决策——以小学数学教学为例》，重庆大学出版社 2012 年版，第 72 页。
② 刘莹：《专家型与新手型教师教学决策比较研究——以重庆市 Q 中学英语教师为个案》，硕士学位论文，重庆师范大学，2011 年。
③ 占丰菊：《课堂教学中教师互动性决策的初步研究》，硕士学位论文，华东师范大学，2004 年。
④ 杨豫晖：《数学教师教学决策——以小学数学教学为例》，重庆大学出版社 2012 年版，第 108—110 页。
⑤ 徐碧美：《追求卓越——教师专业发展案例研究》，陈静译，人民教育出版社 2003 年版，第 24 页。

手型教师都会进行自我决策评价与反思，二者的不同之处在于反思的关注点和反思的深刻性。专家型教师较为关注学生方面的反思，并且注重原因分析；新手型教师较为关注自身教学的方面，反思常常停留于问题的表象，没有对问题产生的原因做出分析。[①]

此外，尚有对大学外语教师的课堂教学决策进行的比较研究。研究的主要结论是：首先，专家型和新手型教师在对待教案、选择教学方式、使用教材以及评价教学有效性上都存在着极大的差异。其次，在教学中专家型和新手型教师无论是强调准确还是流利，无论是热衷于以教师为中心还是以学生为中心，他们都倾向于综合性地利用这些教学理论，尽管他们所强调的重点在程度上有所区别。教师在制订教学计划、教学中及课后评估所做出的决策很大程度取决于他/她以何种方式解读自己所处的教学环境和课堂交际中的大量信息。[②] 这一针对高校教师的研究对基础教育领域的教师教学决策研究有一定的借鉴价值。

第三节　需要进一步思考的问题

专业取向已经成为当今社会一个重要的职业价值标准。尽管我们不能假定经验即专业性，但在某个阶段的教师身上仍然可以发现某些专业性的表现。因此，了解在若干年的经验之中那些专业性能被哪些教师在哪种情境中发展起来，对教师教育理论和实践有着丰富的启示。现有的研究成果，无论是心理学角度对教师决策认知心理的分析还是从教育学角度对教师决策行为的描述，都为本书奠定了坚实的理论基础。但既有的研究只是对教师教学决策进行了初步的比较和浅表的分析，对这一问题的深度探索尚需要从以下方面加强。

---

① 刘莹：《专家型与新手型教师教学决策比较研究——以重庆市 Q 中学英语教师为个案》，硕士学位论文，重庆师范大学，2011 年。

② 张敏：《专家型与新手型外语教师的课堂教学决策比较研究》，硕士学位论文，重庆师范大学，2009 年。

一　从认知理性到生态理性：研究视野的拓展

课堂教学是一种认知性、文化性和伦理性的实践活动，与之相对应，教师教学决策也是决策认知、决策文化和决策伦理构成的三位一体的实践。认知维度体现着工具性、技术性思维，文化和伦理维度则要求人本性、反思性思维。已有的研究从不同的方面描述了不同类型教师的教学决策维度、决策点和决策模式的差异，但这些研究主要根据认知心理学的理论进行解释，缺乏从文化和社会的层面对这一差异进行深层的分析。教学过程是在复杂情境中围绕实践问题展开的专业判断与决策。不同专业发展阶段教师的教学决策不仅受到各自拥有的教育生活经验、教学理念等个人认识论的影响，带着教师所处的学校文化、教师群体亚文化的烙印，更受到学校管理制度、教学常规要求等的规约。因此教师教学决策不是单纯的合理技术的应用，而是教师专业生活中的深层思考。这种思考体现着教师"反求诸己"的专业境界和反思习惯，体现着在适应学校社会与文化环境的过程中又主动回应环境要求，积极寻求专业提高的发展内驱力，这也是专家教师相比于新手教师的不同之处。教师教学决策研究既要超越心理学的研究范畴，将研究视域置于教育的生态和社会环境中进行，又要在借鉴国外相关研究成果的同时，对教师教学决策的演化实践进行本土文化背景下的实地考察。

二　从经验者到专业人——研究对象的补全

决策是内部思考向外部语言和行为外化的过程，这一过程有着经验决策和专业决策的层次差异。教师教学决策力的提升是教师由对常规性决策的熟练掌握到有效的即时性决策和自觉的反思性决策不断转化的过程，但这一转化不是一个线性的过程。不同类型的教师，特别是新手教师成长为经验丰富的教师、有经验教师向专家教师转化的过程，其专业演进的路径、速度乃至方向都有着很大的不同。目前的研究主要是以新手教师和专家教师这两类专业跨度较大的教师教学决策的对比为主，或者只针对有经验教师进行个案研究，缺少对有经验教师和专家教师教学决策的比较。将大量处于过渡期的有经验教师纳入教学决策的比较研究中，有助于揭示教师教学决策力不断发展演化的整体渐进性和内在规律。

三　从差异比较到聚焦发展——教师教学决策力的现实需求

基础教育课程改革赋予了教师课程开发与教学的决策权，但教师从教学的被动"消费者"到主动的"决策者"的转换过程还有相当一段距离。新手教师在经验积累的过程中可能出现的、将常规性决策程式化的问题，熟练教师因囿于经验出现的简单随意教学决策等问题，都说明赋予决策权于教师的同时，教师教学决策能力提高的重要性。明确不同专业发展阶段教师的教学决策的应然性专业要求，厘清实践领域不同类型教师的教学决策表征及其实质，才能给出教师教学决策专业特性的操作性说明。既从理论层面阐释熟练教师和专家教师的教学决策运行特征和影响因素，也从操作层面具体地说明新手教师如何成长为熟练教师、专家教师的具体路径和方法，才能在教师培养与培训中不断提高教师的教学决策水平。

第二章

不同专业发展阶段教师
教学决策的运行过程

第一节　教师教学决策运行机制的分析架构

一　走入现场——学校环境简介

本书选取的这所学校是一所具有百年发展历史、文化底蕴丰厚的省重点小学。学校以"对学生一生负责"为宗旨，致力于"以德立校，科研兴校，特色活校，质量强校"的办学思路，以科研为先导，以教学为中心，提出了"教学课题化，课题工作化"的工作要求，启动了名师带动青年教师的"青蓝工程"①，构建了"课题研究、案例研究、专题系列研究"的校本研究体系，形成了"工作即学习，教学即研究，成长即成果"的校本研究特色。在基础教育改革的背景下，××小学将教师的专业发展视为学校发展的核心动力，在寒暑假组织有针对性的校本教师培训，邀请省内知名的学科课程和教学专家、教学研究专家等给教师们做报告。学校校长作为"齐鲁名校长"，很支持教师们的创新行为，尊重他们的专业探索。

在教师的选择上，三位教师都是××小学的数学学科教师。依托该校的"青蓝工程"，首先选择数学学科的"结对子"教师，即专家教师 H 教师和新手教师 B 教师，然后再选择已经参加工作十年之久的熟练教师 L。这三位教师分别教三年级、四年级和五年级的

---

　　①　即工作 5 年之内的骨干教师与区级、市级的明星教师结成师徒制对子，促进青年教师的快速成长。参见本书附录 2。

数学课。从研究的角度讲，如果选择同一年级的三位教师进行同课异构的比较是最理想的，但现实的问题是，我们很难在同一年级找到三位符合研究要求的数学教师；就参与研究的教师心理而言，同课异构容易形成教师之间的潜在比较意识，不能充分呈现教师在自然状态下的教学过程；同一年级的数学教师在教学进度上也往往不同，要求教师们配合研究经常实施同课异构也会打乱教师们的教学安排。因此本着田野研究尊重现象本身的原则，研究对象的选择是以对教师专业属性的判断为优先原则的。

二　数据收集途径和分析方法

本书的数据收集历时两个学期，从 2012 年 10 月进入现场，2013 年 6 月结束。由于该学校数学教师的课都安排在上午第 1、2 节，研究者又需要获得三位教师课前的教学计划决策、课中的师生互动性教学决策和课后教师的反思性教学决策的整体数据，因此数据收集既要考虑到在访谈时间和地点的安排上，三位教师的课前说课和课后的自我反思是否方便，又要根据三位教师的课程表和教学设计进行灵活调整，比如教师计划上习题课就不希望研究者再参与，因为他们坚持"习题课没有观课的意义"。最初的研究活动是研究者本人在高校的上课时间和××学校的三位教师的上课时间之间寻找一种协调，但底线标准是保证每周都能够获得每一位教师至少一次的教学决策循环。随着后期研究的深入，研究者发现小学数学采用的青岛版实验教材，其特点之一是将部分知识点的拓展、变形和延伸在课后练习部分表现出来，习题课就成为另一种形式的新授课了。因此后期的教师教学决策研究开始扩展到习题课，而且根据教师教学时间的安排灵活跟进，如在一周的时间内重点收集某一位教师的教学决策，保证对三位教师的数据收集基本相当，达到全面了解三位教师的研究目标。

为了便于研究，每次教师的说课和课后反思都用录音笔录制，课堂教学过程除了录音笔之外，还将课堂教学过程进行录像，以助于研究过程中必要的回溯分析。所有的录音资料实录下来后转化为文字，并补充观察时田野笔记纪录的其他细节。数据的收集和加工是一个相互联系的过程。随着对三位教师研究资料的积累和初步分析，笔者会及时发现有疑惑的问题并补充后续的资料。整个数据分析的过程也是逐渐弄明白笔者应该得到哪些数据的过程。通过反复阅读数据，根据数据分析框架进行概括，以辨认出三位教师既有差异又有共同点的教师教学决策运行机制。除了录音、录像材料外，研究者还收集了三位教师的部分教案、反思日志、教研总结等材料，作为对研究数据的多方互证和补充。

三　数据分析框架

教师教学决策运行机制的分析架构即对教师教学决策运行过程进行分析的理论框架，是使用概括与简化的方式来解释教师教学决策运行机制是由哪些要素组成的，以及这些要素在不同类型教师的教学决策活动中如何结合在一起的逻辑结构。教学是由教师、学生、教学内容、教学方法、教学目的、教学环境等多种要素构成的复杂系统，教师对教学系统的决策也就具有了复杂性的特征。作为一种自组织运动，教师教学决策的运行既是对决策客体所包含的各种要素进行判断与选择的过程，也是对教学决策活动中各系统内部结构与系统之间联结关系的连续认知与行为表征，这种认知和行为的联结具体表现为教师对各类教学问题系统的事实联系和价值联系的识别和处理。

教师教学决策是教师的决策认知与决策行为的"知行统一"。教学决策活动的具体运行是中小学教学实践与教师教学认识之间矛盾运动的不断展开。以教学决策框架为内在尺度的教师决策认识系统和由教学计划制订、互动性教学和教学评价与反思等活动构成的教学实践之间的运动，是以诸多相互关联的教学要素为中介展开的。这些中介系统构成了教师教学决策这一复杂系统中的子系统，主要包括教学目标决策系统、教学内容决策系统、教学方法与课堂管理决策系统和学情决策系统。这些系统之间存在着思维与实践、对象意识和自我意识、建构与反思等内在矛盾，共同构成了本书对田野数据的分析框架。三位教师的教学决策差异及其联系就体现在这些系统结构的运行中。其中教学目标决策系统的目标结构包括学

科基本知识和能力要求、学科思维培养与问题解决能力、学科历史
文化与情感态度价值观培养等；目标性质包括长远教学目标与当前
教学目标两类。教学内容决策系统包括注重课本知识、尊重学习者
经验和贴近社会生活的决策原则；忠实取向、改造取向和创生取向
的三种课程决策取向。教学方法与课堂管理决策系统包括提示教
学、自主学习和共同解决问题三类教学方法；课堂管理决策内容包
括明确课堂规则、对学生学习纪律的规范和教学时间管理等方面。
学情决策系统的决策内容主要包括判断学生的学习准备状态、学习
效果评价、教学过程中对学生决策的反馈、学生差异化学习需求的
满足等方面；决策性质包括教师对学生群体、学生小组的学情决
策，教师对单个学生的差异性学情决策（见图 2—1）。

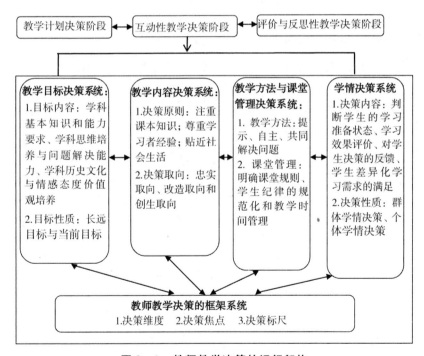

图 2—1　教师教学决策的运行架构

　　这一运行架构是对教师教学决策运行的结构性分析。不同教师
的教学决策还存在着决策水平和质量的差异，衡量这些差异的标尺

即何谓好的、有效教学决策呢？

　　就本体论而言，教师教学决策行为是否符合决策的本质与基本属性，是决策行为是否成立的"实然"的体现，它要求教师教学决策合乎选择的规范性。决策的核心在于多个备选方案之间的选择，没有选择就无所谓决策。因此教师教学决策合理性的前提是教学决策行为的实际发生，本体意义上的决策合理性就是合乎理性的选择行为的存在；就认识论而言，教师教学决策要体现"真"的要求，实现合目的性和合规律性的统一。合规律性是教学决策合理性的前提条件，合目的性是教学决策合理性的内在要求。决策认识产生和存在的价值在于正确反映客观实践的规律并以此来指导实践，这就要求教学认识在形式上要实现本质理性，在逻辑思维和决策程序上合乎秩序理性，在决策内容上合乎规律性，如实反映教学过程的现象和本质；就价值论而言，教师教学决策要体现"善"的要求，实现合价值性和合工具性的统一。教师教学决策是价值负载的，又是实现特定教育教学目标的途径和手段，教师教学决策的认识不是单纯的技术运用，而是渗透着教师这一决策主体的价值观、情感意志、观念动机等主观要素，反映着不同价值主体的地位、利益和主体间的关系。教师教学决策是以促进学生全面发展作为根本目的，它必然有着教学决策向善性、伦理性的要求，是教师教学德性的体现。教学决策手段的采用、决策策略的实施都在实然中体现个体价值观念、在应然中要求职业价值规范，后者作为社会基本价值观念的凝结和历史积淀，通过影响和规训着教师个体的价值认识论，以教学决策义务和责任的方式，实现教师教学决策的价值追求；就实践论而言，教师教学决策要合乎"利"的要求，保证教师教学决策在教学实践中的实效性。教师教学决策的意义在于对教学实践的推动和提升，在于教学决策方案的可行性、教学决策成本的最小化和教学决策效果的最大化。如果说教师教学决策本体论意义的合理性是讨论的前提，认识论和价值论意义的合理性是教学决策的理性思维标准和价值标准，实践论对教学决策的实效性要求则是教师教学决策合理性的实践标尺，这几个方面彼此联结，构成一个不可分割的整体。[①]

根据教学的运行阶段，教师课前的教学计划决策、课中的互动性教学决策和课后的教学反思与评价性决策，形成一个递阶性嵌套，教师持有的教学决策框架体现在教学决策的三个阶段中，影响到教师教学决策运行的四大子系统及其系统内部各要素之间的联结方式。不同专业发展阶段教师教学决策的关键差异是这些联结方式的不同，这种差异既可以存在于横向的不同教师之间，体现着教师教学决策的个体差异，又可以存在于纵向的教师专业发展的不同阶段，体现着教师教学决策的阶段性差异。这些差异不是一个静态、固定的"常数"，而是一个伴随教师专业发展阶段不断变化的非线性过程，在教师专业发展阶段的差异形成与专业累积中存在着核心的、基础的发展要素，这些发展要素在教师职业生涯发展的不同阶段体现为非线性同时又不断递进的发展态势。

第二节　教师教学决策的运行过程描述

教师教学决策的运行过程存在着共性的基本循环和个性化的循环之分。虽然不同专业发展阶段的教师、不同教师个体有着教学决策模式的差异，但教学决策的问题指向决定了任何一种教学决策的运行，都是以教学问题的解决为核心展开的。出于理论研究的需要，对教师教学决策的运行过程分析分别从教师的教学计划决策、师生互动性教学决策和教学评价与反思性决策三部分进行，这三部分不是孤立存在的，而是伴随着教学活动的展开不断互动与循环的整体过程。

一　专家教师教学决策的运行机制

（一）H 教师教学计划决策的运行机制

专家教师的教学计划决策基本遵循以下运行机制，这一机制是

[①]　张朝珍：《教师教学决策论》，人民出版社 2011 年版，第 163 页。

在教师所领悟的课程理论与观念指导下，根据对所教学生一般学情和特殊学情的分析确定教学的三维目标，并在此基础上确定教学的策略与方法，进行教学过程的具体设计（见图 2—2）。

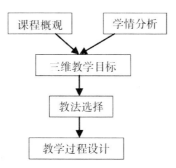

图 2—2　H 教师教学计划决策的运行结构

已经有 20 多年教学生涯的 H 教师是该小学负责教科研工作的教科室主任，由于优秀的教育教学成绩，先后获得全国数学教改先进个人、全国教学艺术大赛说课一等奖、山东省资源开发与利用优质课一等奖、齐鲁名师等荣誉称号，还被本地一所地方性大学聘为小学教育专业的数学课程与教学论兼职教师。因此无论在教学实践经验还是学科教学理论等方面，H 教师都可以代表着在教育改革中成长起来的领军型专家教师。她当前任教的是小学四年级的数学课，她的教学计划决策运行不是典型的目标模式。尽管她的教学目标意识也很强，但这些目标的确定是在对课程的决策和学情分析基础上进行的。

本地区小学数学采用的是青岛版教材，H 教师的教学设计首先是对青岛版教材的课程性质和内容编排思路等方面进行分析。由于既负责该校的教科研工作，又作为学科带头人多次参加了省市级的教材教法的培训，她对青岛版小学数学课程标准和教材内容有着整体的把握和自己的认识。对课时教学内容的细化也是从整个单元教学的角度来思考。如：

　　根据已有的信息提出问题，然后这个问题怎么解决，顺着这样一个思路去教学，这是青岛版教材的一个特点。明天要讲的是目录上这个大板块之一，像这个"综合运用"原来叫"实践与综合"，现在叫综合运用了。它就是一个综合实践活动。数学分四个板块：一个是代数，再就是空间几何，然后就是概率还有综合实践活动。93页的这个拓展平台，我觉得应该把它放到综合实践活动板块里去，它是第五单元的除数与两位数，它和前面的内容应该说是没有必然的联系，但是我觉得这个东西放在这里肯定是有它的益处。毕竟是学生刚刚学完除法，应该算是对除法的一个应用吧。（H-S-1）①

H 教师的教学内容决策与分析学情往往是同时进行的。她既比较了解学生的一般学情，也重视调查学生的特殊学情，根据综合学情进行教学决策。H 教师的一般学情分析是调查学生对数学学习的看法和问题。如 H 教师调查了学生喜欢数学和不喜欢数学的原因，学生们的回答是：

1. 数学有趣。"数学世界是个美丽世界，因为数学有意思，每道题就像一个游戏，一个迷宫一样有趣。""因为数学有很多窍门，所以我喜欢数学。""因为数学很奇妙，能锻炼我的头脑，训练思维，开拓思路。"2. 数学简约。"因为数字好写，不像汉字不好记。"3. 数学有用。"生活中到处都能找到数学，数学充满神奇和奥妙。""因为数学对考中学有很大帮助，爸爸妈妈都喜欢我学数学。"4. 喜欢数学教师。"因为数学老师课讲得好。"5. 能在数学中感受到成功。"因为数学是强项，总能考 100 分。"

而不喜欢数学的学生的回答是：

---

① 本书对所有的一手资料进行了编号与排序，H-S-1 指材料选自对 H 老师的第一次访谈，以下内容以此类推。

1．数学有些烦。教师反复讲，作业反复做。比如学乘法和除法总是反复练，很浪费时间。2．数学太难，听不进去。3．做数学题容易出错。

H 教师的具体学情分析基本是从学生已有的知识基础、四年级学生的认知特点和可能出现的学习困难与障碍三方面展开的。

这个单元的标题是"跟着爸爸学设计"，其实就是两个问题：平行与相交。空间的东西本身对孩子来说比较困难，尤其是让孩子自己动手画的时候特别难。以前教这部分内容的时候也发现，每次我讲完之后，孩子们对这些知识点的想象、口头表达都没问题，但是一落实到卷面上，学生们就做得很困难。这可能和他们动手操作能力比较差等生理特点有关系。平行不是具体地画一道线就拉倒，而是有一些具体的方法，所以上这一单元的课我就想化解一下难点。咱们这个教材第一个红点①就是看着情景图先认识一下什么样的图形是平行的、什么样的是相交的……小数加减法前面已经学过，是学的相同位数的，比如说 0.1+0.2，小数部分位数相同的。这一节就是到了小数位数不同的了，或者说相同的末尾需要根据性质化简的，末尾需要添 0 的，或者说需要进位的。孩子们容易出现的问题就是容易受"整数的加减法"这部分内容的负面影响。（H-S-2）

这些都说明有着丰富教学经验的 H 教师已经将关于学习内容的本体性知识与学生的认知特点结合起来加以决策，并在此基础上提出了明确的三维教学目标。在教学计划决策目标的具体化过程中，她既重视学生对基本知识点的掌握、对学生的知识运用与拓展能力的训练，也重视在学科教学中渗透情感态度价值观教育。如：

---

① 青岛版数学教材的第二板块是教材的核心部分，分别用"红点"和"绿点"来对例题进行标识。其中红点表示这部分例题中有新知识，需要教师带领学生在练习中学习新知识；绿点则表示这部分内容是对新知识的巩固和应用，以帮助教师有针对性地开展教学。

　　这一个红点就是让孩子们学会从一个繁杂的信息里面提取信息，学会整理、简单地记录信息，掌握基本的知识点，这是第一个目标。第二个目标就是让孩子通过这道题学会画线段图，画图从二年级就开始渗透，这里要求比较严格，就是线段图一定要会画。半直观的图可以帮助孩子们理解题意，也就是数形结合的思想，这是第二个目标。过程性的目标就是想让孩子们自主探究，情感性的目标就是让孩子们通过学习会思维，喜欢数学，会解决问题。（H-S-1）

　　在围绕知识教学目标进行教学计划决策时，H教师常常打破教材的编排，对内容进行二次加工，根据学生需要灵活处理教材内容。这也充分体现了"用教材教而不是教教材"的教师生成性教学决策的课程改革理念。

　　教材中这个信息窗提供的图我不想用了，因为孩子们对线段、射线这些概念虽然没学但是不一定陌生。在和爸爸妈妈或者同学之间的交流中会有初步的认识。这节课开始时我想先问一下：今天咱们来学习新课，但是对新课中线段这些知识你们有什么了解？先调查下学情，再考虑下面该怎么讲。如果他们都已经非常熟悉了，那就没有必要浪费时间去探究了。如果孩子们回答得很分散、不系统，那就让孩子们再去探究、去归纳，要根据可能出现的生成考虑如何进行教学。如果第一个板块学生掌握得很轻松的话，后续的练习时间会很充裕。如果他们对这些最基本的概念掌握得也不好的话，这节课最后的练习就够呛完成。总之两种打算、两种设想，这就跟孩子们的生成有关，看孩子的课堂学习情况了。（H-S-2）

　　这说明H教师有明确的生成性教学意识，能根据学生学习过程中的生成情况进行预设。虽然她的教学决策替代方案的数量只有两个，但是这些方案的设计充分体现了教师对学生学习过程的关注。

　　促进学生对学科基本知识的掌握是所有专业发展阶段教师在教学计划决策时都很重视的教学目标，对这一目标的表述又包含着教师完成教学目标的路径选择，体现了教师的教学目标决策与教学方法决策的相互联系。H 教师的教学计划决策中有一个反复出现的词——"渗透"，形象地说明了她对数学教学方法的理解。

　　我觉得数学教学中的知识点很重要，必须教学生学会。但是还要渗透一些基本的数学思想如数形结合思想，积累一些数学经验。让孩子们操作就是一种经验，在操作中学会探究问题的方法，这样也涉及研究方法的问题。本来是研究数，可是我们拿出图形来了，这就是一种思想方法的渗透。我经常有意识地在我的课上这样做。比如之前学的除法，除法就是一个竖式，很难讲出什么新意，我就让孩子们去发现规律。比如我出一个题，432 除以一个数，我马上再出一个 864 除以一个数，还是除以那个数，让孩子们发现。通过动手操作让孩子们发现除数没变，被除数扩大了，扩大到原来的两倍了，商也扩大到原来的两倍了。这样让孩子们在单纯的练习中发现这样一种规律，形成一种推理的能力。这个数学课本中有一个关键词就是推理。在前边这个单元我用的课时比较多，就是经常让孩子停下来，不光去纯粹地计算，而是从中悟出一种道理。我记得前天的时候讲到除以 25 的，按说知道如何除以 25 就可以了，但是我说除以 25 的话还可以再变换一种形式。咱可以让被除数和除数都扩大四倍，都乘以 4，都乘以 4 的好处就是让 25 变成 100 了，变成整百的数这样做起来简便一些。让孩子在单纯的运算中赋予一些思维的因素。第二个教学目标就是让学生学会怎么去找一个数的因数，比如说 12 的因数是谁呀，得让孩子们发现，而且 12 的因数要成对地去找。比如说 $1 \times 12 = 12$，那么 1 和 12 都是 12 的因数；因为 $2 \times 6 = 12$，所以 2 和 6 都是 12 的因数；因为 $3 \times 4 = 12$，所以说 3 和 4 都是 12 的因数，这也是数学有序思维的一种渗透。(H-S-3)

这些都说明 H 教师在设计课堂教学时注重对学生学科思维与学习方法的有意识培养，通过教学方法的多样化，训练学生的发散思维和逆向思维，将数学知识的学习与学生生活世界相关联。对于 H 教师而言，学生学习数学不是单纯的知识掌握和能力训练，而是以数学学习为载体，培养学生发现问题、解决问题的思考和质疑意识与能力；不仅仅是为了考试成绩的目的，更重要的是培养独立思考、积极探究、善于合作、有着健全人格的人才。这一目标定位不是因为课标要求所以教师在教学计划方案的设计中要有形式上的"三维"，而是将过程与方法目标、情感态度也与价值观目标有机统一于知识和能力目标的教学过程中。

与以上教学目标决策相对应，教师在教学方法的设计上体现了将数学教学回归生活世界，使数学学习过程同时成为解决生活问题的过程这一决策理念。对于缺乏生活原型的知识点的教学，则采取模型、直观图示、打比方和想象等手段培养学生的空间能力和数感。例如在学习"平行和相交"问题时：

> 培养孩子的空间观念的话，直线、射线和线段的特征最重要。要在头脑中形成一个空间观念，比如有长度的这样的图形是线段、一方可以无限延伸的就是射线了，还有这些位置关系，都是为了让孩子在大脑中形成一种模型，让孩子举生活中的例子也很关键，一定要找生活中的模型，找不准的话想象近似的也可以。我不喜欢仅仅按照课本的思路来，更喜欢将有些知识点打开、拆散，根据学生学情的变化，有的时候给添些内容，有的时候给去些。（H-S-2）

这也说明教师对教学方法的采用与对教学内容的决策是紧密结合在一起的。

H 教师对教学过程的设计思路主要是通过运用小组合作和学生自主探究等学习方式，借助于学案引导学生的学习过程，让学生从对单个问题的解决上升为对同类问题的解决，了解同类问题的基本结构和解决策略。在具体教学环节的设计上，H 教师计划采用的基本步骤是"复习旧知→探索新知→巩固练习→拓展延伸"。这些步骤与教学时间的安排相结合。由于该校的数学课是每天上午的第1节或者第2节，每节课的时间是35分钟，当天下午会有1至2节针对上午课堂学习内容的习题课。H教师将35分钟的课堂时间设定为简单讲解3—5分钟，然后进入10—15分钟的学生探究环节，最后剩10—15分钟做练习以巩固知识。

除了在课堂小节时安排学生自己说收获、质疑不懂的地方之外，还有一个有特色的教学计划，就是布置课下学生要完成的学习任务，包括让学生写数学日记、阅读和编写数学小故事等作业形式，通过说数学、找数学、画数学、写数学、教数学、做数学、用数学这七种活动，激发学生们的情感、学习兴趣。如：

> 在学混合运算时，按照最初的设想在教学的最后环节找了一个相关的故事，就是想让孩子们明白运算的重要，要按顺序去办事，给孩子们渗透这个运算的重要性。这在知识上是一个延伸，在广度上想让孩子们明白生活中有那么多数学知识，数学可以为我们的生活服务，让他们对数学感兴趣，有学习的欲望。如果只考虑学生考试成绩的话，就像以前教毕业班，每天搞题海战术，天天练，孩子们都很熟练了，但是我们的孩子最终收获了什么我真的不敢说。用现在的方法教的我的学生，他们后来的初中、高中教师反馈的信息是这些学生的思维比较灵活，这是我最满意的一点。孩子的思维在深度、广度和灵活度上比其他学生明显要多一些。我提倡孩子们一题多解、举一反三，可能做一个题就相当于做七八个。（H-S-1）

（二）H教师互动性教学决策的运行机制

互动性教学决策是在教学过程中通过师生交流、生生互动过程中产生的，由此形成生成的新问题、新思路、新方法、新结果等。教师前期的教学计划决策已经提出了后续课堂教学的运行图式，这一图式构成教师与学生进行互动性教学决策的基本思路。专家教师主导的师生互动性教学决策中凸显了学生决策的重要性，作为生成性课程资源的学生学习反馈成为教师调整教学预设、引导学生学习行为、对学生进行相应的课堂纪律管理的重要根据。这些基于学情的预设调整与即时的课堂生成指向着教学目标的实现（见图2—3）。

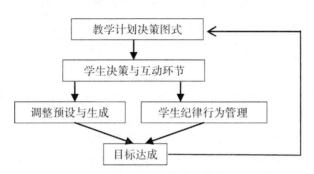

图 2—3　H 教师互动性教学决策的运行结构

　　由于这所小学在当地的口碑好，学生培养质量较高，所以每年争取到该学校读书的学生很多，大班额教学就成为这所小学的常态。H 教师所教的班级有 72 个学生，是典型的大班教学。除了对外公开的展示课上会临时将学生按小组进行面对面的"大 U 形"排列外，日常上课时学生位置的排列都是秧田式。每排学生之间的空隙很小，很多学生只好将书包放在脚边，教师在课堂内走动时很难关注到中间部分的学生。这样的班级组织形式在一定程度和范围内影响到了教师教学计划决策的实施，教学过程中的小组合作也只限于坐前后位的 4 位学生之间进行。整个教学过程在教师提前设计好的学案指导下，围绕生活情境中所包含的教学问题的提出、质疑和解决展开。H 教师很重视知识教学和能力训练时学生所需要的前提知识的铺垫。通过设置引发学生质疑的教学问题，启发学生从多个方面提出问题。教师根据学生的回答点评学生、总结讲解，启发学生进一步深度思考。课堂中教师提问的问题主要是开放性的，提问后能够进行多方面的回答反馈；教学语言以阐释性语言、引导性语言为主。

　　虽然总体上的课堂活动是按照教学预设顺利进行的，但 H 教师的生成性教学决策也很明显。当学生提出了教师预设之外的开放性问题时，教师会根据教学目标和学生提出的问题性质进行判断，确定是否应该和值得借此展开生成。当教师认为学生提出的问题没有生成意义时，会在肯定其积极思考问题和踊跃参与学习活动外，及时给予简单解释并将该学生的思路"带回来"。如在学习"平行和相交"这一问题，当教师讲完线段、射线和直线这三种线是否可以度量时，出现了以下教师没有预想到的场景：

E 同学：如果要量整个教室的话，从 F 同学那一直到这边只用一个线段就可以了，那为什么还用射线和直线呢？

H 教师：哦，你的意思是说射线和直线还要存在？生活中用不到，是这个意思吗？那这个问题谁能回答？

G 同学：老师，那是测量线段是多少米，但是要测周长就不能用线段来表示。

F 同学：他要测的是射线和直线。

H 教师：好了，这个问题咱们先不讨论了。咱们先把刚才所说的这三种线它们的特征弄完了，等会再说这个问题，好吗？

M 同学：老师，你画的射线都是横着的，如果拐下弯还叫射线吗？

H 教师：这个问题特别好，咱们班的孩子真棒，愿意思考问题了。N 同学你觉得拐个弯还叫射线吗？为什么？

N 同学：不是。射线必须是直的。

H 教师：很好，这里有一个关键词，必须是直直的，直直地往前走，不能打弯的，请坐。

O 同学：老师，为什么它斜着就不能往下走了呢？

H 教师：我没听明白你的意思，是因为我斜着画的吗？这样也是可以的。只要不让它拐弯就可以了。如果我手里拿着的这个小棍，我竖着放、横着放、斜着放，它都是线段啊！它放的位置不一样，也不影响它是线段。弯着的是折线，现在我们这里不涉及。你们小时候玩过激光灯吗？它射出的光是什么

呀？（H-O-2）①

　　从以上教学对话可以看出，整节课以学生分析问题、解决问题为主，教师穿插点拨和启发新思路，学生表现活跃、积极参与。教师在引导学生思维的转化和深化方面及时、到位，能够在学生的疑问处提出问题。H 教师课堂教学的突出特点是学生参与十分活跃，积极思考大胆提出自己的疑问，尤其善于联系生活经验质疑当前所学的知识。有时候因为生成过于活跃，学生思维的跳跃性很强，导致教师因为教学时间有限和预设目标的实现等原因不得不控制学生的生成。这与 H 教师一直重视和坚持对学生学科学习兴趣和探究能力的培养分不开，同时教师对学生在课堂上提出的超出本节课内容的相关问题所采取的简单与合理应对，也反映了专家教师学科知识的丰富。

　　H 教师在课堂上经常使用的一个教学用语就是"研究"，她将每一次的学习过程都表述为学生的合作研究过程，将探究性学习变为学生习以为常的学习方式。如学习"相遇"问题时：

　　　　咱们这节课要研究一个新问题。大家看着第二个环节，这道题老师已经印出来了，默读一遍题目。谁能说一说这个题目中有哪些信息呢？……具备这几个特征的一类问题，我们可以给它起个名字叫相遇问题。咱们今天就来研究相遇问题的特征、这种问题应该怎样解决。接下来你们看着老师给你们印的图，然后根据小卷的提示，小组合作研究这类问题有什么特征该怎么解决。研究完了的话请部分同学上来汇报。（H-O-1）

　　与专家教师在教学计划决策中对评价要素的淡化不同，在教学过程中 H 教师很重视对学生的激励性评价，也善于组织学生对其他同学的回答和表现进行相互评价。学生间的相互评价主要是当学生对知识理解出现问题时，让其他学生帮助分析思路、解决问题，即

_____

　　① H-O-2 指材料选自对 H 老师的第二次课堂实录，以下内容以此类推。

让学生解释其他同学的思考根据或者发现其他学生回答中出现的问题。教师评价以激励为主,尤其是对平时参与课堂讨论不够积极主动的学生进行鼓励和肯定。对教学效果的了解和判断则采用"没有思路的请举手、做完的请举手、做对的同学坐直了"等方式交叉进行。但学生举手只是一种形式上的调查,缺乏后续的了解,这一点三位教师有相似之处。

运用数学知识帮助学生学会思考,运用数学知识解决生活问题,借助数学学习过程进行互动与交流最终形成数学素养,这些是数学课程标准的基本要求,这些要求决定了教师对学生学习方法的指导是课堂教学决策的重要内容。H 教师在教学目标设计中对数学思想方法的重视,也转换为她在教学过程中对学生学习方法的有意识指导。为了让学生遇到类似的数学问题能自己主动去解决,H 教师从具体的数学内容中跳出来,站在更高的位置上整体把握数学内容的本质,鼓励学生使用不同的策略解决问题。比如同样是习题课,H 教师会帮助学生从具体的数学题中跳出来,在厘清问题结构的基础上分析问题背后反映的算理。

> H 教师:它们两个合起来正好是 10,然后再加上 12.4,那么咱们很快就能发现这个方法比刚才那个简单多了,是吧。用这个方法做的举手!好,放下。按照另外一个方法做的举手!好,也有很多,那你们现在明白第一个方法的简便了吧。还有没有同学是按照上面那个思路列的,但是在中间过程中又把这两个数的位置交换了,让这两个数结合了的?这样做的举手!好,一开始按照这样写也没关系,但是整体观察了数据以后,咱们可以把能凑成整十整百的数先合并,那我问问你们为什么要这样做,能随便改顺序这是怎么回事呀?
>
> 学生:加法交换率。
>
> H 教师:那我还有一个问题问大家一句,咱们这个简便运算能不能碰到一个数就随便凑啊?
>
> 学生:不能。
>
> H 教师:对,咱们是有理论根据的,以前学过很多能够

计算简便的法则，加法就根据两大运算定律。那第一个题就到此为止。

……

H 教师：按照 T 同学的做法，为了怕写乱先把数抄下来，然后再分析数据的特征也可以。那为什么这样做呀？根据什么这样做呀？请 U 同学回答。

学生：根据就是加法结合律和加法交换律。（H-O-4）

（三）专家教师的教学评价与反思性决策运行机制

H 教师的教学评价与反思性决策的运行是一种基于学情的目标模式。其教学评价与反思的重点是学生在课堂教学中的整体表现以及从学生的表现反观出来的教师对学习活动的设计效果，而衡量学生表现和学习活动设计质量的标准是课程与教学目标的达成（见图 2—4）。

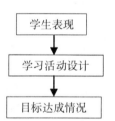

图 2—4　H 教师的教学评价与反思性教学决策的运行

由于日常的教学评价与反思性决策往往与后续的教师教学计划决策前后衔接、密切相关，成为教师进行下一次教学计划决策的重要根据，所以很多研究都是将二者合并分析。从中小学教师的教学实践看，除了应付学校对教学反思的书面任务要求外，大部分教师的教学反思都是对近期教学问题的简单思考，很少能够对每节课逐一进行反思。H 教师的教学评价与反思性决策的内容包括两方面，一是对教学预设方案的反思，如：

这个小卷（即学案）我先说一下，其实昨天我跟你聊的是想呈现两个内容，我设计的是一个运用加法运算定律，一个减法的性质，直接就呈现生活中的问题，然后让孩子一下子总结出来加法用什么简便、减法用什么简便。昨天不知道怎么打印错了，今天一看两个都成运算定律了，但是我一发现没有第二个，随机又让孩子编了一个，这算一个补救措施。但是这个地方浪费时间了。(H-I-2)①

这是教师对学习活动设计的反思。二是教师对教学过程即教学预设实施过程的反思。评价与反思的重点是学生的学习表现、学习效果，特别是对课堂教学中学生的生成情况进行反思，以此来判断教师即时性教学决策的合理性。这种反思既包括教师教学决策的有效部分，也包括不够完善的部分。如：

"孩子们一开始不知道怎么做，当时我就想让他们小组合作，后来一看时间不够，就让他们自己独立做，然后再讲，这样做也是不充分。这地方如果再充分一点，可能孩子们的思维会更活跃。我的课就想让孩子的思维开放起来。你像这种题就是让孩子们训练思维的，它当然有固定的模式，可以减去一个整数，然后再加0.1，你看我们的学生想的是就让它凑成2.5，再减0.4，这样做也很简单，这些都是我没有想到的。其实这样的两个题它考察的不只是计算的能力，而是能联系到很多方面的知识点，比如说加减法之间的关系、数感的培养等，所以我就想让这两个题放开，结果还是没能放得很开。我对这两个题有点遗憾"；"前面的内容有点磨蹭了，所以说我在时间的分配上做得不太好。但是总体来说，我觉得孩子接受、掌握的程度还可以。本来课也不难，孩子们对凑整也比较感兴趣，这也能反映孩子的一个心理特征，计算起来简便了所以孩子们很愿意这样去做，如果难的话可能就不愿意去挑战，这也符合孩子的心理特征，这样的课孩子学起来比较感兴趣。虽然是一个简

---

① H-I-2指材料选自于H老师的第二次课后反思，以下内容以此类推。

单的计算，但他们愿意参与。"（H-I-2）

从 H 教师的教学评价与反思性决策的要素看，她对于学生课堂纪律问题很少提及。当笔者谈到课堂观察中部分学生的纪律问题时，H 教师给出了这样的解释：

　　我的观点是数学课如果光是靠严厉、靠威严来控制孩子的话，他动作上的拘束可能就造成他思维的拘束，这是我的观点，我不知道对不对。但是也有很多老师说纪律是保证，如果不严格的话孩子们不一定愿意听。其实我也一直在思考这个问题，你说如果太严了，孩子们啥也不敢说，他思维肯定受影响。像这样越是比较开放，孩子们越是愿意回答问题，主动说的时候我就表扬他们。你看我班的孩子一点也不怕我，错了就是错了，敢于质疑，这些都是我慢慢培养出来的。我班有的学生还跪在凳子上上课，我也不太约束他们。他跪在那里不一定不学习，他有的时候拧着身子也不一定没学。反正我教了这么多年书，我的课堂上孩子们都很自由。有些严厉的老师上课的时候，班里孩子就是再憋屈他也不敢说话，纪律特别好，老师讲课也不用维持纪律，但是很难说多少孩子在听。但纪律严了孩子被逼去学，可能成绩也不错。只看学生的考试成绩，我可能比不过这些老师。但从孩子全方位的情感培养以及以后在社会上的立足能力等方面看，要培养学生敢于释放自己、敢于说话、敢于表现等素养，他们那样的做法（严格纪律）可能没有我这种上课模式好。（H-I-3）

由此可以看出，H 教师的教学反思整体上做出了自我肯定的判断，这种肯定不是仅仅局限于一节课，而是对自我教学预设与生成的整体认知，是基于自我的教育教学理念的专业判断。当笔者让 H 教师谈谈对自我课堂教学的认识时，她这样讲道：

　　我自认为上课精彩的地方就是生成的地方，我始终是这样一种观点，越是那种设想好的，一步步地走，我觉得整个过程很沉闷。跟着学生的表现随机生成的东西，我觉得更精彩，孩子们也愿意学。因为真的是基于孩子们的现状，从他们的知识基础上进行的拓展、延伸或者拔高，所以采取这一种做法孩子应该收效更大。但是预设很关键，备课也很关键，但我更注重生成，我很喜欢孩子们课堂上随机插言的那些话，觉得那些思考特别好。(H-I-3)

综上可以看出，由于多年的实践经验的积累、学习和反思，作为专家教师的 H 教师已经形成了自己的课程与教学理念，并且在自身的教学决策实践中不断进行着探索。这一探索过程表现为两条并行发展的线，一是对学生学科综合能力的培养，特别是对学生问题意识和合作探究能力的培养上；二是对知识教学和学生考试成绩的最低保障。在同一教育场域中的专家教师要获得来自周围同事、学校领导的持续认可，不仅需要新理念的实践展现，也需要学生成绩的口碑保障。专家教师是从优秀熟练教师中发展起来的，如何提高学生考试成绩也是他们教学决策的核心。但是专家教师能够从这一阶段不断升华自己的教学选择，使自己的教学思考跃迁到教育目的和学科课程标准的高度，去灵活处理这两条线的关系。

二 熟练教师教学决策的运行机制

(一) L 教师教学计划决策的运行机制

与 H 教师相比，L 教师教学计划决策的运行有着明显的不同。H 教师是从自己的课程观和学情分析出发进行整体的教学设计，L 教师则是从教材内容和教学指导书出发，在对教学内容充分挖掘的基础上，结合学情分析进行教学设计。因此 L 教师的教学计划决策有着明显的知识取向（见图 2—5）。

L 教师参加工作 8 年，一直担任一至五年级的数学课教学，参与本书研究期间从事五年级数学教学和班主任工作。她的教学计划决策流程首先是研究教师教学用书，根据这些教学参考资料确定教学目标，在此基础上熟悉课本内容。其次看自购的"小学创新一点通"，这是一本教材全解性质的练习册，以补充教师们认为的教材内容太简单、问题太浅的不足。为此，五年级数学组还集体为学生准备了"一日一题"，即每天一道有难度的练习题。最后是学情分析和对教学方法进行决策。对教学过程的设计就是先复习上节课学过的东西，然后学习新知、巩固练习、做扩展与提高题，最后是课堂衔接。与专家教师一样，L 教师的教学计划决策中也没有对教学评价要素的思考。

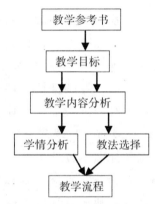

图 2—5　L 教师教学计划决策的运行

青岛版数学教材是 2008 年 9 月开始在山东省大面积采用的。L教师说课时所指的"教学大纲"是与青岛出版社教材相配套的"青岛版"教师教学用书。该书从教学内容、教学目标、教材编写特点、教学中应注意的几个问题、学具使用说明和课时安排建议六个方面对教材进行了总说明，同时又以教学单元为模块，对教材进行了解读，提出了相应的学与教建议。该指导用书根据小学数学课程标准，在教学目标方面提出了四个一级指标，即知识与技能、数学思考、解决问题、情感与态度。经过多次新课程改革培训的 L 教师也能够在说课时从这些方面来表达自己的教学设计。除了具有知识和能力目标意识外，L 教师也能够从"数学思考"的角度表达其教学目标。如：

习题课的目标还应该包括数学思考这一块，让孩子们学会知识要联系生活，能解决生活中的问题，就比如这个题是在生活中用两种花搭配花束的问题，还有铺地板的问题，都是用所学知识解决生活中的一些问题。（L-S-1）

《义务教育数学课程标准（2011版）》的课程目标部分对"数学思考"有以下阐述：

（1）建立数感、符号意识和空间观念，初步形成几何直观和运算能力，发展形象思维与抽象思维。（2）体会统计方法的意义，发展数据分析观念，感受随机现象。（3）在参与观察、实验、猜想、证明、综合实践等数学活动中，发展合情推理和演绎推理能力，清晰地表达自己的想法。（4）学会独立思考，体会数学的基本思想和思维方式。[①]但后续的研究发现，L教师对数学思考的理解仅仅限于数学知识的运用，对课程标准中数学思考目标的理解片面和浅表化，这说明教师"知道"的教学目标和教师理解的教学目标是不一致的，这也直接制约了熟练教师在后续教学环节对学生数学文化观念和数学思维能力的培养这些教学目标的达成。

从对L教师课前的访谈资料分析可以看出，L教师很重视"挖教材"。挖教材的核心就是查找、确定和扩展课本上的"知识点"。

我原来的教学就是对教材抓得不是那么准，不会去深挖教材，但是现在教的年数多了就会对教材理解得比较深。我们学校年龄比较大的教师，他们都非常有经验，对教材挖得很深，对这一个点能用最简单的语言、最简单的方法教给孩子，让孩子能够学会，学的方法很巧妙。有些年轻教师基本上是达不到这样的标准的。

---

① 教育部：《义务教育数学课程标准（2011年版）》，北京师范大学出版社2012年版，第9页。

备教材的时候需要准备好多东西，先看教参，教参需要看好几遍。第一遍看的时候和语文上的阅读一样，读三遍才能读明白，有的时候还得读五遍。第一遍的时候看个大概，这节课要讲什么东西，要让孩子学会什么东西，然后看一些其他的资料。面前的这一本是我们买的一本参考资料，这本书相当于教材全解，内容很详细，包括各个知识点。等我把教材备熟了以后再看这本书，看看有没有我漏掉的知识点，你看课本上这里我手写的，这都是课本上没有的，但是必须交代给学生的东西。现在说实话，这个青岛版的书不是很好用，特别对于新教师不是很好用。小学数学有很多应该引申的知识点，新教师备不这么细。（L-S-1）

对于青岛版这套数学教材的认识，L 教师与 H 教师的关注点不同。H 教师认为"青岛版教材好是好，都有情境设计，但有的情境离孩子们的生活经验比较远，再就是说书上都有，孩子们一看就都不再思考了，这是一个弊端"。L 教师则认为，"教材的知识点既少又简单，不系统，需要教师在备课时查找、补充很多的知识点"。在教学时间的安排上，虽然每天有大小三节数学课（上午的数学大课每节 35 分钟，下午有 30 分钟、20 分钟的两节小课），但根据 L 教师的教学计划，每周只安排两次新授课，其余时间都通过习题课对讲过的知识点进行反复的强化和巩固。用 L 教师的话讲：

要是不打乱我的教学计划的话，这一节新课怎么也得跟两三节练习。有时候学校里有些活动、音乐等学科不上课时就上语文或者数学课，我们代课的话时间就多一点，可能一周能完成三节新课。（L-S-3）

因此习题课就成了五年级数学教学的重点课型。在 L 教师看来，由于教材对数学知识编排的不足，许多练习题就是一个个的知识点，习题课就是新授课。

　　数学课需要大量的练习，好多练习其实就是新授课，比如说"比较什么时候化成同分子的分数比较合适，什么时候化成同分母的分数比较合适"这部分内容，在新课本里面根本就没有，就一个简单的加减法学习。你像这个知识点就不能简单处理，这需要当新课去讲，就像这个练习里的第三题就得当一个重点去学习。（L-S-4）

　　L教师的教学计划决策注重学生对课本基本知识的学习和掌握，在教学方法的选择上追求算法多样化，通过讲练结合帮助学生掌握基本算理和解题方法。对于习题课的教学方法，L教师能够根据学生的不同学情加以思考。如：

　　"习题课的教学要跟新课一样，比如说第一个题我想让学生独立解决然后再在班里展示，或者回答问题，对了就过去了；或者有一个题比较难，要让他们与同桌讨论讨论；或者某个题直接就是教师讲解"；"这节课主要是讲同步练习上的题，这上面的题孩子们都做完了，现在是做完了才去讲的。今天连上三节课我也没有时间改作业了。那就只能在上课的时候问问学生某个题做对的举手，做错的举手。如果是做错的很多，那就需要很详细地讲；要是全部都做对了，没有一个做错的，那这个题也可以不讲，或者是点拨一下就过去，还是得根据孩子的情况。因为家庭作业没改的话，教师就不知道哪个题孩子出错的比较多，哪个题出错误的比较少。"（L-S-4）

　　（二）L教师互动性教学决策的运行机制

　　L教师的互动性教学决策是在教学预设的主导下不断展开的过程（见图2—6）。

　　第一次去听L教师的课是一节习题课。这个五年级的班级学生有82人，学生座次也是秧田式排列。教师教学决策是根据学情调查的情况即时做出的。L教师首先通过提问学生回顾学过的知识，教师总结了"列方程解题"的基本要求，然后进入练习题的讲解环节。

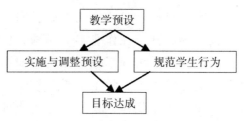

图2—6　L教师互动性教学决策的运行

在做题的过程中，以举手和坐正作为了解学生是否掌握知识的方式。讲题前先让没做完的举手。由于举手的学生很少，教学基本按照预定计划进行。对这一点我一直很纳闷。教师此举的目的是什么？又没有对没做完并举手的做进一步的处理，是否只是流于形式的监督方式？课后访谈L教师得知：

　　我想看看到底有多少孩子这个地方出错了。还有一个就是孩子觉得自己做对了，就坐好了，起到一个维持纪律的作用。这是跟我们学校的一个老教师学的。就是一个调查，把握孩子学习的情况。要是课后作业可以通过改完作业发现孩子某个题出错的情况比较多，但如果是课堂作业你要是给每个孩子去改，太耽误时间，所以就通过这种方法看看孩子掌握得怎么样，看一看哪些学生还没有做完，等一等这些学生。其实孩子还是有差距的，有些孩子可能一分钟就做完了，有的孩子学过了也不懂。（L-S-1）

　　后续的学情调查是"这道题谁做错了"，也是以学生举手为主要形式。当发现有学生举手，教师做出的决策是选择部分举手的学生自述错误的原因，以启发其他做错的同学，或者由教师讲解、告诉学生们应该怎么做，要求学生按照这个要求去做。教师讲解中反复强调每个练习题对应的知识点、算理和格式要求。如告诉学生在做题时如果少了一个"解"字，这道题就会被判错误等。若未发现学生举手，则表明这个题大家都做对了，教师的决策是继续进行下一步的教学，教师对举手表示全做对课堂习题的那些学生给予表扬。学生课堂作业是自己批阅，自我纠正，或者同桌之间互批，但部分学生并未按照要求做，甚至在作业本上涂画。教师只是根据部分学生的回答判断全部学生是否都掌握了相应的知识。整个教学过程以教师提问和讲解为主要方式，学生小组合作学习为补充。教师在教学过程中很注意维持课堂纪律，在学生讨论或者做题时，教师巡回检查，间或进行个别指导。也许是班主任上课的原因，学生少有明显的违纪行为，课堂秩序井然。教师主要看重的是知识和技能目标，整节课都是按照教师的预设进行的，几乎没有生成，L教师对此的解释是这部分练习题太简单了，学生几乎都会。

　　在连续听了两次习题课后，研究者终于等到了L教师的新授课。按照复习旧知、学习新知、巩固新知的基本教学流程，L教师首先将信息窗①中的问题作为导入，启发学生观察并提出问题。利用多媒体课件比较形象地为学生展示和讲解"方程的等式原理"。与教学预设一致，教学围绕知识点展开。教师不仅重视算理的清晰讲解，还不断让学生概括基本原理，及时背诵、复习这一原理。教学流程是教师讲解约10分钟左右。10分钟后开始做巩固练习，剩余10分钟左右让学生做小结谈学习收获，齐声背诵算理，再一次巩固教学目标。对于教师很重视让学生读题和背诵算理这一点，是与L教师的语文专业教育背景有关系，还是保证学生考试成功的需要？L教师的解释是：

　　　　那些都必须得背下来，通过读题能让孩子学会思考，不光语文读，数学也得读，我们每次新授课上完了以后就会布置一个作业，就是读数学课本。通过读数学课本也会发现其中的一些重点，回顾一下自己学得怎么样，之前的读那是预习，过后的读是巩固。（L-S-1）

---

　　① "信息窗"是青岛版小学数学教材独创的呈现情境与信息的形式，之所以取名为信息窗，是因为它包含着丰富的信息，象征着为学生打开的一扇了解大千世界的窗户。同一个单元通常由几个相互关联的信息窗组成，几个信息窗又组成了教材所特有的"情境串"。

　　小学数学课程的知识技能、数学思考、问题解决、情感态度四个方面的目标表现在青岛版小学数学教材的编排上，是数学基础知识、基本技能的培养这条明线和数学思想方法、情感态度价值观的渗透这条暗线的有机结合。数学教师教学决策的价值追求不仅是让学生获得基本的数学知识和技能，更重要的是在数学教学活动中，让学生了解数学的价值，增强数学的应用技能，还应该在运用基本知识去分析、解决问题的过程中掌握数学的基本思想方法，了解数学的学科文化、增强数学学习的兴趣。这就要求教师在教学过程中以学生为主体，有意识地引导学生自主探索，启发学生思考、培养学生的创造意识和能力。这套教材在使用前进行了有组织的教师培训，在山东省也使用了 9 年之久，但在教师们"知道"的教材和"领悟"的教材之间往往存在着不一致。这种不一致突出地表现在熟练教师的教学决策中。虽然研究者能够大概勾勒出 L 教师教学决策的运行特征，但是发现无论在教学计划决策中还是互动性教学决策中，L 教师的课程与教学认知和实践选择都具有明显的矛盾和冲突。这种矛盾和冲突既表现在教师的教学计划决策中，也表现在教师的互动性教学决策中。

　　研究者：你备课的时候最看重哪些方面？

　　L 教师：我觉得还是知识点。该补充的东西都要补充到位。要通过有深度的练习去巩固知识。我们学校有教师自己编的"一日一题"，每天一道难题。我觉得那个难题就很好，其他学校都没有。因为这个难题能锻炼孩子的思维能力。难题会了这些简单的就会感觉更简单了。

　　研究者：我看你的书面教学设计里面有联系生活和拓展延伸这部分，但是你刚才谈教学目标的时候并没有提到。

　　L 教师：这个也是目标的一部分，刚才我可能没有说全。我们这个目标包括好几个部分，包括孩子的情感、价值、知识技能、数学思考、解决问题、情感态度。知识技能就是这节课要学哪些东西、数学思考就是让学生思考哪些东西、解决哪些问题。解决问题就是培养孩子解决问题的能力，情感态度就是

要让孩子喜欢这节课，喜欢数学课。（L-S-1）

由上述对话可以看出，教师理解的课程目标和实施的课程目标并非都是一致的。虽然教师在表达中也认可教学中要渗透数学思想方法、情感态度价值观的这条暗线的重要性，但在深层次意识中又以学生对知识点的系统掌握和扎实运用作为优质教学的衡量标准，因而在对教学方法的决策中体现的是启发和控制并用的教学框架。如：

　　"一堂好的数学课肯定得有数学思维在里面，让孩子学到一些基本的数学思想。现在有说数学素养的，刚听到这个词的时候不懂，其实我们原来学过转化思想、类推思想，这都是一些基本的数学思想。就是说有些数学知识可能孩子长大了忘了，但这些思想他永远记得，他会用这些思想解决问题。我在课堂上经常使用启发的方法，启发孩子去思考。让孩子会思考，会解决问题，学会数学的方法，比他会做这个题更重要。"（L-I-6）"数学课一定要给孩子强调死，不能说这也行，那也行，孩子会迷迷糊糊的。现在有的专家说数学课得灵活，你看这样也对，那样也对，孩子怎么答你都得说他对，但这样到考试的时候就不行。但那样训练了孩子的思维，对孩子以后，就是长远来说会有帮助。这也是我现在很矛盾、一直在思考的一个问题，原来的时候跟着那个数学组长他就挺灵活的，这个也对，那个也对，但他教学成绩不是很好，但孩子非常喜欢他上课，他一节课能讲到很多，只要孩子能掌握，他有可能把初中的一些个别的小知识点给加进去，但是成绩一般。我们现在的这个数学组长，他教得很扎实，一是一，二是二，孩子成绩就很好。"（L-I-5）

L教师在课堂教学中的教学决策矛盾之处在于，一方面很重视做题方法的准确和表达的规范、注重学生思考的整齐划一，另一方面也能够有意识地在上课中通过问题解决培养学生的发散思维。如下的教学片段反映了教师对学生多元思维的引导：

L教师：妈妈把一个蛋糕平均分成了几份？4份是吧，那下一个分成了8份，分给3个小朋友吃，小胖吃了几块？丁丁吃了几块？这个小女孩小巧吃了几块？

全班同学：3份、2份、1份。

L教师：那也就是说小胖吃了这个蛋糕的3/8。这两个孩子一个是小胖，一个是丁丁，那你能提出什么问题呢，同学I？

I同学：小胖和丁丁他俩谁吃得多？

L教师：可以吧?!

全班同学：可以。

L教师：坐下。还有什么不同的问题吗？同学J。

J同学：小胖和丁丁一共吃了这个蛋糕的几分之几？

L教师：可以吧?!一共吃了这个蛋糕的几分之几？

全班同学：可以。

L教师：可以，就把这两个分数加起来。那还可以问，小胖比丁丁是多少，应该是2：3。那他们两个你能提出什么问题？一个是小胖，一个是小巧。同学K？

K同学：小胖和小巧一共吃了这个蛋糕的几分之几？

L教师：可以。还有什么问题，同学M？

M同学：小胖比小巧多吃了这个蛋糕的几分之几？

L教师：一个是问"总共"，一个是问"比"，是吧？他俩同样也是提这样的问题。通过给出的这三位小朋友各吃了蛋糕的几分之几，我们能提一个问题，就是下面这个算式。那这个算式表示的是什么呢，同学N？

N同学：他们一共吃了蛋糕的几分之几？

O同学：还剩下蛋糕的几分之几？

L教师：你们再看，在这些算式里边是不是分母相同的加法和减法。我们先来研究同分母相加的这些分数。读一下。

全班同学：同分母分数相加……（L-O-3）

虽然 L 教师注重对学生的问题发现与解决能力的培养，但在引导学生提出问题、训练数学思维的过程中又存在着明显的求同倾向。见下面的教学片段。

　　　　L 教师：根据这段话，你能提出什么问题，X 同学？

　　　　X 同学：国内现在有多少只黑鹳？

　　　　L 教师：嗯，就是我国现在有黑鹳多少只，对吧？好，坐下。大家跟他提的问题一样吗？

　　　　全班同学：一样！

　　　　L 教师：做完的同学请举手，谁能来说一说你做的，G 同学？

　　　　G 同学：解：设我国现存黑鹳 x 只，$3x = 1500$，$3x \div 3 = 1500 \div 3$，$x = 500$，答：我国现存黑鹳有 500 只。

　　　　L 教师：好，大家往前看。看看 G 同学是不是跟你写的一样。等式的两边同时除以 3，等式的左边就光剩一个 x 了是吧？做对的坐好。好，我们接着往下看，课本的第一个绿点的问题，我国人工养殖的大熊猫有多少只，这个让我们看信息窗一的情境图，咱们往前看屏幕，老师给大家打了出来，谁能来读一读？你能提出什么问题呀，M 同学？

　　　　M 同学：我国人工养殖的大熊猫有多少只？

　　　　L：好，坐下。你们跟他提的一样吗？

　　　　全班同学：一样！（L-0-2）

此外，L 教师教学决策的矛盾和冲突还表现在她的课程观方面。L 教师一方面认为青岛版数学教材的知识不系统、知识点缺乏，另一方面又忙于给学生补充知识点，感叹教学时间不够用。

　　　　我 2004 年参加工作时就赶上使用青岛版，在这之前使用的是北师大版的，我需要再对比一下其他版本。有些知识点青岛版上没有但其他版本上有的必须要补充过来。现在教学的内容越来越多了，在教学设计的时候有时候这一节课的内容还没学透就得往后走，导致有些学习不好的孩子成绩越来越差，现在是五年级下学期，原来上学期的时候还没这种感觉呢，那时候是这一节课的东西处理透彻了再进行下一节。但是这一学期就感觉有些东西来不及处理得透彻，这也不会那也不会。那也不能等了，不往下进行的话就讲不完课，所以就直接进行下面的课了。(L-I-1)

在教学预设的实施中，教师能够进行启发式讲解，也能穿插组织学生上讲台展示自己的计算方法。如同习题课中的教师互动性教学决策，L 教师的新授课也是在教师主导下按照教学计划进行的，预设实施顺利，基本缺乏有意义的学生生成。这在课后的访谈中可以看出：

这堂课总体来说还是很顺利，就是在学"三位同分母分数连加"的时候，出了一个题：前三位的节目占每天播出时间的几分之几？大部分学生都是这三位分数加在一起了。但是我想让那些先加前两个分数，再加第三位分数的学生展示一下，可大多数学生根本没有这么做，坐在教室前排位置展示这个方法的那个同学还是我指导着他这样去做的，我说你先把前两个加起来，你这样去做试试。他就是按照我说的这个方法去做的。(L-I-2)

L 教师主导的即时性教学决策大部分是因为时间问题产生的。在教学中当教师发现时间不够用时，会临时删掉一部分练习题或者催促学生抓紧做题等方式推进教学。

L 教师：下面在你的练习本上解方程，先做第一个，做完的同学坐好。运用等式的性质，怎么样使等式的两边仍然成立，还得使等式的左边只剩下一个 x。你说一说第一个怎么做的，K 同学？

K 同学：……

L 教师：他错在哪儿？

全班同学：少"解"。

L 教师：少了一个"解"字对吧？这道题就等于白做，坐下吧，"解"必须写。谁能再来完整地说一下？

L：好，竖着看做第二个。最后两道题不做了。G 同学做完了吗？说说你做的。

……

L：最后一个，抓紧时间把它做完。找同学来说说，做完了吗？快点，来说一说。

L 教师很重视指导学生的学习方法。她不仅要求学生掌握简化、简便的运算方法，而且要求学生准确、规范地运用这些方法，以保证学生在数学考试中书写和计算的正确性。

L：咱们来做第三题，做的时候思考一个问题：怎么化简才能更直接地来比较？有的同学做完了，有的同学才做了三道题，做得慢的肯定是因为你的方法不是最好。做完的同学抬起头。做得慢的同学认真听一听，有没有什么更好的办法是你刚才没有想到的。第一个 6/21 比 4/7，我记得咱们之前做题的时候都把他化成分母相同的分数再进行比较，化成分母都比较大的那个分数，那这个题是不是把 4/7 化成了 6/21 呢？

X：不是。

L：那我把它化成 12/21，这不就是分母都是 21 了吗，不就分母相同了吗？有用这种方法来做的吗？有的举手！和老师这个做法一样啊，把分母都化成了 21。举手我看一下有几个？大约有六七个同学跟我的一样，这里面还有学习很好的同学呢，大家再看，6/21，你能不能把它化简？（能）那你看题目要求是不是要先化简啊，那 6/21 化简以后他的最简分数是多少？（L-O-2）

（三）L教师的教学评价与反思性决策的运行机制

L教师的教学评价与反思性决策的运行是教学目标取向的，围绕着教学目标的实现对教学前的教学设计和教学中的学生表现进行反思（见图2—7）。

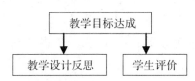

图2—7　L教师教学评价与反思性决策的运行

翻阅L教师提供的书面教案，每一课时的教学设计最后面的空白处是供教师填写教学反思的，这也是学校要求教师必须完成的教学任务。但几乎所有的书面教学反思都是"这节课学生是否学会了"等总结性的话语，教学反思成为对学生学习收获的总结。由于书面的表述无法反映出L教师对教学反思的实际认识，研究者在课后对教师进行了访谈。在问及教师进行教学自评和反思都考虑哪些方面时，L教师说道：

> 基本上是考虑两方面，一个是教师，一个是学生。考虑教师方面就是反思我的备课充分吗？课堂上生成性的一些东西是怎么处理的？如果再遇到这样的问题打算怎么处理等；对学生方面的反思就是看学生的学习是不是达到了你的预期目标，这节课我想完成的教学目标是否实现了？（L-I-3）

由此可见，熟练教师的课后反思既包括对整个教学设计的评价，也包括对教学过程中的问题进行总结，但都是以教师的"教"为反思的重点。如在上完"同分母分数的连加连减"这一新授课后，L教师进行了以下反思：

> 总体来说我感觉教学目标是达到了，需要让孩子掌握的知识都掌握到了，我感觉课前的这个简算题也是很有必要的，但

是耽误时间了。其实这里我可以铺上一道整数的和一道小数的计算题，这就不这么耽误时间了。然后是复习导入这里，题也不少，前面有 6 个口答，又来了 3 个加法、减法，后面是判断。其实一般复习环节不需要这么多，孩子把知识点说了，然后稍微进行点练习，这个环节有这 6 道题就够了，有 4 道加法 2 道减法题，后面这两个就可以不要了。然后是学习新课的时候进行得很仓促，也可能是感觉孩子们学得不错了，没花费很长的时间去进行新课。（L-I-2）

同时，L 教师的教学反思性决策对学生评价要素关注较多，而且很重视所有学生的发展，有着难能可贵的差异教学意识。

我要看着有学生还在低着头没做完，就想等着全部同学都做完，但那些学习好的学生可能早就做完了等着了，就浪费时间等那些做得慢的同学。其实我觉得现在数学上不存在孩子会或不会，大部分孩子都会，他们的差异就差在时间上。就是现在班里成绩最差的学生吧，要是一张卷子一个小时，你要给他两个小时，他也能考 90 多分，但是要同样一个小时做完这些题，他就出来差距了。孩子越到高年级越不积极举手了，作为教师来说还得调动他们的积极性，包括我平时的课堂上应该评价语再多一点，多表扬鼓励。可能我们平时上课不大注意这方面的问题，有的时候看到学生违反纪律了就批评他两句，还是批评得多，鼓励得少了些。教师需要关注全部学生，像有一些题我们就开火车练习，第一个同学站起来回答第一个，第二个同学回答第二个，就这样开火车回答问题。有时候我也回顾这节课或者这周我还没提问过谁啊？如果有举手的同学那我就让他再来回答一个问题，一般来说这一个星期都能回答过一次问题，也不能光提问举手的同学。（L-I-2）

总之，L 教师的教学决策有着明显的冲突，这些冲突是教师教学决策理念与实践的落差造成的。知识教学的稳扎稳打和学生考试成绩的最大化是教师教学决策的主线，构成了 L 教师教学决策运行的核心。但 L 教师并非只是对传统学科教学实践经验的重复。在保证教学决策主线的前提下，L 教师也试图让自己的课堂教学能够体现出第八次基础教育课改实施以来的新理念，特别是她能够关注到学情的差异，力图调动每一个学生参与学习过程的积极性这一方面，体现了 L 教师"不让每一个学生掉队"的学生发展观。

三　新手教师教学决策的运行机制

（一）B 教师教学计划决策的运行机制

B 教师教学计划决策的运行过程简单、清晰，遵循着"教材分析—确定教学目标—设计教学流程"的线性思路（见图 2—8）。

图 2—8　B 教师教学计划决策的运行

与第一学历毕业于中师的 H 教师和语文教育专业出身的 L 教师不同，工作三年的 B 教师毕业于数学教育专业，受过三年系统的数学学科教育的专业训练。与不断积累的实践经验相比，这种前期的专业训练对于新手教师的成长具有怎么样的价值和意义也是本书关注的内容之一。B 教师从一年级下学期开始教这个班，现在已经升至三年级。他对整个教学计划的决策思路清晰而稳定。首先，在教材分析的基础上提出了教学目标。同样是教材分析，B 教师和 L 教师的教学决策都聚焦于每一课时所包含的知识点，H 教师则在对课程编排特点进行整体分析的基础上进行教学内容的开发。B 教师在说课中确定的教学目标包括知识掌握和运用维度、通过设计与生活世界相联系的实际问题，培养学生的学科兴趣等过程与方法维度。其次，B 教师在教学设计时有明确的教学重点和难点意识，但这些教学重点和难点皆为知识目标要求。最后是教学流程或步骤的设计。具体包括三部分：情境导入（1—2分钟）—学生提出问题—学生自主探究和上台展示—教师总结问题的解决办法—巩固练习（5—10分钟）。如在准备"两、三位数除以一位数"这部分内容时，B教师的教学设计思路是：

       首先对教材进行分析。本节课是在学生学习了有余数除法的基础上进行的，它是学习多位数除法的基础，在青岛版教材中这个信息窗呈现了工人师傅们做风筝前领材料的情景，设计意图是从工人师傅们领材料的情境中发现信息、提出问题、解决问题，让学生把学习新知贯穿在帮助工人师傅解决问题的过程中，感受到数学是解决实际问题的工具，体验数学与生活的联系。所以，我把本节课的教学目标设定为三点：第一，探究两三位数除以一位数的笔算方法，掌握竖式的书写格式；第二，理解两三位数除以一位数的笔算；第三，能利用所学的知识提出并解决实际问题，感受数学与生活的联系，体验学数学、用数学的乐趣。本节课的教学重点是掌握两、三位数除以一位数的笔算方法，难点是知道商的书写位置。我设计的教学过程分为三大块：第一块是情景导入，首先我要出示情景图，然后通过谈话让学生自己说"你能发现什么？你能提出怎样的问题？"，通过引导学生，预计学生们能够提出几个问题，例如64米红布能做多少个风筝？72个线轮是多少盒？438根竹条能做多少个风筝？重点解决第一个问题即64米红布能做多少个风筝。因为同学们已经学过除法了，算式很好列，就是64除以2，但是64除以2这种两位数除以一位数的计算方法同学们还没有掌握，然后请同学们说说应该怎样计算，让学生说一说自己的观点和方法，可能有的同学会采用估算或者有的同学已经有用竖式计算的意识了，然后老师从中引导、总结。第二个问题是72个线轮是多少盒，算式同样很好列，这一题可以让同学们在自己的纸上做完，然后找同学上黑板上来展示。第三个题是438根竹条能做多少个风筝，这个题的算式也很好列，可以让学生自主探究。因为刚才讲的是两位数除以一位数的竖式的计算方法，然后三位数除以一位数的竖式就可以让同学们自己来摸索一下，做完之后我会选一个同学上黑板上来展示一下自己的方法，讲给大家听。最后是我的总结，这是新授部分。第三个部分是自主练习。我设计了三个层次分明的练习，第一个就是笔算，第二个是看图连一连，第三个是"火眼金睛辨对错"，让学生发现竖式中有哪些错误，这就是我这节课的设计。（B-S-1）

这样的教学计划决策模式一直贯穿于 B 教师参与本研究的过程中，他的教学计划决策的部分变化主要体现在对教学过程的设计上，如在学习"认识分数"这部分内容时，他将学生活动作为设计的重点，让学生在说生活经验、折纸、画线、思考等活动中，形成对分数的认识。如：

本单元教材是在学生掌握一些整数知识的基础上学习分数初步认识的。从整数到分数是一次扩展，无论在意义、读写方法以及计算方法上，分数与整数都有很大的差距，所以我把这节课的教学目标定位于：第一，使学生初步认识几分之几，会读写简单的分数，知道分母、分子的意义；第二，通过小组活动分一分，了解分数产生的必要性，初步理解分数的含义；第三，通过折一折、涂一涂等活动调动学生的积极性，培养学生的合作能力。这节课的教学重点是初步理解分数的意义，教学难点是正确理解分数。这节课的教学突破在于要抓住平均分这一点，以此为主线贯穿整个教学过程。需要准备的是多媒体课件还有两张长方形和正方形的纸。教学过程我设计了几个环节：第一个是情境导入，由两只小狗分苹果的故事来引出平均分，然后讲解一下分子、分数线和分母。此后我设计了几个活动，一是说一说生活中哪些情况会出现1/2；第二个活动是拿一张纸，折出它的二分之一，并用自己喜欢的颜色表示出来。我准备的是让同学们有一半准备长方形、一半准备正方形，然后等他们折完、涂完，找几种情况上来展示一下。然后活动三是折出一张纸的四分之一并画斜线表示出来。这节课的新授部分到这里就完成了。然后还有一个想一想，就是学到1/2、1/4了，再想一想1/5、1/6，扩充一下学生们对分数的概念；最后就是巩固练习。（B-S-2）

从这些环节的设计看，B 教师很重视调动学生在学习中的积极性，能够开展各种学习活动来实现教学方法的多样化。

与其他两位教师对青岛版数学教材的质疑不同，B 教师对于这套教材的教学实施秉持着忠实取向。

我感觉青岛版教材最大的特点就是需要找到那些最重要的信息，把这些信息提出来然后处理。所以说有的同学感觉数学很难，我就给他们讲数学不难，你只需要找到所用的信息然后根据它说的做就可以了。信息窗起导入的作用，另一个就是提供信息，教学重点就是让学生从这里面找到信息，根据信息提问题。按道理说老师应该对于整个小学数学课程很熟悉才行，我是新教师，说句实话我真的不是很熟悉。整个一到六年级原来学过什么，后面要讲什么，这一部分内容在整个小学阶段起什么作用，其实这些都需要考虑，但我考虑不了这么多。（B-S-5）

教材内容反映的是学科基本知识，这是教师教学决策的本体性知识，新手教师不能在深层次上理解和系统掌握教材内容成为他们教学计划决策难以深入的制约因素之一。

（二）B 教师互动性教学决策的运行机制

B 教师互动性教学决策的运行也是以教学预设为核心展开的。在实施教学预设的过程中，其互动性教学决策既体现在要力求完成教学目标方面，又体现在要"边教边管"，在教学过程中随时规范学生的课堂纪律问题等非学习行为方面（见图2—9）。

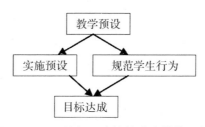

图 2—9　B 教师互动性教学决策的运行

　　B 教师任教的三年级这个班近 80 名学生，教室的空间组织也是秧田式排列。无论是新授课还是习题课，整个教学过程都是预设方案的顺利实施，偶尔因为教师教学节奏把控不好导致时间不够用，需要舍弃部分预设的课堂练习题。与其他两位教师不同，B 教师在新授课和习题课中的互动性教学决策有着明显的差异。

　　与习题课上 B 教师主要考虑这个题怎么讲不同，在新授课上他能够从学生积极性的调动方面进行课前准备，课堂教学中会有意识地利用教学用具、生活材料实施直观性教学，通过学生参与教学活动，增强学生学习体验。教师讲解时能够针对学生出现的错误展开教学，但 B 教师对趣味性活动的重视甚于数学思维的训练，教学过程一直围绕着教材提供的内容信息进行，缺乏与学生现实生活世界的拓展性联系。这与 B 教师在说课时提及的教学目标不一致。在师生对话中，教师提问后学生群答的形式居多，缺乏学生与学生之间的互动。教师围绕具体知识点的落实提出问题，这些问题的结构简单、缺乏开阔的思考空间，学生群答基本正确，师生之间的对话缺乏思维碰撞。如在上面提到的"两、三位数除以一位数"的课堂教学中，B 教师的教学决策首先是让学生做题复习一位数的除法，作为复习旧知环节为本节课的学习打下基础。其次让学生从课本的信息窗中发现信息，提出信息窗中包含哪些问题，教师借此展开教学，引导学生进行思考"$64 \div 2 = ?$"，以解决本课的教学重点。

　　师：好，现在问题清楚了，一卷红布有 64 米，两米红布就可以做一只猫头鹰，那 64 米能做几只？谁能把这个算式列出来？

　　生 1：$64 \div 2 =$ 。

　　师：好，$64 \div 2 = ?$ 有同学很快就得出 32 了，你是怎么做的，谁能来说一说？

　　生 2：先用 4 除以 2 等于 2，然后再用 6 除以 2 等于 3。

　　师：那教师就有个问题了，你为什么要用 4 除以 2，这是什么意思，谁能帮他解释一下？

　　生 3：4 米红布能做两只猫头鹰。

　　师：啊，这个 4 就是 4 米红布，4 米红布可以做两只猫头鹰风筝，那这个 6 是什么意思？表示什么？

　　生 3：6 个 10，60。

　　师：那 6 个 10 表示什么意思？

　　生 4：60 米红布可以做 30 个风筝。

　　师：好，请坐，听清楚了吗？60 米红布就可以做 30 个风筝。还有其他做法吗？

　　学 5：列竖式。（B-0-1）

　　为了帮助学生更好地理解两位数除以一位数的算理，教师随后通过分作业本的形式，让学生在对 64 本作业本的不同的分法中明白最简便的分法，继而教给学生计算过程，达到了直观教学和启发讲解的目的。但在第二个问题的解决中，没有充分利用学生刚刚了解的算理，而是继续运用分作业本的形式解决 $72 \div 6$ 的问题，导致许多学生依然停留在直观阶段，没有获得对两位数除以一位数的基本算法的理性认识，这不仅耗费了过多的时间，使教学预设的教学难点问题没有解决透彻，也使后续的让学生探索三位数除以一位数的拓展问题落空。面对大部分学生的一筹莫展和下课的铃声，教师只好在简单指点后把这个题留作了课下的思考题。课后 B 教师对此的反思是"这节课在教学活动环节有些磨叽了，耽误了时间"。

　　在教学过程的互动环节，B 教师也有着 H 教师课堂上可以看到的教师启发和引导学生展开多元思维的教学决策，这种决策以培养学生获得数学信息和加工信息为主线进行，能够充分利用学生在课堂上产生的多种想法和做法作为互动性教学决策的资源推进教学，通过学生相互评价、互相启发，达到对学生多元思维的训练，培养他们创造性地分析和解决数学问题的能力，这反映出作为新手教师的 B 教师具有的将学生作为教学主体的决策意识。如在学习"两位数乘以两位数"的内容时，教师先让学生看信息窗找信息。随着学生对各方面信息的提出，教师将本节课要学习的内容以三个问题的形式写在黑板上。然后教师启发学生理解题意，讲解问题解决的基本方法，学生尝试解决问题。在学生做题的过程中，教师来回巡视，查看学生的解题思路，让与教师的设计思路不一致的学生上讲台讲解，教师在互动性教学环节的生成性决策则表现为对学生不同的数学学习思路的有效利用。

师：第二题是"买 6 张票需要多少钱？"这个问题和什么有关系呢？我们先来看两张票 30 元这个信息，是不是可以做成一个表啊？如果我买 2 张票是 30 元，题目要求我们买 6 张，问的是买 6 张票需要多少钱？我的问号要点在表格的右下角这里是吧？好，我们一起来看一下：求 6 张票需要多少钱，我们需要知道什么信息呢？

2 张	6 张
30 元	?

全班同学：1 张票需要多少钱。

师：我们需要知道 1 张票需要多少钱。那好，请同学们看表格，1 张票你会求吗？同学 L。

L 同学：30 除以 2。

师：30 除以 2 表示什么？

全班同学：表示 1 张票多少钱。

师：那 1 张票多少钱我们知道了，就能求 6 张票多少钱了。好了，刚才我画了一个表格把这些信息处理了，你能用自己的方式处理吗？试着用自己的方式在本子上画一画。看谁能想出和老师不一样的好办法。能想起来几种就画几种。记着我不是让你解决问题，不要把算式给列出来，我是让你用像老师这样的方法来表示这个问题。同学 M、N、S 把你们的思路画到黑板上去。我们先看 M 同学的，来说一下你是怎么想的？

M 同学：2 张票是 30 元，1 张就是 2 张中的二分之一，所以用 30 除以 2。

$$1 \text{ 张} = 30 \div 2 = 15$$
$$6 \text{ 张} = 15 \times 6 = 90$$

师：好，第一步是求 1 张票是多少钱，然后再求 6 张的。那这个图就能解决咱们的这个问题，这种处理信息的方式非常棒。好，请回。第二个 N 同学你来说说你是怎么想的。

N 同学：这下面的两个线段代表的是 2 张票是 30 元，然后用它占了几个 2，乘以 30。

——2 张 30 元   ——————6 张 90 元

师：听明白了吗？他表述得不是很清楚。这一个线段代表的是 1 张票多少钱，那求 6 张票多少钱就画 6 个线段，然后我们看这 6 个线段是这 2 个线段的几倍，这个同学提供了另外一种解决问题的方法，非常棒，请回。这个同学应该值得表扬，因为他把以前我们学过的线段图用到了解决问题的过程中，很好。第三位 S 同学来说一下你的想法。

S 同学：2 张是 30 元，6 张就是 3 个 30 元。

2 张 30 元	2 张 30 元	2 张 30 元

师：嗯，说得不是非常清楚。但是我觉得大家应该看明白了，我们要求的是 6 张多少钱，一个方格是 2 张，2 张+2 张+2 张 = 6 张，30+30+30 = 90，这又是一种解决方法。这三位同学处理信息的方式虽然不同但是最后都能解决这个问题。而且这三位同学提供了三种不同的思路和方式。那你能用这三种方法来解决这个问题吗？把这三种方法写到你的作业本上。M、N、S 三位同学用你们的方法到黑板上做出来。做完了的同学快点坐好，我们一起来看根据 M 同学的想法列的算式：30 除以 2，再乘以 6，最后答案是 90，对吧？

全班同学：对。

师：非常棒。第二个是 30 乘以 3，因为 6 张票的钱数是 2 张票的 3 倍，所以我们用乘法。下一个用的加法，两张票加两张票加两张票的钱就是六张票的钱，非常棒。这几位同学的不同的想法给了我们很多的启示，我们把这些信息能够处理成各式各样的东西，最后能够帮助我们解决问题，这就是我们的目的。(B-O-3)

新手教师的课中教学决策基本是在预设的范围内进行的，这些教学决策的特点在习题课中也体现出来。与 L 教师不同，B 教师不认为习题课也可以作为新授课来处理，只是视为对新授课所学知识的巩固。习题课的内容处理以知识点为核心，通过练习题或者试卷的讲解强化学生对课本的知识掌握。但是在新授课中并不明显的课堂纪律问题在习题课中凸显出来，这些问题成为新手教师互动性教学决策的重点之一。对于习题的讲解，B 教师的教学方法决策有着相互矛盾的现象，他重视对学生解题思路和学习方法的启发，能够从解法多样化和简便原则指导学生学习，在讲每个题之前先讲一下做法，或者讲解一下相关的知识和同学们的易错点。但是也有着明显的灌输式讲授，忽视学情反馈对教师教学决策的意义。如：

"下面看第二题，明天小学附近有个邮桶，邮递员每天从这里取三次信，上午 8 时 30 分第一次取信，以后每隔 4 个小时取一次信，你能标出每次取信的时刻吗？好，这个题它考你什么知识？这个题考的是 12 时计时法和 24 时计时法，其实它都告诉我们答案了。学校广播站每天播音的时间，第一次 7 时 30 分到 8 时 30 分，第二次 12 时 30 分到 13 时 30 分，问全校一天共广播多长时间。这个题先求什么、后求什么、最后求什么？先求第一次经过了多长时间，再求第二次经过了多长时间，最后求一共经过了多长时间，对吧？""我刚才讲的是什么呀！我们讲完读法了，现在讲的是写法，好了，一起来说一说：先写整数部分，再写小数点，最后写小数部分。好了，135.7就写成一百三十五点七。下一个，这个3.06考的是哪个字？（零，学生齐声）看没看清楚，我说过小数部分是几就读几对吧，做这个肯定有个理由。有很多同学把3.06中的这个零忘了，这个不应该。下一个，这个考你什么啊？也是零对吧？而且这个零是什么部分的零？（整数部分，学生齐声）好了，零点我们就写0.28，听明白了没有？好了，第二题判断，看黑板就可以了，不需要看你自己的卷子，第一问：两位小数比一位小数大。（错，学生齐声）像这样的题我们只需要找一个反例就可以了，对吧？"（B-O-6）

不知道是对学生考试成绩的不满意还是学生课堂表现得不佳，B教师在学生的课堂纪律问题上处理急躁，新授课的时候教室后面有五六个学生一直在搞小动作，但教师忙于教学无暇顾及。习题课时学生出现了打闹现象，直接影响到教师的教学。B教师进行了干预，让违纪学生到讲台上蹲着反省。

师：好了，最后一个题要求我们……，刘瑞阳你在那儿拽什么啊？把赵子文的眼镜拿过来！

生：他抢我的东西！

师：抓紧把眼镜拿过来，你需要我过去啊！把眼镜放讲台上，蹲下！好了，这个题要求我们要学会干什么？（B-O-6）

在对学生的评价方面，教师以表扬学生的正确回答为主，能鼓励学生积极思考如"动动脑筋"、"没有思路的请举手"、"做完的请举手"、"做完的坐正了"等。但让学生举手只是形式，缺乏后续的统计和详情了解，这一点与L教师有相似之处。但是B教师的课堂教学决策有着明显的主观随意性。这种对学生的学习评价和行为规范方面的随意决策影响了学生学习的积极性。

下面讲第三题，我这一星期没在这里，有的同学又开始出错了。我们已经学完整数了对吧，小数的读法会读吧？（会！学生齐声：整数部分、小数部分、小数点）。前面的同学怎么没说？找个好犯晕的说一说。（我不犯晕！好多同学这样嘀咕着放下了手）先读哪一部分？自信一点、大声一点，没吃饭啊！(B-O-4)

课后教师的解释是：

> 我讲解时发现他们对小数的认识不到位，掌握得不好。从前两个题就能看出来，反应比较慢。我上周有事，不在这里，我的同事帮我带了一周的课，而且这份卷子是自愿买的，有的同学没有订，只能听着，所以纪律比较涣散。(B-I-2)

像这样自愿订阅的数学资料不是每个同学都拥有，教师可以让学生作为课外的资料使用，统一使用的测试题应该是教师根据学生近期学习的情况，自己编制或选择一些试题打印出来发给学生们做，以达到检测学习效果的目的。

（三）新手教师教学评价与反思性决策的运行机制

B 教师的教学评价与反思的重点不是教学目标，而是以教学任务的完成为目的，以课前的教学设计与课中的学生表现为评价教学效果和反思教学的重点（见图 2—10）。

图 2—10　B 教师教学评价与反思性教学决策的运行结构

B 教师的课后反思不系统，也不是每次都有时间进行专门的反思。就反思的内容而言，基本是对教学设计及其实施的反思，对学生评价的反思也是基于研究者的疑问进行说明的。如在"两位数乘以两位数"的学习结束之后，B教师这样总结自己这堂课的教学：

> 我一开始琢磨着这部分比较难，备课时想的是不给他们列这个表格，但是讲的时候我怕说不清楚，然后就举了个例子。画完这个表之后发现效果也不是很好，把学生们的思维模式都固定住了，在巡视时我发现大部分同学还是按我这样画的，都没有想出来新的思路，这几个上讲台的同学是例外。这也说明我比较年轻，对教学掌控得不好，所以说临时决定把它画出来了，没有告诉他们怎么处理画的问题。但是最后画这几个表的时候，学生的表现确实超乎我的设想了，尤其是这个线段图，我们以前给他们灌输过线段图的思想，所以说没想到他们能画出来，这是我意料之外的，我觉得这样挺好。（B-I-1）

对于课堂上教师如何安排不同层次的学生参与学习活动，B教师进行了如下反思：

> 发现信息的时候提问哪些学生无所谓，提出问题的时候一般都是成绩比较中上游的，你像前两个问题都是提问成绩不好的学生，是因为这些信息在课本上都有，我提问他是因为他们本来就不喜欢回答问题，才让他们回答这两个简单的问题。后来少数学生没跟上这一点我没有处理，他们没有做完的就基本上让他们停下来了，因为一节课很短，学生又太多。（B-I-1）

这些都说明B教师的教学评价与反思性决策的浅表和片段化。教师反思的重点是单个的教学事件，问题的归因主要是客观因素，如年轻没有经验、学生太多、教学时间紧等。

总之，处于生存关注阶段的新手教师的教学决策运行是思路清晰的两条线，一是对知识教学的倾力而为；二是对学生探究与活动教学的积极尝试。由于教学经验的缺乏、相应的学科本体性知识和条件性知识的不足，都导致了L教师教学决策运行的任务取向。

第三章

阶段性与连续性：教师
教学决策的运行特征

第一节　教师教学决策运行机制的差异

系统在其演化过程中内部元素会不断归并为若干个相对独立的层次。这些元素归并后的集合具有某种共同特征、属性和大体相同的行为模式。[①] 根据教师教学决策的分析框架和不同教师教学决策运行的整体数据分析，其运行差异可以从教师对教学要素系统的决策、教师教学决策的形式与教师教学决策的取向三方面加以比较。教师对教学要素系统的决策差异主要是教师对各个教学决策系统之间的关系判断与处理方式的差异；教学决策形式的不同主要是教师对基本教学问题和扩展性教学问题的选择性差异；教师教学决策取向的不同表现在教师教学决策框架的差异中。这些差异体现了不同专业层次的教师在教学过程中有差别的理性逻辑。

一　教学决策系统联结方式的差异

（一）教师教学决策三阶段互动方式的差异

课前的教学计划决策、课中的互动性教学决策和课后的教学评价与反思性决策三阶段之间是相互联系、相互作用的整体性决策，不同教师在这三个阶段的联结方式上有着明显的不同，存在着序贯的线性作用与不断循环的相互作用之分。根据上一章的描述可以看

---

① 颜泽贤、陈忠、胡皓：《复杂系统演化理论》，人民出版社 1993 年版，第 256 页。

出，专家教师的整个教学决策运行是学生需求驱动的。教师的教学计划决策既是基于学科课程标准的"课程教学决策"，也是基于教学实践经验的生成性教学决策，使教学计划决策与互动性教学决策结合在一起。课中的互动性教学决策既是对教学预设的实施也是对教学计划的调整，是随着课堂教学过程中学生学习思路和需求的变化，对教学计划进行的二次加工。专家教师对自己教学的反思与评价以教学中的学生活动和教学设计的实施效果为核心，既有着对自己教学决策效果的肯定性认识，也能够针对具体教学环节的不足加以反思。这种针对教学计划决策和互动性教学决策的反思与评价就成为教师下一次教学决策循环的基础，作为一种经验图式和理念澄清不断改进自己的教学，体现了教师教学决策三个阶段之间互动和螺旋上升的运行机制。

熟练教师的整体教学决策运行是目标驱动的，其教学计划决策的核心是对课本知识点的深度挖掘，重视学生对数学基本知识的理解和记忆、数学基本能力的强化训练，表现为在课堂教学中教师要求学生通过反复的阅读与记忆去理解基本的数学规则、原理，不断提醒学生注意解题的准确性及其格式规范。整个教学实施过程几乎都是教学预设的展开，或者主要因为教学时间不足才对后续的知识巩固环节加以剪切，缺少针对学生的临场生成进行的即时性教学决策。熟练教师的教学计划中也存在着对互动性教学中多种可能性的认知，反映了熟练教师能够在每一个知识点的教学中考虑到学生的学情特殊性。在课后的教学反思与评价决策中，熟练教师的反思既有对教学预设的反思，也有对教学过程中是否完成了预定教学目标的反思。

新手教师的整个教学决策运行是任务驱动的。在教学计划决策环节只是根据对教材内容的分析确定教学目标和设计教学活动，没有对后续的互动性教学情境的认知和预见，这虽然与新手教师尚处于整个小学数学第一轮的教学过程中、对学习过程中学生会产生哪些错误认识缺乏丰富的实践经验等方面相关，但对三年级儿童的认知特点和学习心理的把握应该是一个教师具有的专业素质。在互动性教学决策环节，教学计划起着决定性作用。一旦出现超出教师设定的问题领域的学生疑问，教师只是简单放置不加讨论，继续按照预定计划开展教学。新手教师的教学评价和反思性决策主要是根据教学任务的完成情况来评价自我即时性教学决策的效果和学生的学习表现，不善于总结和提炼教学过程中获得的教与学的新信息，因而也不能在后续的教学计划决策中创造性地利用这些新信息。缺乏全面和有深度的教学评价与反思性决策使得部分新手教师的教学决策力提高缓慢。

总之，专家教师教学决策的三个阶段之间是互动和交织的，构成一个整体的决策环路；熟练教师和新手教师的教学决策也存在着三阶段之间的联系，都愿意谋求精彩的课堂生成，但教学决策实践运行的结果又是一种由"教学计划—教学互动—教学反思"的线性过渡，没有明显的三阶段之间的多向互动。熟练和新手教师的教学反思都是对具体教学事件"就事论事"的评价，不能从教师教学决策的教育理念层面对前两个阶段进行思考。

（二）教师教学决策子系统之间联结关系的差异

作为复杂系统的教师教学决策包含着教学目标决策系统、教学内容决策系统、教学方法与课堂管理决策系统和学情决策系统四个子系统。这四个子系统是教师根据自我的教学决策框架，在不同的教学决策情境中，按照不同的教学决策运行模式和决策焦点展开的多元互动的联结体系，它们之间的相互作用驱动了整个教学活动的实际运作。

教师的教学决策目标直接影响到其他子系统的运行，特别是影响到教师的教学内容决策与教学方法的选择。在教师教学决策四个子系统之间的关系上，教学目标系统具有明显的主导作用，规定和影响着其他三个子系统的运行。由于教师对教学目标决策的差异，使他们在对既有课程内容进行加工时有着决策取向的不同。H教师对于数学思想与方法目标、情感态度价值观目标的重视，使她在教学内容的选择与加工中有着明显的创生取向。在教学方法的选择上也以调动学生参与学习的积极性为教学决策重点。

我从一开始来到这个学校上课就不按照教材的顺序上，也不会按照教参上这样一步一步走，绝对不会。我不知道这是另类还是一个特色。教参上写得非常详细，每节课都有一些现成的教学设计，完全可以照搬，但我更喜欢讲可以加工的课。年前的时候教育局来学校检查，对于指定的讲课内容我往往讲不好，要是自主讲我就发挥得好。（H-S-3）

熟手 L 教师在教学目标决策中对于教学知识点的重视和她认为青岛版数学教材对知识点的弱化，使她在课程决策中采取了改造取向，即以对教材所涉及的相应知识点的补充、拓展、加深为教学内容的决策重点。这种补充、拓展、加深既包括在新授课环节注重学生对知识点的理解和记忆，也包括在练习课环节通过教师自选的系列习题，让学生在深度和难度上掌握相应的知识点。

我将买来的卷子上的一些题或者课本上的好题，输到电脑里，也从网上下载一些题进行综合、筛选，有些题太难，有些题太简单，都不能要。刚开始学的时候练习简单的题，但是再练习的时候就得练习一些有难度的题。（L-S-4）

虽然 L 教师在教学计划环节有培养学生的数学思维和数学兴趣的目标意识，但在教学方法的决策上是通过反复的强化和规范的训练来达到预定的教学目标，体现了 L 教师对三维教学目标中知识和能力目标的偏重。新手 B 教师在教学目标的决策上没有明显的个体偏重，而是以教师教学参考书上的目标设定为本，对于青岛版教材本身没有自己的不同看法，其课程决策的本质是忠实取向，教学过程中教学方法的选择也以教学预设的有效实施为目标。

教师如何处理和学生的关系是教师教学决策运行中隐含的关系结构。在互动性教学决策环节，这一对关系具有怎么样的地位和作用，直接关系到教师对教学内容决策和教学策略的选择，特别是影响到教师对由学生引发的生成性课程要素的决策和具体教学组织形式和教学方法的采用。教师与学生是课中互动性教学决策的主体，在二者相互作用的模式方面，主要存在着教师控制的课堂决策、教

师决策与学生自主决策相结合的决策模式。专家教师 H 很重视学生
在课堂上产生的精彩观念，总是有意识地培养学生参与探究、公开
表达自己见解的勇气和能力。她的教学决策和学生决策之间是互动
生成的关系。

> 我的学生参与性很强，在课上我经常会跟着他们走，有时
> 候他们问的一些问题很有价值，也有一些没用的问题。不过孩
> 子既然提出来了也不能打击他们，也要做出简单的回应。这可
> 能影响到课堂教学任务的完成，但是对孩子的成长有帮助，起
> 码孩子喜欢数学，有问题意识和钻研的能力了。刚开始让他们
> 上讲台展示时让谁上去都不去，他们没自信，不敢上台。后来
> 通过采取一些激励措施和近两周的体验，起码每个组都有学生
> 能上台了。原来的时候就是教师讲学生被动地去听，现在这种
> 小组合作和参与的模式让差生在组里也有机会说话，能开口与
> 别的孩子讨论问题。（H-S-1）

作为班主任的熟练教师 L 在自己的班里上课时有着一种自然的
权威。作为一位认真和负责的数学教师，在她的课堂上呈现着一种
井然有序的师生互动，同学们也能够积极地配合教师的教学要求，
努力投入到学习活动中。因此她的课堂教学具有教师决策支配着学
生决策的弱互动性。新手 B 教师的教师决策和学生决策之间的关系
不具有稳定性。与 L 教师一样，他的课中教学决策也是以教学预设
的实施为核心，教师教学主导着学生决策，这在练习课上表现得尤
为突出。但在部分新授课教学中 B 教师也能够和学生决策形成一定
程度的互动，表现了新手教师对新课程理念的积极探索。

（三）教师教学决策与教学情境之间互动方式的差异

教学情境主要包括教学的物理环境和心理气氛。任何教学决策
都是在一定的情境中展开的，我们既可以将教学情境视为教师教学
决策运行的前提，也可以将教学情境归为教师教学决策系统的构成
要素部分。从人际互动的角度看，教学情境是教师在教学过程中创
设的、通过师生互动形成和不断变化的文化心理和情感氛围。教师

作为师生这一基本教学矛盾的主要方面，不断影响乃至主导着教学情境的创设和运行。由于教师教学经验的多少和教学理念的差异，不同教师的教学决策与相应的教学情境之间的互动方式存在着强控、弱控和失控的差异，导致教学情境运行存在着有秩序或者混沌状态的不同。在新授课环节，新手教师 B 很重视课堂气氛的营造，在上课之初就通过鼓励性的语言激发学生的学习积极性，如"又和大家见面了，还是同样的要求，积极地回答问题！好，上课！"上课过程中也能够通过肯定性评价和充满激情的话语方式，带动整个课堂情境的运行，使学生能在一种融洽的心理气氛和社会互动中参与到学习过程中，如"你说得真棒，请坐！谁还能来？""好，他说得非常棒，但是得有一个关键的词，就是平均！""谁能帮他一下，马上就说到位了？……说的对吧？来，掌声鼓励一下！"但是在习题课或者试卷讲解课，由于教学任务主要是纠正学生的错误，教师关注的重点是每一道题学生出错的地方及其原因，采用的教学方法是面向全班学生逐题讲解。这就导致教师的教学决策重点更偏重于"讲课"，对教学情境的关注度较低，出现讲解中的弱控和教学情境表面的秩序性，当学生问题行为"过火"时教师决策重点转向对学生的纪律管理并加以强控这样的互动方式。熟练教师 L 的教学决策与教学情境的互动方式具有明显的强控特征。无论在新授课还是习题课，新手教师 L 的课堂教学情境都是教师主导的，即使在互动性教学环节，教师鼓励学生积极发言和主动参与学习活动时课堂气氛比较活跃，但整个教学情境依然是稳定有序的状态。专家教师 H 的教学决策与教学情境之间的互动方式从表面看与 B 教师的互动方式极其相似，即都重视对学生学习表现的鼓励和支持。他们的课堂教学情境中都存在着明显的"两端现象"，即大部分学生积极参与学习活动和小部分学生游离课堂教学，教师对这两种教学情境的处理方式也相似，即当小部分学生的消极行为不明显尚未引起教师的关注或者教师看到这些行为短期内自行消失没有影响到其他学生的学习时，教师采取的教学决策是"不作为"。反之，教师则暂停正在进行的教学活动，对这些学生采取口头提醒等方式。两位教师在营造教学情境时的最大差异是教学决策的自觉性。H 教师对于自己课堂上这种貌似较乱的状态有着一种清醒的认识。在她看来，学生纪律问题其实不是问题，应该让学生们在一个相对自由和放松的环境中学习，教师所要做的是进行及时的提醒和制止，帮助他们及时回归学习的轨道；而 B 教师对于课堂情境中出现的不和谐因素视为一种扰乱课堂秩序的不良行为，会及时和有力地加以制止。这些都说明教师在对教学情境进行教学决策时，关涉的不仅是教师对教学事实问题的判断能力，也体现了教师对于"什么是好的教学"等价值问题的决策取向差异。

二　拓展性教学问题的教师决策差异

教师教学决策是一个教师不断识别教学问题并合理地解决教学问题的过程。首先，根据教学内容的结构属性，可以将教师需要解决的问题分为基本教学问题和扩展性教学问题。基本教学问题是结构良好、常规性教学问题，是构成学科基础知识和基本能力的问题系统。扩展性教学问题是基本教学问题的延展或加深，是结构不良、生成性的问题系统。其次，根据教学问题是否明确可以将教师需要解决的教学问题分为结构良好的问题类型和结构不良的问题类型。前者问题的表征清晰、有相对固定或者明确的聚焦方法，属于程序性问题决策；后者属于综合复杂问题，没有明确的解决办法的问题类型，属于非程序性问题决策。不同类型教师的教学决策聚焦点存在着问题层级和问题类型的差异。程序性问题构成了所有教师教学决策的基本决策问题，是教师教学决策的常规性问题；而非程序性问题则属于拓展性教学问题，是教师教学决策的非常规、偶发性问题。三位教师的教学决策运行中都存在着对结构良好的问题和结构不良问题的决策，其中大部分教学问题都是教师可以明确感知的结构良好问题，当面对结构不良的问题时，不同教师的解决方法有所不同，存在着问题简化的处理方式或者是替代方案探索的决策方式。当面对结构不良问题时，比如当学生对某个问题的理解出现多样化甚至偏差，而这种多样化又是学生临场的生成，需要教师做出即时的教学决策时，H 教师没有简单地否定学生的回答，而是从学生的生活经验出发进行了拓展性的解释，以帮助学生更好地理解这个问题。

> 师：谁能举出生活中线段、射线、直线的例子？
>
> P 同学：我觉得尺子是直线。
>
> 师：她说尺子是直线，不赞同的举手。为什么，Q 同学？
>
> Q 同学：因为尺子是有两个端点的，所以它是线段，直线是没有端点的，而且两端是可以无限延伸的。
>
> 师：咱把尺子的宽度忽略，那你说它是直线还是线段？
>
> 全班同学：线段。
>
> 师：那射线的例子生活中有吗？
>
> R 同学：枪发出的子弹。
>
> 师：枪发出的子弹是抛物线，咱们现在不讲这个。S 同学？
>
> S 同学：很细的线挂着一个气球。
>
> 师：这个也不是，风筝线不能无限延长。生活中寻找射线的例子是很难的，很少。只有一个头没有尾，生活中很难见到。直线也是很难找到，几乎没有，所以我们只能靠我们自己的想象了。你可以想象一下，假如你站在一条笔直的火车道上，这个火车道是直的，你站在中央，向两边看是看不到头的。你可以把这个火车车轨近似地看作一条直线，但是它其实也是有头的。那咱们就想象一条线一直往前、往后延伸。（H-O-2）

同样是学生生成导致的复杂性教学问题，作为新手的 B 教师对于学生在知识的生长点上产生的问题缺乏必要的敏感性，没有认识到学生问题的教学生成价值，只是进行了简单处理。如在学习"平均数"这部分内容时，学生提出了一个问题，即小组人数的多少和平均数的关系。在学生看来，人数多那么小组的平均数也会大。虽然这个问题的学习是在更高年级进行的，但是也需要教师进行简单的解释，以澄清学生对平均数的认识。但是教师只是将它作为无关问题"屏蔽"掉了，说明教师对于结构不良问题的决策是以简化的方式处理的。

师：小明说我们组同学平均体重是 35 千克，小强说我们组同学平均体重是 37 千克，问小明的体重一定比小强轻吗？这个题需要大家讨论一下再发言，先说一定还是不一定，然后再说明为什么。

生 1：不一定，因为这是他们组的体重加起来再除以他们的人数。

师：她说不一定，她说的是把他们组的体重加起来再除以他们的人数，也就是说 35 千克是什么？（平均数，学生齐声）37 千克呢？（平均数，学生齐声）平均数，对吧？谁还能继续讲？这个是平均数，那为什么小明的体重就不一定比小强轻呢？有的同学怎么没在想。

生 2：就是因为看人数，如果小明他们组的人数比小强组的多了，多几个人少几个也不一定。所以如果是多几个的话，那 35 千克就不是他的平均体重了，多几个的话要把他们全部加起来再平均分。

师：那平均分了吗？

生 3：老师，要是小明他们组比小强那个组多几个人的话，那他们的平均体重应该可能是大于或是等于 37 千克。

师：好了，有点乱了。谁能再说一下，我们专门说了 35 和 37 是平均数，谁能继续往下说？（B-O-5）

这些说明新手教师对学生经验的生成是基于技术理性展开的，将学生在课堂教学中的经验作为教学处理的对象，既没有对学生的不同认识加以澄清，也没有挖掘学生经验内在的课程意义。

三　教师教学决策框架的差异

现代决策行为理论认为，决策过程可以分为构建决策框架、搜集和分析信息、设计决策方案、通过实施反馈改进原有决策四个方面，任何人在进行决策时都有一个有意识或者无意识的框架。框架是"人们在做某件事时心智上的架构，是构成问题的骨架。它能维持住每个人记忆空间里所能控制的复杂程度"①。决策框架作为人们对问题情境的主观解释，反映了他们对问题的表征、判断和解决的思考结构。根据美国学者儒索（Russo，1998）教授等人的观点，决策框架具有框架维度、框架参考点、框架边界、框架标尺和框架焦点五个特征。② 其中框架边界指决策者可拥有的资源和决策目标所限定的决策范围或界限；框架参考点是决策者做出判断和选择时的参考和对比点。由于三位教师处于同一教学场域中，他们之间没有课程资源和教学文化的根本差异，在研究过程中也没有发现三位教师教学决策参考点的明显不同，因此本书是从框架维度、框架标尺和框架焦点三方面来详述不同教师教学决策的框架差异性。

框架维度指决策者在决策时需要关注的基本方面或问题要素。框架维度的完备与否，直接关系到决策的是否合理与有效。教师教学决策的四个子系统中存在着若干决策维度。在教学目标决策系统中，根据小学数学课程标准提出的四个具体目标要求，可以将教师的决策目标划分为学科基本知识和能力目标、学科思维与问题解决目标、学科历史文化与情感态度价值观目标；根据教师教学决策目标的性质可以划分为长远目标与当前目标、单个目标与多个目标。在教学实践中，教师对小学数学四维课程目标的认知和实施并非都具有一致性。在教学计划决策环节，无论是说课时口头表达还是学校要求的书面教案呈现，三位教师都是根据课程标准所要求的几个方面提出自己的课程与教学目标，但是在后续的互动性教学决策和教学评价与反思性决策中，三位教师的目标维度出现差异。与 L 教师注重学科基础知识和基本能力目标的完成相比，H 教师则将更多的精力和时间用于对学生学科思想方法与思维方式、学科历史文化与情感态度、价值观目标的培养上。B 教师与 L 教师在教学目标维度上也有着不同的认识。如前所述，B 教师将自己的教学决策目标定位于学生对基本知识的理解，在探究中使学生感受到数学与生活

---

① ［美］R. A. 罗宾斯：《决策的陷阱》，袁汝涛译，吉林文史出版社 2004 年版，第 41 页。

② ［美］J. E. Russo、安宝生、徐联仓：《决策行为分析》，北京师范大学出版社 1998 年版，第 41—47 页。

的联系、培养学习数学的乐趣，L教师忽视情感态度价值观维度的深层价值和意义，她认为：

> 我备课侧重知识技能、数学思考、解决问题这三个方面。情感态度目标就是要让孩子对这节课有兴趣，那一般是低年级的事情。(L-S-1)

三位教师的教学决策框架维度的不同还表现在长远教学目标与当前教学目标的定位上。新手教师和熟练教师的目标系统教学决策以当前教学任务为重心，缺乏对长远教学目标的谋划，而专家教师则能够将教学目标提升到学生的长远发展这一高度，如H教师说：

> 我就是想在这样一个过程中让孩子形成一种数学思考，培养他们会思考、能解决问题、会生存的能力，最终能指导孩子今后的生活。如果他们将来遇到问题都不知道怎么解决，那就是教育的失败。(H-S-3)

在教学内容决策系统中，教师教学决策的维度主要包括注重课本知识、尊重学习者经验、贴近社会生活三个方面。三位教师都能够意识到从这三个方面的相互联系中，结合学生生活经验和社会生活展开课本知识的学习，其差异表现为结合的角度和方式的不同。既有的研究发现，教师处理学科教材的方式存在着以下问题：只重视表层的知识和技能，而对蕴含于教材之中的学科方法、学科思想等深层内容很少涉猎，关注教材中的具体知识，而对学科教材的整体目标和精神文化缺乏关注。① 这些问题也在一定程度上反映了三类教师对教学内容的决策差异。H教师善于以学生生活经验为依托开展教学设计，通过生活情境的创设，启发学生思考教学问题、在讨论中解决问题，同时还有意识地挖掘课本知识中的数学文化因素，通过数学故事、数学古典名题的课程资源开发，培养学生对学

---

① 李松林：《论教师学科教材理解的范式转换》，《中国教育学刊》2014年第1期。

科历史文化的了解和热爱。L 教师以知识点为核心联系社会生活，使学生认识到所学知识在生活实践中的价值。B 教师以社会生活问题的解决为载体学习新知，贴近社会生活经验只是其教学决策的手段。熟练教师和新手教师都十分关注教材中的具体知识点，而对数学学科课程所蕴含的整体教育目标和数学文化缺乏关注。

在教学方法与课堂管理决策系统中，教师们一般采用提示型教学法、学生自主学习法、共同解决问题教学法。教师的课堂管理决策维度包括明确课堂规则、学生纪律的规范化和教学时间管理等。在教学方法的使用、课堂规则的明确方面，三位教师的框架没有明显差异，但在课堂教学中学生问题行为的处理和教学时间的管理维度，三位教师有着一定的差异。H 教师对于课堂纪律问题的决策是从学生学习的角度进行解释，即使出现个别的学生问题行为也是在简单提醒学生后继续进行。由于以调动学生参与课堂讨论为自己的主要教学方式，因此在 H 教师的教学中也经常因为学生讨论得热烈出现拖堂现象。L 教师对课堂纪律问题控制得很好，在她的课堂上几乎看不到学生明显的违纪行为。由于教师主导着教学过程，她的教学时间控制得也很好。B 教师也很重视课堂纪律的维持，但是对于学生问题行为的处理缺乏丰富的经验，干预方式简单随意。虽然也是教师主导教学过程，但对教学时间的判断和管理还不够娴熟。

教师的学情决策系统主要指教师在教学计划时对学情的判断、互动性教学中对学生决策的反馈、对学生差异化学习需求的满足。三位教师在学情判断和学生差异化学习需求的满足方面没有明显差异，他们决策框架维度的主要差异在于互动性教学中对学生决策的反馈方面。H 教师很重视课堂教学过程中的师生、生生互动性问题决策，在教师引导下生成了大量学生之间的群体互动；L 教师和 B 教师的教学过程主要是师生、生生之间缺乏互动的教师单主体决策。

框架标尺是决策框架中的评价标准，与决策者内在的价值观密切相关。三位教师的教学决策框架标尺可以从他们对"一堂好课是怎样的"的认识上反映出来。H 教师对一堂好课的评价是从学生的反应来衡量的。

上课时发现孩子们的眼睛发亮时我心里很高兴，下了课很有成就感。但有时候没有研究透学生，没有从孩子的学情出发，没有号准孩子的脉，放错了难点，会觉得讲得很累。我们班有十几个孩子特别喜欢我上课，看他们的眼神就知道，每次都是笑眯眯的，听得很入神，下了课还说：老师，一堂课这么短，我们还没上够呢！（H-S-2）

L教师对一节好课的判断有着矛盾的认识，在观念层面她认可评判教师教学成功与否的标准应该是看学生的反应和收获，但对于自己教学决策的评判又是从教师教学预设的顺利实施和课堂教学的有效控制为标准。这也反映出当下基础教育领域的教学新理念与传统理念之间的冲突，这一冲突在熟练教师的专业成长过程中尤其明显。如：

原来的时候看一堂好课关注的是教师，看这个教师是怎么讲的，上得顺利不顺利。但是现在的数学课程标准变化了，现在不光要看教师，主要是看学生，看学生这节课是不是跟着你的思路走了，是不是积极配合你，是不是对你这个课有兴趣。我觉得现在看一节好课的标准就是看教师能不能引导着孩子的思路走，引导着孩子去思考，知其然更要知其所以然。能够引导学生思考、引起师生共鸣的这种课才是好课。但是我离这种目标还很远，比如有的时候引导孩子去思考和发现，但是当他们没法思考和未发现时就直接告诉他们了。一节好课就是教师感觉很舒服、很顺溜，我感觉我上的那节课挺顺溜的，本身知识点也不难，孩子们接受起来也比较容易。（L-S-1）

B教师的教学决策框架标尺是以自己的教学经验为基础提出的。因为从小学一年级教到现在的三年级，他对学生的活动设计很重视，认为这是判断一堂课有效与否的重要标准，并由此认为"像算理课这种难以开展学生活动的课很难上得生动有趣"。这说明新手教师对于

"好教学"的标准还是很模糊的，缺乏一个整体的认知。如：

> 首先这节课要以学生为主体，作为教师应该起到一个引导的作用。光讲不行，再一个是怎样体现学生主体，我觉得这充分体现在我们的数学活动里，这可能是比较片面的。我没怎么讲过算理课、总复习课，像这样比较好开展活动的、只能通过活动去感受的课我讲得比较多，所以我认为数学活动在一节课里很重要。但我听过数学算理课，他们开展的学生活动比较少一些。直到现在我也比较困惑：数学算理课应该怎样活动、怎样交流？我也听过其他教师的课，讲的是用字母表示数，在提出问题后让学生交流怎样解决，我看着基本上没有人交流，这是我比较困惑的地方。比如说今天讲的内容里面有估算，我试过让学生交流，但他们基本上都不太交流，所以我一直不敢碰这样的课。（B-S-3）

框架焦点即框架的关键点或者说决策者所关注的主要矛盾。每个教师的个体认识论、实践经验、思维方式不同，往往有着不同的教学决策焦点。同样是对练习题的处理，三位教师的决策框架焦点有着明显的差异，这些差异与教师的教学观有着直接的关系。H教师是以学生主体作用的发挥为自己教学决策的核心，无论是在新授课还是练习课中都能反映出教师的这一教学决策理念。

> H教师：昨天下午我是连带着小自习上了三节，今天上午上了一节，下午加小自习又两节，就等于上了六节练习课才把这个"信息窗1"处理完。但是我给他们补充了很多东西，不是说依照课本讲课本。
>
> 研究者：练习课上都补充些什么呢？
>
> H教师：比如说对孩子数感的培养、这个找规律的题，我就给他们补充说，像这种题有两种规律存在，一种是等差数列的，相连的数差是一样的；还可以怎么想啊？后一个数是前一个数的倍数关系，教给他们怎么找规律。我今天上午给他们出

了一个题：a 排球多少钱，b 排球多少钱；a 足球多少钱，b 足球多少钱，我就问：买一个足球一个排球共有几种买法？其实这个题不单纯是为了计算加减法，重点要渗透给孩子排列组合思维、有序的思维。有的孩子就说有六种，为什么他没看到？他是把两个足球、两个排球的算在内了，应该是 a 和这个 a 组合；a 再和这个 b 组合；然后就是 b 和这个 a；b 再和这个 b 组合。这就是渗透一种数学思想。当然计算是另一个目标，孩子们通过这个问题也训练了小数的加法。（H-S-4）

教学过程的基本矛盾之一是教科书所代表的间接知识与学生经验得到的直接知识之间的关系。作为一种特殊认识过程的教学在实施既定目标的过程中，必然会面对从间接知识到直接知识、抽象知识到具体知识之间的转换问题，也需要解决程序性知识和非程序性知识、规范的显性知识和缄默性知识之间的协调问题。L 教师对数学知识点的重视贯穿于整个教学决策活动中，追求知识点教学的扎实和系统化构成了她的框架焦点。在练习课中，L 教师的决策框架焦点是让学生明白如何正确地解题，而正确地做题就需要反复地训练和巩固，使学生形成规范的答题习惯。

练习课跟新课一样，比如说第一个题我想让学生独立解决然后再在班里展示，或者回答问题，对了就过去了；或者有一个题比较难需要让同桌之间讨论一下；或者某个题直接就是教师讲解。看这两张卷子没什么太大的问题，问题就出在学生答写得不完整。小卷上第四题错得比较多，但那个题并不难，基本上 90% 到 95% 的孩子都理解，就是他们没换算单位所以算错了。这是最基本的求表面积和体积题，题里边 0.0612 的数比较大，然后还得换算单位。（L-S-3）

虽然 B 教师和 L 教师都是以练习题或者试题的训练来达到对知识点的巩固，但与 L 教师能够通过学生独立探究和小组合作等多种形式开展练习题的教学不同，B 教师对于练习题的处理基本是以教师讲解为主，其教学决策框架的焦点是讲清楚每一个题。如：

> 我们看第一个题：3角是几元？那我们首先要知道元和角的关系，1元是10角，也就是说我把1元平均分成10份，每一份就是1角对吧？那么3角就是3/10，对吧？那用小数表示就是0.3。第二个题中的9厘米，大部分同学都写了9/10，这说明你对长度单位之间的进率不熟悉，1米等于多少厘米啊？（100，学生齐声）既然1米等于100厘米，9厘米就是把这1米平均分成100份里面的9份，所以是9/100，9/100就是0.09，因为这个9在什么位置啊？（百分位，学生齐声）这个能明白吧？下一个题，6元5角4分，那6元这里写6，那5角是把1元平均分成10份里面的5份，如果单纯是5角的话就是0.5元，但是这里有6了，这里点一个点，那4分呢，把1元平均分成100份里面的4份就是4/100，4/100就是0.04，所以合起来就是6.54。（B-O-4）

总之，以上对教师教学决策运行机制的比较是从教学决策系统的构成及其系统之间的关系进行的。这种比较也可以从教师主体这一角度去分析，如对一个教师在专业发展的不同阶段，其教学决策运行的差异；或者是对教师群体教学决策运行差异的大样本调查。但无论是对教师个体的深度跟踪研究还是教师群体的分类研究，都需要基于教师教学决策的活动开展，体现这一差异比较的实质性意义。比较的目的不是甄别教师教学决策的优劣，而是在显性的区别中发现隐性的联系，这些隐性的联系体现了教师教学决策的阶段性递进和整体性发展。

第二节　"断裂中连续"的教师教学决策发展

"专业知识、专业技能和专业情意的水平是构成教师专业素质的主要部分，这三个方面的发展水平决定了教师专业发展水平的高低。"① 教师教学决策是教师认知与教师行为之间的桥梁和转换器，是对教师拥有的理论性知识和实践性知识的综合运用，直接体现了教师处理当下的教学问题的职业能力和价值取向。因此教师教学决策的整体运行有着发展的阶段性。这种发展既可以指一个教师从入职到专业生涯高峰期，其教学决策力的不断演进，也可以是处于由低到高专业发展阶段的不同教师群体教学决策力的递进性提高。由于不同教师、同一教师教学决策运行的具有不可避免的发展结构个性化、发展方向多样化和发展路径的非线性等复杂本质，因此本书作为一个个案，谋求的不是普遍意义上对教师教学决策确定性本质的判定，而是基于个案研究所能提供的最大限度的信息，对不同教师教学决策的运行过程加以深描和解释。在对不同教师的教学决策运行机制加以比较的基础上，从教师教学决策的表层结构中寻找教学决策要素在"断裂中连续"的深层脉络，即通过分析构成教学决策框架的核心要素在三位教师身上体现出来的阶段性发展特征，揭示在教师教学决策认知与教学决策实践的不断演变和反复互动中，哪些教学要素或系统被逐渐发展起来，以启示和帮助处于不同专业层次的教师获得既有基础上的进一步发展。

一　教师教学决策要素的发展

教学要素系统构成了教师教学决策的本体部分，是教师教学决策的核心。教师教学决策是在特定的教学情境中对教学问题的发现和解决，是对教学计划、教学方案实施、教学评价与反思诸环节的判断与选择，教学决策要素的界定既要遵循教学系统的一般要求又须反映决策活动的特殊性。教师教学决策是由教学目标、教师、学生、课程材料、教学活动等子单元构成的复杂系统，这些要素及其子系统之间的相互联系、相互作用构成了一个动态网络，驱动着教师教学行为的选择和整个教学过程的展开。不同教师在教学知性领

---

① 教育部师范司：《教师专业化的理论和实践》，人民教育出版社 2003 年版，第 1 页。

域和教学伦理领域，对这些结构要素进行着有差异的主体诠释和实践，在差异中又体现着教师教学决策力的发展。

首先，教师教学决策的发展体现在教学阶段的不断运行中。如前所述，教师教学决策系统的运行主要表现在教学决策三阶段的互动和教师教学决策子系统之间的联结中。不同专业发展阶段的教师在教学决策三阶段互动方式上的差异，其突出表现是教学评价与反思性决策作用方式的不同。由于课后的教学评价与反思性决策既是教师教学决策循环的终点，也是新一轮教学决策循环的起点，它对教师的教学计划决策和互动性教学决策的影响是全面和持续的，成为教师教学决策发展的重要内驱力。新手教师的整个教学决策运行是任务驱动，表现为在教学计划环节有着内容结构上相对完整但不够细致的教学设计，在互动性教学决策环节以学生学习活动的开展为中心展开，在教师主导下完成预设的教学任务。但新手教师不重视课后的教学反思，他们的反思主要是对课堂教学事件处理方式的自我审视；常规教学反思不仅缺乏而且不系统，反思内容片段化，反思层次浅表化，整个教学链条是非连贯的。熟练教师的教学决策流程是教学目标驱动，无论是教学计划还是互动性教学决策环节都能够有意识地表达和实施以基本知识和教学技能为核心的教学目标。熟练教师有明确的教学反思意识，能够根据教学效果反思教学设计的不足和互动性教学环节的问题；但这种反思是从教学计划决策到互动性教学决策再到教学评价的线性反思，没有将教学反思与下一轮的教学决策有机联系起来。由于学校对教师开展自我教学反思提出了制度性的要求，比如写课后总结、教学日志等，实施书面教学反思也是应对学校检查监督的需要。这导致部分教师敷衍了事，其教学决策反思缺乏"反思性"，如在熟练教师上交学校检查的、与每一课时的教学设计一体化的书面教学反思中有着明显的教学总结的特征。这说明熟练教师的教学反思决策是在学校教学管理制度下被动进行的，教学反思的内容是对学生学习效果的概括，不能针对自身教学决策进行"反身自问"，更缺乏对自我课程与教学理念的反思，这也导致熟练教师的整个教学决策过程是一个线性的单向决策，后续的教学决策缺乏有价值的教学反思的回馈与提高。

专家教师的教学决策运行是学生需求驱动，教学决策的三个环节之间是一个互动的整体。在教学计划决策中，专家教师能够根据既有的对教学经验的反思进行预设，在课后的教学反思环节能够从课程标准要求的教材设计思路出发，对自我的教育教学理念加以总结和思考。虽然专家教师对自己的教学改革理念也有疑惑和问题，但能够从促进学生发展的角度进行自我教学决策的评价，在反思中不断坚定教学变革的信念。从新手教师教学反思的缺乏、教学决策三环节关系的断裂；到熟练教师教学反思决策流于形式、教学决策三环节的线性；再到专家教师教学反思决策的深度和前瞻、教学决策三环节之间的互动，说明了在教学计划决策、互动性教学决策和教学评价与反思性决策之间的关系上，教师教学决策的发展体现了三环节之间由线性过渡到互动交织的螺旋式上升的演变。由于我国教师教学决策实践的传统是重教学计划轻教学反思，使得教师的教学评价与反思性决策是否存在、反思什么、如何反思，成为影响教师教学决策发展的重要一环。

其次，教师教学决策的发展还体现在他们对学科内容的开发、对教学目标与方法的决策、教学组织形式的选择与学生管理决策等子系统的决策上。新手教师对学科内容的决策是忠实取向的。这既因为教师对现有教材所包含的学科知识系统掌握得还不够全面和系统，也因为教师的教学决策重点尚停留在教学层面，还不能从课程理念和课程开发的高度去谋划整个教学活动。在教学方法与课堂管理决策方面，新手教师的教学决策呈现不稳定的发展状态，表现在新授课和习题课中教师有区别的教学决策理念和行为，即在新授课环节能够通过各种组织形式让学生参与教学活动，注重调动学生学习的积极性；而在习题课中则是传统灌输式讲解和教师控制的教学秩序。由于大班额的教学现状是目前教师们面临的共同问题，所以在教学组织形式方面，三位教师的选择没有明显的差异，都是以班级授课制为基本组织形式，以坐在前后座位的四位同学为小组的合作学习方式，个别化教学组织形式只存在于教师所言的课后辅导中。

熟练教师对课程内容的开发是一种改造取向。这种改造是围绕各类考试可能出现的考点，对青岛版数学教材所没有涵盖，而以往的人教版小学数学教材所具有的知识点进行补充。教师能够充分利用各种版本教材和教学辅助资料如教材全解，对学生学习的内容进行加深和拓展。在教学方法与课堂管理决策方面，熟练教师很看重教学过程的井然有序，这种教师控制的有序性在新授课和习题课中都存在，这种课堂管理能力的形成既体现了作为个体的教师对教学秩序的理解和要求，也是教师之间不断相互学习、借鉴的结果。如访谈中 L 教师说道："如果来了听课的人，学生们在课堂纪律方面一般会自觉地做好一点。我刚参加工作的时候，课堂教学纪律肯定没现在好。那时候我办法也不是很多，后来不断跟别的教师学一些小技巧，如要求做对题的同学都坐好等。"熟练教师对教学秩序的追求是一种教师控制的稳定和有序，在她看来，这种稳定和有序能够保证教学活动的顺利进行和学生注意力的集中。

　　专家教师对数学课程的开发也是一种改造，但这种改造不是知识点的加工，而是以学生经验、社会生活经验为依托，对课程内容进行综合意义上的加工。如数学特色课程的开发就是从数学古典名题、数学故事为拓展性资源，培养学生对学科问题发现与解决的创造力，这种开发是对课程资源的创造性生成。在教学与课堂管理决策方面，专家教师善于把握学生学习心理，对学生参与学习的主动性和自觉性有着充分的自信，放手让学生充分表现自己。专家教师的课堂教学管理在表面上看呈现松散甚至无为的特点，但是教师是以学生学习兴趣的激发来实现教学的管理，追求内在的学习活力而不是表面的秩序性是专家教师课堂管理决策的重心。总之，从新手教师课程开发的忠实取向到熟练和专家教师本质迥异的课程开发改造取向，从新手教师在教学与管理决策的弱秩序性到熟练教师教学与管理决策的强控和显秩序性，再到专家教师教学与管理决策的隐秩序性，都说明了教师的课堂管理决策是从弱控、强控再到超越控制的发展过程。

二　教师教学决策方式的发展

　　教师教学决策方式表现为从教学感知、教学意识再到课程意识的发展。教师在每天的教学中都面对着各种各样的问题有待解决，教学问题是教师决策发生发展的根基。虽然大部分的问题都是基本的程序性、常规性教学问题，有着相对固定的问题结构和解决思路，但是也存在着一定数量的非程序性、拓展性教学问题。对于程序性教学问题的决策，三位教师都表现为对具体教学问题的顺利解决和预期教学任务的完成，教师之间的差异主要表现为教学决策惯例的多少和使用教学技巧的娴熟程度，特别是教师对非程序性教学问题的决策上。

　　同样面对非程序性、拓展性教学问题，新手教师采取的教学决策方式是回避这些问题的解决，力求使学生的学习注意力集中于正在呈现的教材内容上；熟练教师的课堂上几乎没有看到学生提出有质量的拓展性学习问题。面对学生在新授课和习题课上提出的各种疑问，教师都能够根据所学知识找出其偏差或错误之处并及时加以纠正。因此熟练教师对各种教学问题的解决采取的是简化法，这种简化不是对知识点的简化，而是将学生提出的各种问题简化为知识的正确理解和运用。从这个意义上讲，熟练教师的课堂教学决策主要是常规性的。专家教师将学生源于生活经验而提出的问题视为有意义的课程资源加以开发，鼓励学生提出自己的独特看法，引导同学们对其他学生提出的有教学价值的学习问题共同探讨。当少数学生提出了幼稚或错误的想法时，不是批评或者无视，而是及时回应并做出简单处理，使每一个学生都敢提出自己的想法。对学生即时生成的精彩观念，专家教师采取的是共同解决问题的教学方法，让学生在小组研讨中学会分析问题。因此从教师对教学问题的解决看，课堂教学中的教师不决策、简化决策和师生互动的研究性决策这些决策形式的不同，体现了教师解决教学问题的决策能力差异。由于复杂教学问题的解决涉及课程生成活动，缺乏课程意识或者教学意识囿于知识教学的教师，就不能有效引领和培养学生的生成性学习决策及其这种生成内含的创造力。新手教师在生成性教学资源开发中的决策缺失反映的是他们对学科知识掌握的不系统和教学经验的不足。当复杂问题的解决无助于学生对基本知识的掌握和考试分数的提高时，熟练教师采取简化的决策方式既可以避免学生决策带来的对于教师教学决策的挑战，也可以控制整个教学方向与偏离预设的教学目标。教学决策方式的不同说明了教师从教学意识到课程意识、预设教学到生成性教学的专业水平转变。

三　教师教学决策取向的发展

取向即价值倾向性。作为事实判断和价值判断的统一，教师教学决策必然有着自身的价值倾向性，体现着教师教学决策中的理性追求。作为认识与实践相统一的教师教学决策包含着多种决策理性。教学决策方案的形成过程体现了教师对课程与教学的本质与意义、教学要素系统及其相互关联的认知理性，是教师对教学事实和教学价值问题的思考；教学决策方案的实施过程是教师依据自身持有教学信念、专业知识，凭借一定的技术手段，在师生对话、交往互动中展开，体现了教师的技术理性和交往理性；教学实施后的反思性决策是教师对教学过程与效果的回顾与评价，体现了教师教学决策的反思理性。反思理性是在人的理性的发展中不断审视理性自身的自我监控、自我反省、自我矫正的一股力量，它是理性自身的自我意识、自我批判。反思理性能够对其他理性起到自我监控、自我批判、自我矫正的作用，是人类理性的自我超越与发展。① 教师的教学决策理性也存在着一个从外在理性到内在理性的转变过程，这种转变也是教师教学决策不断发展的体现。

任何教师的专业发展历程都是伴随着教学经验不断积累、个体职业体验不断丰富，实现着从新手教师、熟练教师到专家教师的递进。尽管这一递进并不是简单线性的过程，并非每一位教师都能必然完成这一历程，但是一位新手教师的专业发展起点必然是教学决策经验的积累，其教学决策主要是在认知理性的主导下进行，如新手 B 教师的教学决策：

> 我刚开始工作的时候备课基本不看其他书，感觉自己看课本就能够明白，根本就不去想这节课的内容在这一册里是什么位置，能起一个什么作用。从一年级教到二年级后慢慢就了解

---

① 高清海：《信仰理性·认知理性·反思理性——理性"天然合法性"的根据何在》，《学海》2001 年第 2 期。

了，比如说二年级的东西在整个小学阶段起一个什么作用，所以再讲这样的课时我就能把握好了。（B-I-3）

教师教学决策应该以唤醒和引领学生决策为旨趣，这是三位教师教学过程中都认可的观念，但是在唤醒哪些学生、引领学生做出哪些决策方面，三位教师产生了分化。因为教学决策的经验不足，新手教师更善于和愿意上那些容易组织学生开展活动的课，而对于算理课这种难以调动学生参与的主动性，需要教师教学方法创新的课，新手教师的感受是"一节真正的算理课光有学生活动是不行的，但我也不知道如何讲好算理，所以我现在还是上不好这种课"。经过了职业生存阶段、教学经验比较丰富的熟练教师，将学生考试成绩的提高看作自己教学有效性的重要标准，因此在教学决策过程中存在着明显的实用主义倾向。L 教师通过让学生反复背诵算理、在计算方法和书写格式中不断强调准确性和规范性，以保证学生在考试中少丢分、不丢分。追求考试成绩的教师教学决策有着必然的效率要求和技术控制，这种控制和效率体现了教师教学决策的工具理性。如 L 教师在课堂上对学生的学习指导："打开课本第 35 页，再看一下你会不会把学到的知识运用到做题当中去。做这个题的时候，注意'最简'两个字，在最简下面画横线。做数学必须准备好草稿纸，随时准备写写画画，才能做准确。做题不光要准确，还要讲求速度，要想有好成绩，你的做题速度非常重要，考试的时候同样是半个小时，谁能在半个小时内把题做完，还得做对，谁就能取得满分。"专家教师的教学决策体现着一种自觉的教育探索与创新，这种探索力图超越传统的授受式教学，以学生对数学问题的解决为核心，采用发现探究式、情景体验式等方法培养学生的综合创造能力，而不是受制于学生考试分数的高低。[①] 尽管对于这一变革能否

———————————

[①] 郑太年等人的调查发现，我国数学教师以讲授法为主，而且讲授法的使用频率与学生数学成绩之间存在正相关，相反，讨论教学法与学生成绩之间存在负相关，即数学教师使用讲授法不仅普遍而且学生成绩好，但是讲授法与学生解决问题的能力有显著负相关。参见郑太年、王美等《我国教师的教学方法及其对学生数学成绩和问题解决能力的影响》，《全球教育展望》2013 年第 2 期。

带来预期的效果，H 教师也缺乏足够的自信，但是却有着很坚定的探索勇气。

> 最初我这种教学模式到底对学生的发展有多大帮助真的不敢肯定。我想先摸索着干起来。我原来上课的时候也是以教师讲为主，教学容量要比现在大，学生的分数也不错。现在我不大讲了，站到后面去听学生讲，虽然他们都很愿意讲，但教学容量小、教学效率低。所以现在我也很矛盾。我也去了很多地方，比如杜郎口中学，去学习他人的经验。一开始也感觉他们的课比我的课容量小多了，不大认同他们的做法。但是最近两三年再去，那里孩子的发展让我感到很惊讶，都抢着表达、回答问题，很自信。我就想到底是为孩子的一生去着想，还是就为了抓考试成绩？前者应该更重要吧！（H-S-1）

这些表述说明专家教师也经历过专业发展中的技术理性阶段，但是在外部的教育变革氛围和自身的教育理念共同作用下，不断自觉反思以往的教育观念和行为，逐渐将学生的全面和长期发展作为教学决策的首要目标，凸显了学生在课堂教学中的主体地位，体现了教师教学决策的反思和解放理性。

虽然教学决策反映了教师个体的认知加工与行为选择，但教学活动的公共性和育人为本的宗旨要求教师教学决策以"促进学生全面发展"为价值尺度。新手教师、熟练教师和专家教师的教学决策是在各自的具体教学情境中对复杂教学问题的判断与选择，其教学决策理性既有着鲜明的个性特征，也是某种集体性的历史努力的产物，这种集体性的历史努力塑造了主体形态演变中相互衔接的"心智结构"，体现了教师教学决策阶段性与发展性的统一。

第三节　决策力：教师教学决策发展的核心

教学内容的加工与创造、教学关系的构建、教学策略与方法的选择等教学活动都是在教师决策的主导、引领下进行的，教学质量直接取决于教师决策的质量，教学决策力也是教师应该具备的核心专业能力。教师教学决策的发展的核心是教师教学决策力的提高。

　　教师教学决策力属于教师能力研究的范畴。20 世纪 80 年代以来，国内外对教师能力的研究进入了一个繁荣期。既有研究或者是根据教师教学活动如制订教学计划、课堂管理和知识传授等提出教师的能力构成；或者根据学生学习活动如促进学生积极参与、满足学生学习需求、与学生沟通等理解教师能力。

一　教师教学决策力的内涵

　　与对"决策"的解释存在多元化一致，目前对"决策力"一词的解释也没有统一的观点，大致可以分为两类：（1）以心理学的"个性心理特征"来解释。如"决策力指的是希望成功完成某项工作的欲望，包括诸如进取心、毅力、支配力和控制力等特征"。[①]（2）作为管理学的能力概念加以界定。如决策能力是"决策者所具有的参与决策活动、进行方案选择的技能和本领"。[②] 决策力是"根据既定目标认识现状，预测未来，决定最优行动方案的能力"。[③] 不同的决策理论范式对决策力的内涵界定也存在着差异。标准化决策范式中的理性选择理论基于理性经济人的假设，认为决策即行动者的偏好、期望与概率的函数，决策力即决策者根据理性期望的效用和概率计算、推断每个行动方案的效用可能性，并从中选择具有最大期望效用的行动方案的能力。这种定位注重决策过程的数据统计和逻辑推演，所有的运算与推断均建立在绝对理性所体现的公理之上。由于标准化决策范式只是提出了决策者应该具有的理想状态的决策，未能反映出人类现实的决策状况，因此坚持人类有限理性的描述性决策范式则认为，决策是认知能力有限的个体在有限的信息占有和有限的注意力范围内，从备选行动方案中选择一个自认为满

　　[①]　［美］P. G. Northouse：《卓越领导力——十种经典领导模式》，王力行译，中国轻工业出版社 2003 年版，第 14 页。

　　[②]　萧浩辉、陆魁宏、唐凯麟：《决策科学词典》，人民出版社 1995 年版，第 44 页。

　　[③]　袁世全：《公共关系词典》，汉语大词典出版社 2003 年版，第 335 页。

意的方案去实施的过程，决策力即决策者在追求主观满意的决策实践中减少主观决策偏差，提高实施方案有效性的能力。描述性决策范式聚焦人类因快速和粗糙的启发式推理导致的决策偏差，认为"普通人都是使用很少信息或心理资源进行推断认知的吝啬鬼"①。对这种认知层面的有限理性分析，法国社会学家布迪厄给出了不同的解释："理性的确是有限的，但不仅仅是因为可以得到的信息残缺不全；也不仅仅是因为人类的思维从总体上来说是有局限性的——确实没办法对各种情境做出充分认识，行动紧迫时就更是如此；而且还因为，人类的思维是受社会限制的，是由社会加以组织、加以建构的。"② 力图超越描述性范式的进化论范式则从生态理性和社会理性出发，认为决策既不是绝对理性的产物，也不是人类非理性的随机、随意选择，而是人类不断适应自然环境和社会环境的有效行为。其中，生态理性强调环境对人的塑造与制约，从生物进化的角度强调人适应环境的重要性。与传统理性标准相比，生态理性追求简单、快捷和有效的启发式决策，"决策的机制就是充分利用环境中的信息结构以得出具有适宜价值的有用结果，以及个体在适应环境过程中获得识别环境中的信息结构的能力"③。这一决策力的衡量标准是决策主体与外部世界相联系的经验丰富程度和启发式决策的速度高低。社会理性观则认为，决策者不仅是在自然环境中谋求自身利益最大化的自然人，而且是处在各种复杂关系中的社会人。决策者的信念与偏好、具体的解决方案制订与选择都会受到各种社会关系的影响。这些社会关系对决策者的决策行为构成了限制或者帮助决策的双重影响。从决策的标准化范式到描述性范式，再到进化论决策范式的转变说明，对教师教学决策力的解释应该超越既有的认知理性，从生态理性和社会理性的视角理解学校教育的关系网络中存在和发展起来的这一教师专业能力。

当前对于教师教学决策力的界定存在一定程度的模糊性，如教

---

① 庄锦英：《决策心理学》，上海教育出版社 2006 年版，第 90 页。

② ［法］布迪厄、［美］华康德：《实践与反思——反思社会学导引》，李猛、李康译，中央编译出版社 2004 年版，第 171 页。

③ 庄锦英：《决策心理学》，上海教育出版社 2006 年版，第 8 页。

师决策能力是"教师在专业工作中，尤其是教学实施的不同阶段中，有意识地综合运用其专业知识、信念和经验等，面对复杂多变的工作环境，结合具体情况所作出的分析、判断和选择，从而确定最佳工作方案的一系列动态过程"①。"教师教学决策能力是教师为了实现教学目标而对教学过程的各个环节采用一定的方法寻求一个满意决定的能力。"② 这些解释或者将教师决策能力等同于教学决策活动，没有真正揭示概念的种差；或者采用"决策+教学"的构词法方式，将决策活动的分析、判断和选择直接套用于教学活动。教师教学决策力既具备决策力的一般特征，又要体现教学活动的特殊性，它是教师在教学活动中形成与发展起来的、多谋善断的"能手品质"，包括多维教学目标的选择能力、教学设计与即时判断的能力、诊断教学问题和元教学决策的能力等子能力。③ 这种分类主要是基于教师教学的认知理性进行的。除此之外，还应该从学校的文化和社会生态角度去审视教师教学决策力。

（一）教学决策力表现为教师对各类教学问题的识别和处理水平

决策是对问题的解决。教师教学决策力是对教学要素系统中所包含的各类教学问题的判断与选择能力。教学问题包括基本教学问题和扩展性教学问题。基本教学问题在性质上是结构良好问题而扩展性教学问题在性质上是结构不良问题。对基本教学问题的教学决策质量体现了教师的"基准性专业胜任力"。而当面对结构不良的扩展性教学问题时，教师需要根据自我的教育理念和知能系统，从学情出发进行创造性决策，以帮助学生更好地理解、解决这些问题，实现对知识探究的思维与方法、知识形成过程的认知规律和价值意蕴、对知识的创造性运用等目标的深度追求。这种教学决策考验着教师的教育智慧，体现了教师的"鉴别性胜任力"。

---

① 魏薇、陈旭远、贾大光：《教师专业决策能力：内涵、价值与发展路径》，《中国教育学刊》2011年第8期。

② 张定强：《中学教师教学决策能力的现状调查及分析》，《课程·教材·教法》2012年第11期。

③ 张朝珍：《教师教学决策论》，人民出版社2011年版，第151页。

（二）教学决策力是教师对教学决策子系统的联结能力

对教师教学决策力的分析可以从时间维和要素维两个维度进行。时间维由课前的教学计划决策、课中的互动性教学决策和课后的教学评价与反思性决策三环节构成。新手教师在这三个阶段的联系上是目标取向的线性模式，而专家教师的课前、课中和课后教学决策的联结是动态、嵌套的循环模式，他们将"决策—实施—反思"的运行过程作为一个相互联系、彼此促进的整体去思考。[①] 要素维指作为复杂系统的教师教学决策包含着教师、学生、目标、内容、方法与效果评价等要素，由此形成了相互关联的教学目标决策系统、教学内容决策系统、教学方法系统和学情决策系统等子系统。教师对这些教学要素和系统关系采取的不同处理方式，决定着整个教学决策过程的运行模式。教师教学决策力是在这些子系统的逻辑联结中形成和发展起来的。作为一种自组织运动，教师教学决策力既表现为教师对各种教学要素的判断与选择，也表现为对教学决策子系统之间联结关系的认知与构建能力，这种认知和构建能力体现了教师对各类教学问题系统之间的事实联系和价值联系的识别和处理水平。

（三）教学决策力是教师与教学情境互动中体现的适应与超越能力

教师对教学环境的适应有着目标适应和过程适应、主动适应与被动适应之分。目标适应是教师对学校教学管理要求和社会期待的满足，教师以知识教学目标为决策基点，选择并实施能够最大限度实现既定目标的决策方案，它反映了外在目的对教师教学决策的控制。过程适应体现了决策对特定生态环境的适应逻辑，教师根据具体教学问题和教育教学的基本规则，实施一种生成中的决策，决策的目的是谋求整个教学活动对学生学习和成长状态的适应与促进。这两种适应模式的区分是相对的，教育实践中的教师教学决策往往是这两种模式的交织，教师在预定教学任务的框架内，实施一定范

---

① D. A. Westerman, "Expert and Novice Teacher Decision Making", *Journal of Teacher Education*, Vol. 4, 1991, pp. 292-305.

围内的教学决策创造和生成。因此教师教学决策力不是单一的认知能力或外在命令执行力的体现，而是在学校组织机构与制度框架内，受特定教师群体文化的影响，与学生的教学互动中不断发展起来的。有效的教师教学决策要立足于学生的基本情况，针对具体学科的课程标准与内容架构，采取适当的教学策略与方法，这些教学要素之间的交织产生的问题既构成教师教学决策的核心内容，也成为对教师教学决策发展的情境约束，教师需要根据教学情境中的诸要素反映出的信息结构，基于不同学生的发展可能性采取针对性的教学决策，这种针对性是对教学情境的主动适应，渐进的主动适应构成超越，不断实现着对学生新的发展可能性的追求。教师在不断地适应并超越所处的教育生态的过程中，也逐渐实现着自我教学决策力的提高。

二　教师教学决策力的形成

教师教学决策力的形成是伴随着教师教学决策的"再生产"和教学决策内在系统结构不断优化，教师临场实践能力不断增强的结果，其本质是教师教学决策的专业化。专业化既指教师教学决策不断趋于专业娴熟境界的过程，也是教师教学决策的一种状态或者属性。本书讨论的是第一种含义。

从决策主体的角度看，教师教学决策力的形成有着共性与个性之分。教师共性的教学决策力是一般意义上对教师教学决策能力的诉求。个性的教学决策力是在共性的教师教学决策力框架内，由于教师在个体能力维度上的发展不均衡性导致教学决策发展的差异，包括教师个体在专业发展过程中逐渐形成的教学决策力差异，也包括处于不同专业发展阶段的教师教学决策能力的阶段性差异。借用决策学的用语，决策能力增强的实质是决策"宽裕区间"的出现和扩大，它是决策者在已有的成功基础上形成的决策宽松状态。[①] 教师教学决策力的形成也是其决策进入宽裕区间，出

---

① 　［美］詹姆斯·G. 马奇：《决策是如何产生的》，王元歌译，机械工业出版社2013 年版，第 23 页。

现教学宽裕状态的体现。这种教学宽裕状态有三种具体形态：第一种是经验宽裕状态，教师教学决策经验不断丰富乃至饱和。第二种是协同宽裕状态，教师在专业共同体中，从周边地带逐渐渗透到中间和核心地带的能力提高过程。第三种是变革宽裕，指教师在学校教育变革场域中有着足够的风险承担意识和能力。

（一）课堂生态中的经验宽裕

教师教学决策力的形成主要是在课堂生态环境中进行的，表现为教师对教学决策子系统中包含的各类教学问题的判断、选择能力的提高。在教师职业生涯的早期，新手教师致力于教学技能的掌握，尚没有形成明显的决策宽裕空间。随着教学决策经验的积累，他们适应教学情境的能力不断增强，逐渐扩大了教学决策的宽裕区间。与新手教师相比，经验更加丰富的熟练教师已经具有了比较娴熟的技能去处理日常教学事务，获得了一定的、被同行认可的教学成绩，走出了早期的生存关注状态。这使得他们有足够的时间、认知和心理图式，尝试改变既定教学问题的约束条件、突破教学决策的惯例，变革教学决策模式。这一阶段教师教学的决策宽裕体现了专业发展的内在潜力，但也因为维持既有的成绩或者技能水平已经足以应对当前的任务，所以容易形成熟练教师在决策宽裕区间停滞不前的职业高原状态。专家教师的决策宽裕则体现为教师能够根据自身的决策风格、决策理念，针对特定班级的学生实际和课堂教学中丰富多彩、变幻莫测的流变状态，对教学基本原理的创造性运用。这种应用超越了单纯的教学方法与技巧的展开，是教师立足于内化了的教学理念、知识，对诸多课程资源、策略方法的创造性开发。

（二）专业共同体中的协同决策宽裕

个体教师教学决策力的形成是在教师群体决策的影响和驱动下实现的，协同发展已经成为当下教师专业发展的重要模式。教师教学决策协同发展组织形式有集体备课、听评课、校本教研、校际互助教研等。协同决策宽裕是教师在互助协同的教学组织和活动中表现出来的专业影响力。教师的决策影响力体现在与群体教师的互动过程中。因为职业能力和学科经验的不足，新手教师在集体备课和教学研讨中往往处于外围参与者的地位，通过专业学习和信息获得从教师群体交流中获得其他教师教学决策的基本思路和借鉴；也通过参与教师群体交流，习得教学决策的学校实践逻辑。熟练教师与其他教师之间的互动重点是对话、分享和问题探讨。他们通过对共同的教学现象和决策困境的认识和解决，以获得对自我教学决策的价值肯定和基本教学技能的全面了解。专家教师的教学决策力核心已经从教学执行力转化为教学批判力与创造力。他们在教师集体教学决策中起着领导者的作用，影响着教师集体活动中其他教师的专业决策，领军型的专家教师甚至引领着整个学校教师团队的专业发展。他们与教师群体决策之间的互动方式是主动和自觉的组织领导与专业引领。

（三）学校组织生态中的变革宽裕

既有的研究表明，有效的教师专业发展有着以下原则：（1）发展目标以个人和组织的变革为重点，对自身所处的实践背景有着相当的敏感性；（2）发展活动以学习和学习者为焦点；（3）发展方式是参与、合作和持续反思的过程。① 教师教学决策力形成的核心是课堂教学的改进，而改进本身不仅仅是教师个体的行为，也是学校组织变革的必然构成。因此，教师是否和如何参与学校组织的教育变革也是衡量教师教学决策力的重要维度。

从教师参与变革的心理条件看，教师实质意义上的教学变革行为只有在其专业发展的宽裕期间内才可能成为现实。决策宽裕具有双重属性。宽裕空间的出现既可以减轻教师参与教学变革的压力，有助于形成体现教师个性的决策偏好风格，做出质量更高的决策；也可以使教师满足既有的业绩，降低教师提高自身教学决策力的自觉性与积极性，导致决策质量下降，也容易出现教师作为学校教育变革者或保守者的角色分化。许多熟练教师囿于既有的宽裕状态，缺乏自我挑战、积极参与教育变革的自觉主动性。那些能够成长为专家教师的熟练教师不仅有着长期教学经历中不断积累与沉淀的教学决策经验，还有着积极参与教育变革的专业信念、勇气和不断更新的知识。随着教师教学决策能力的逐渐提高，充足的专业信心使

---

① 王建军：《课程变革与教师专业发展》，四川教育出版社 2004 年版，第 103 页。

他们愿意尝试各种教学策略，开发各种课程资源，形成教师主导的小范围教学改革，改革获得的初步成功和改革中得以培养起来的教师能力会进一步拓宽教师教学决策的宽裕区间。

三　教师教学决策力的提升

（一）基于"经验理性化"的教师教学决策力发展

理性化是借助于经过严格定义的概念或范畴，对于种种的教学观念、制度、行为以及时间和空间的配置等进行系统的分析、检验、批判与重构，从而最大限度地减少教学认识和实践过程中非理性成分的过程及其结果，使得整个教学活动真正成为一种理性的思考或探险活动。① 根据发展过程可将经验分为两种。一种是随着教学实践积累的感性经验或片段知识；一种是教师对感性经验自觉提炼、反思后形成的理性认识。前者属于教学经验量的积累阶段，后者属于教学经验质的飞跃阶段，这种飞跃即经验理性化的过程。教师在积累了一定量的教学经验后，如果既没有自觉主动地对零散累积或所借鉴的经验加以分析和概括，也没有对经验应用的情境、个体教学风格、课程内容等条件因素进行充分的了解和判断，就会因循教学惯例与规则进行决策，导致教学决策的经验宽裕空间不断僵化和萎缩。教师只有根据教育教学的基本理念和原理，对多样化、零散的教学经验不断地加以总结和反思，进行理性的剖析和评判，在超越教学情境的决策实践中质疑和重构教学经验系统，才能不断提高其教学决策力。

（二）基于差异互补的教师教学决策力协同发展

教师的专业发展是一个不断学习的过程。教师教学决策力发展既体现了个体层面的整合性学习和反思性学习，群体层面的超越性学习也不可缺少。整合性和反思性学习是教师对自身和他人教学经验的理解和融会贯通，超越性学习是教师之间既合作又竞争的专业互促。不同专业层次、不同个性教师之间的教学决策差异是一个客观存在。如新手教师因为教学经验的缺乏，他们更需要具备设计学

---

① 石中英：《理性的教化与教学的理性化》，《高教探索》2004 年第 4 期。

习活动、维持课堂纪律、与学生和家长交流等方面的能力；熟练教师已经掌握了娴熟的教学技巧，他们更关注学困生转化、管理班级、教学水平提升等能力；专家教师则愿意进一步提高自己的教育教学研究能力、决策反思能力和经验提炼能力等。针对当前教师专业发展中存在的"整齐划一"的同质化倾向，互助协同的教师教学决策力提高应该尊重教师专业阶段的不同发展需求，在差异互补、关系互惠的基础上谋求教师教学决策力的协同发展。

（三）基于变革回报递增的教师教学决策力发展

回报递增是以正反馈为基础的学校教育变革，只有持续正反馈的变革回报才能激发教师不断提高自身的教学决策能力。教师宽裕决策的选择受到学校组织和教师个体对教育变革的风险理念和承担意愿的影响。学校作为教师变革的客观环境对风险成本的接受程度与教师的变革投入直接相关，甚至直接决定着教师的变革投入。教师对教学变革的性质、价值和意义的理解不同，决定了教师个体对教学变革的成本诠释和投入积极性的差异。学校变革理念、环境与教师在长期的教学经历中不断积累和沉淀的教育视野、信念、知识和变革勇气共同成为教师决策力提升的基本条件。有远见的学校领导者能以专业的眼光与判断力，支持教师开展有教育意义的变革性决策并在变革的早期提供精神、理念和资源的支持。这种变革性决策的成功会带动其他人的变革积极性，形成教学变革的连片效应和有活力的学校教师文化。这种文化其实是一种组织承担变革风险的信号释放，它能够容忍和消化小部分的变革失败，消除教师实施变革的疑虑。

总之，教学决策力的发展是教师在现有的专业起点基础上的提高，处于不同专业阶段的教师，其教学决策的宽裕状态和发展机制有着各自的特殊性。无论是职前还是职后的教师教育，都需要基于这些特殊性，促进教师群体有差异性地发展。

第四章

差异与联系的交织：教师教学
决策运行的复杂性本质

第一节　作为复杂系统的教师教学决策发展

理论上讲，大多数教师的职业生涯都会经历一个从新手教师到熟练教师，从熟练教师再到专家教师的专业发展过程，但实践中很多新手教师发展到熟练教师阶段，特别是进入职业高原期后，其发展过程可能会有反复、跳跃或停滞。教师专业发展是确定性和不确定性的统一。教师教学决策的复杂性也决定了其发展不会是简单线性的过程，认识这些复杂性现象需要运用复杂性范式的思维和视角去分析。

一　复杂性与复杂系统演变理论

（一）复杂性的内涵

复杂性问题不仅仅是科学领域的问题，也是人类社会、日常生活中的问题。把复杂性作为独立的研究对象明确地加以研究，一般认为始于 20 世纪 80 年代。由于研究角度与研究方法的多样化，当前人们对于复杂性问题的解释依然是众说纷纭，缺乏一个公认的、明确的定义。

从词源学的角度来看，complex 来源于拉丁语词 complexus，complexus 又从拉丁语词 complecti 转化而来，它的意思是拥抱、怀抱、围绕、编织。《现代汉语词典》的解释是：（1）事物的种类、头绪等多而杂乱；问题复杂。（2）在系统论中将"复杂"一词解释为事物的种类、头绪的多而杂。《辞海》将"复杂"解释为事物或系统的多因素性、多层次性、多变性以及相互作用所形成的整体行为和演变。一般认为，非线性、不确定性、不稳定性等是复杂性的根源。① 这些都反映了人们对复杂一词的本体性诠释。

　　基于对"复杂"的解释，人们又提出了若干"复杂性"的定义。美国的约翰·霍根（John Hloyd）在其《科学的终结》一书中展示了麻省理工学院的物理学家塞思·劳埃德（Seth Lloyd）通过电子邮件向他提供的一份有关复杂性的定义的清单，大约有 45 种之多：信息；嫡；算法复杂性；算法信息含量；费希尔信息；雷尼熵；自描述代码长度；矫错代码长度；切尔诺夫信息；最小描述长度；参量数或自由度或维数；兰帕尔-齐夫复杂性；共有消息或通道容量；演算交互信息；相关性；储存信息；条件信息；条件演算信息含量；测度熵；分维数；自相似；随机复杂性；混合；拓扑机器容量；有效或理想的复杂性；分层复杂性；树形多样性；同源复杂性；时间计算复杂性；空间计算复杂性；基于信息的复杂性；逻辑深度；热力学深度；规则复杂性；库布贝克-莱布信息；区别性；费希尔距离；分辨率；信息距离；演算信息距离；汉明距离；长幅序；自组织；复杂适应系统；混沌边缘。② 美国匹兹堡大学教授、哲学家雷舍尔则从哲学的角度对复杂性的认识论和本体论模式进行了分类（见表4—1）。③

表 4—1　　　　　　　　　　　　**复杂性分类**

认识论模型	计算复杂性（Formulaic Complexity）	描述复杂性
		生成复杂性
	计算复杂性（Computational Complexity）	

---

　　① 辞海编辑委员会：《辞海》，上海辞书出版社 1999 年版，第 578 页。
　　② ［美］约翰·霍根：《科学的终结》，远方出版社 1997 年版，第 329 页。
　　③ ［美］尼古拉斯·雷舍尔：《复杂性——一种哲学概观》，吴彤译，上海世纪出版集团 2007 年版，第 17—18 页。

续表

本体论模型	组分复杂性	构成复杂性
		类别复杂性
	结构复杂性	组织复杂性
		层级复杂性
	功能复杂性	操作复杂性
		规则复杂性

　　国内学者也从不同的角度对复杂性进行了解释。如清华大学的吴彤教授以系统的自组织理论为基础提出了客观复杂性的概念，客观复杂性包括三个方面：结构复杂性、边界复杂性、运动复杂性。其中结构复杂性又分为分形结构复杂性和非稳定结构复杂性。运动复杂性也可分为分岔运动意义的复杂性、突变运动复杂性、混沌运动意义的复杂性。[1] 钱学森从系统理论的角度分析了复杂性问题，指出所谓的复杂性实际上是开放的复杂性巨系统的动力学，复杂性是开放的复杂巨系统的特征，对开放复杂巨系统不能用还原论的方法，还原论方法只在简单巨系统中有效。[2] 颜泽贤等人从系统演变的角度，从三个方面对复杂性进行了定义：（1）复杂性是客观事物的一致属性。（2）复杂性是客观事物层次之间的一种跨越。（3）复杂性是客观事物跨越层次的、不能够用传统的科学学科理论直接还原的相互关系。[3] 总之，无论从分类学还是词源学的角度看，在这些不甚相同的解释中又存在着高度交叉，逐渐形成了人们对复杂性本质属性的概括，如作为复杂系统一般具有非线性、不确定性、整体性与动态生成性、不可逆性、自组织与开放性等特征。综合以上认识，本书认为，对于复杂性既要从静态的角度去分析，也要从动态的角度去解释。复杂性是若干具有自组织功能的系统结构之间的多维、多层次互动，在这些系统结构内部又存在着若干有着内在关

---

① 吴彤：《科学哲学视野中的客观复杂性》，《系统辩证法学报》2001 年第 4 期。
② 钱学森：《创建系统学》，山西科学技术出版社 2001 年版，第 456—541 页。
③ 颜泽贤、陈忠、胡皓：《复杂系统演化理论》，人民出版社 1993 年版，第 50 页。

联、不断相互作用的要素。这些开放的系统结构在与环境之间不断进行的物质和能量交换中，不断实现着复杂系统的层级、结构和功能等各方面的丰富和演变。

（二）复杂系统演变理论

尽管复杂性科学这个范畴是在 20 世纪 80 年代才被提出的，但是关于复杂性的研究早在 20 世纪 20 年代就开始了。复杂性科学的发展大致可分为三个阶段。第一阶段从 20 世纪 40 年代贝塔朗菲创立一般系统论开始。此期间的主要成就包括一般系统论、信息论、控制论、运筹学和系统工程。第二阶段是 20 世纪 60 至 70 年代，是复杂性研究与系统理论研究深化交织的阶段，因此也可将之归为系统科学发展的第二阶段。在此期间产生的主要复杂性科学理论有耗散结构理论、协同学理论、超循环理论、突变理论、混沌理论、分形理论等。这些理论都是对自组织现象的不同方面进行的研究。到了 20 世纪 80 年代，系统复杂性研究开始由最初的分学科并行发展向交叉综合研究转换。研究范围在原有的物理、生物等自然科学领域对客观复杂性进行研究的同时，开始转向社会科学领域对人的认识等主观复杂性的探索，在研究方法上借鉴系统思维来分析复杂性的表现形式和演变根源。这些都促进了复杂性研究的聚焦，也使复杂性科学研究成为系统科学发展的延伸，标志着系统科学发展的新阶段。

现有复杂性研究的核心成果既包括系统科学发展到第二阶段的耗散结构理论、协同学理论、超循环理论、突变理论、混沌理论等，也包括后续发展出现的涌现生成理论、复杂适应系统理论、人工生命理论、复杂网络理论等。由于教师教学决策及其演变的特殊性，本书选取了部分复杂性理论加以说明，以为后续对教师教学决策演变的分析提供理论基础。这些理论主要是埃德加·莫兰的复杂性思维理论、普利高津与哈肯的耗散结构和协同学理论、霍兰的复杂系统适应理论。

1. 莫兰的复杂性思维范式

当代法国哲学家、社会学家埃德加·莫兰从哲学、社会学角度对复杂性进行了研究。他的突出贡献在于提出了复杂性思维和复杂性方法的研究范式。他在 1973 年发表的《迷失的范式：人性研究》一书中首先提出了"复杂性范式"的概念。莫兰复杂性思想的核心是自然界没有简单的事物，只有被简化了的事物。他首先批判了经典科学方法论片面看问题的两个极端，一是化简，即把复杂事物还原为简单的事物；二是割裂，即对认识对象的不同层次或者方面的性质截然分割来处理。复杂对象的本质不能用单一片面的概念或观念来概括，为此他提出"宏大概念"作为认识复杂事物的方法。"宏大概念是由多个不同的基本观念或原理组成的概念网络，其中每一个基本观念或原理揭示对象的一重本质，而这些不同的观念或原理在说明对象的具体本质中相互补充。"① 其次，莫兰针对经典科学把有序性作为绝对的解释原则，否定了无序性的重要意义这一不足，指出有序性和无序性占有同样重要的本体论地位，二者共同构成了事物存在的本质因素。事物发展的有序性和无序性在一定条件下可以相互作用，共同促进系统复杂性的增长。总之，传统的科学方法是以简单的看不见的概念来解释复杂的可见的东西，因此要采用复杂思维在被分割的事物之间重建联系。

2. 普里高津的耗散结构理论与哈肯的协同学理论

比利时物理学家普利高津在 1969 年提出了耗散结构理论。这一理论认为，有序结构的形成和维持需要耗散能量和物质。当一个远离平衡态的非线性开放系统通过"涨落"与周围环境实现物质和能量交换，导致系统的某一参量积累变化到一定的域值时，系统就会因为这种涨落，从原来的混沌无序状态转变为一种在时间上、空间上或功能上的有序状态，即系统可能发生突变即非平衡相变。这种在远离平衡的非线性区形成的宏观有序结构，称之为"耗散结构"（dissipative structure）。开放性是耗散结构存在的必要条件，非线性是耗散结构作为自组织演变的根本原因。

如果说"耗散结构理论是解决自组织出现的条件环境问题，协同学基本上是解决了自组织的动力问题"②。针对耗散结构理论没有

---

① ［法］埃德加·莫兰：《复杂性思想导论》，陈一壮译，华东师范大学出版社 2008 年版，第 4 页。

② 吴彤：《自组织方法论研究》，清华大学出版社 2001 年版，第 20 页。

解决的系统微观演变问题，德国学者哈肯提出了协同学理论。其核心是系统各要素间通过非线性相互作用而产生某种协同与竞争，从而推动系统的不断演进。协同学有三个基本原理，即不稳定原理、序参量原理和役使原理。不稳定性是指不断运行的非线性系统导致系统内各要素和各子系统之间的发展不平衡，这种不平衡势必导致各子系统间和各要素之间的竞争。竞争促使系统远离平衡态，但竞争中又不断出现协作，促进系统从无序到有序的转换，形成协同系统。协同系统的状态可由一组变量来描述。一类变量随时间变化演变得很慢，达到新的稳定状态的时间较长，称之为慢变量；另一类变量随时间变化演变得很快，称之为快变量。当系统逐渐接近质变的临界点时，慢变量的数目就会越来越少，这些为数不多的慢变量最终将支配多数快变量，役使子系统的协同发展，继而确定系统的演变方向并表征系统的有序化程度，故称之为序参量。

3. 霍兰的复杂系统适应理论

20世纪80年代，在美国成立了专门从事复杂性科学研究的机构——圣菲研究所，对复杂性理论开展跨国界、跨学科、跨文化的综合研究，标志着复杂性研究进入了新阶段。其重要成员霍兰的涌现生成理论、复杂适应系统理论影响深远。

霍兰是美国密歇根大学人工智能和心理学教授，他于1994年通过《隐秩序——适应性造就复杂性》、《涌现》等书籍正式提出了复杂适应系统。这一理论侧重研究复杂系统的适应性。在行为主义心理学的刺激—反应基础上，提出了学习和适应的概念，即主体能够与环境以及其他主体之间进行主动的、持续的交互作用，随着经验的不断积累，主体会不断将经验转化为内部模型，改变自身的结构和行为规则，以一种适当的方式把未来的事物与目前的行为联系起来，去适应外部环境的各种变化。在此基础上分化、聚合、涌现和生成新的、更大的适应性主体，主体与环境之间的相互作用是系统演变的主要动力。

综上所述，莫兰的复杂性思维范式主要是从思维方式和研究方法的角度，说明用复杂性思维方式和方法了解复杂事物的重要性，复杂事物演化的方向表现为有序性与无序性的统一。普里高津的耗散结构理论和霍兰的复杂系统适应理论则从不同的角度揭示了复杂系统的生成机制。耗散结构理论将复杂系统的演变机制描述为，远离平衡态的非线性开放系统通过与周围环境之间不断的物质和能量交换，使系统内部的无序状态逐渐转化为有序状态，形成相对静止的耗散结构。霍兰的复杂系统适应理论是从行为主体与周围环境之间的相互作用这一角度进行描述的。在与周围环境的互动过程中，作为自组织结构的主体经验不断积累，内部行为规则得以重新建构，从而生成更高层次的适应性主体。哈肯的协同学理论揭示了复杂系统从无序状态逐渐转化为有序状态的根本原因。系统内部要素的竞争与协同之间的对立统一关系是系统不断变化发展的动力，在二者的矛盾运动中序参量不断生成与发展，最终确定了系统演变的方向和有序化程度。

二 教师教学决策发展方向的多种可能性

从系统科学的视域看，万事万物皆以演化的方式存在，并且一直在演化之中。演化是一事物从一种多样性统一形式转变为另一种多样性统一形式的具体过程。[①] 从教师教学决策的要素构成、整体运行和发展看，它无疑是一个凸显主体能动性的复杂适应系统，处于不断的演变之中。"开放系统的演化是多方向的，具体朝哪个方向则取决于开放的性质、程度、时机，以及系统内部和外部的各种具体条件。"[②] 由于教学决策本身的复杂性和教师专业发展的个性化特征，教师教学决策的发展必然呈现为一种动态开放态势，具有多种可能性。在教育实践中我们可以发现，许多教师的专业发展过程存在着跃进式发展或者停滞和中断发展的特殊现象，前者存在于部分优秀新手教师的飞速增长期，他们很可能会跳过职业发展的某一个甚至几个阶段。"少数教师入职不久就取得了令人惊异的教学业绩，他们用远比同行要少得多的时间就达到了许多教师需要花费 5年、10 年甚至更长时间才能达到的水平，在职业生涯的初期就成为

---

① 颜泽贤、陈忠、胡皓：《复杂系统演化理论》，人民出版社 1993 年版，第 66 页。
② 同上书，第 92 页。

出类拔萃的优秀教师。"[1] 后者存在于部分熟练教师的职业倦怠和职业高原期，他们长期徘徊在这一发展阶段，并随着年龄的增长逐渐进入职业衰退期。这些凸显教师专业发展复杂性的现象更多地反映了教师个性化专业发展方向和路径的差异，需要针对这些教师专业发展的特殊性进行个案的、追踪研究。除此之外，宏观意义上教师群体的专业发展还存在着发展的顺序性或阶段性，在这些顺序性发展过程中也蕴含着演化的复杂性。

教师教学决策是由教学目标决策、教学内容决策、教学方法与课堂管理决策和学情决策四个子系统构成的共时态结构；教师对占主导地位的决策子系统的判断与选择、对不同子系统进行的组合、联动式应用，则构成了教师教学决策的历时态结构转变。

（一）教学决策系统中新增要素的出现：共时态结构的变化

教师教学决策系统中的新增要素出现在教学计划决策、师生互动性教学决策和教学评价与反思性决策的全过程中。既有的研究表明，对于教学计划决策，新手教师的决策重心往往是短期的教学目标和以课时为单位的教学决策，随着教师专业经验的积累，熟练教师更倾向于制定长期的教学目标和以课程单元或主题为核心设计教学。新手教师在教学计划决策时需要依赖外在资源如课程大纲、教材、教师指导用书和其他教师的教学设计；教学经验丰富的熟练教师虽然也注重课程标准和教材内容对教学设计的要求，但并不会完全依据既有的教学方案。他们能够结合课堂教学情境中的学情变化，对预设的教学设计进行调整乃至创生；专家教师在备课时会考虑不同学生的学习基础、学习能力和学习表现，兼顾每个学生的能力和困难，并设计相应的教学策略。[2] 在师生互动性教学决策环节，教师处理各种迅速发生或偶尔涌现的教学事件的决策理念与决策方式，体现了他们专业发展水平的高低，这一差异表现为教师教学决策系统中新增要素的出现。新手教师普遍缺乏处理生成性事件的临

---

① 沈玉顺：《促进中小学教师高水平快速专业发展：策略与途径》，《教育发展研究》2011 年第 15—16 期。

② 徐碧美：《追求卓越——教师专业发展案例研究》，陈静、李忠如译，人民教育出版社 2003 年版，第 24 页。

场经验，他们往往采取简化或者回避此类事件的决策。熟练教师对复杂课堂事件的决策更多地局限于学生的外显行为特征，表现为对学生外显行为的规约和控制，难以从深层意义上挖掘课堂事件的教育意义。专家教师能够从复杂的课堂事件中辨认出有意义的学生行为特征，合理诠释这些教学事件并做出及时的评价和处理。在教学内容的处理上，他们拥有更多的学科知识和学科教学知识，更能揭示出知识之间的内在联系，能够根据学生的需要多样化地呈现知识体系。在教学评价与反思性决策环节中，专家教师能够准确地回忆与学生和教学内容有关的教学事件，对自身教学决策的反思既包括对教学方法的审视、课程内容的理解，也包括对自我教学理念的重新审视，他们对教学问题的反思有着更复杂的"实践性图式"。这些差异都说明了随着教师专业水平的提高，其教学决策要素的变化。

（二）教学决策子系统之间的多元联系：历时态的结构转变

不同专业水平的教师在教学计划决策、师生互动性教学决策和教学评价与反思性决策三阶段之间的互动模式不同。他们或者遵循"教学计划决策—计划方案实施—教学决策反思"的线性模式（见图4—1）；或者是超越这一线性过程的循环模式。其中循环模式有着"教学计划决策—生成性教学决策—教学评价与反思性决策"的外循环模式（见图4—2）和三阶段中的每一阶段本身的内循环模式（见图4—3）之分。

图 4—1　教师教学决策的线性模式

教师教学决策线性模式的主要特点是教学计划中心。教师重视课前的教学计划决策和教学计划在课堂教学过程中的实施情况，课后的教学评价与反思性决策的重点是教师的教学行为表现和预定教学目标的完成情况，教学决策反思限于技术性、工具性层面，教师教学决策因缺乏批判性反思带来的实践经验整合与提炼、教育理念的不断更新，难以实现教师教学决策的螺旋式发展。

　　教师教学决策的外循环模式是教学决策三阶段之间的外部互动模式。教师的课前、课中和课后的教学决策是动态和相互联结的，教师在备课时形成的教学思路会指导后续的师生互动性活动，教师能根据课堂教学过程中的学情变化，及时调整教学预设，课后教师会对学生的学习情况、效果和自我的教学决策进行反思，反思的结果用于指导下一步的教学计划决策，以优化教师后续的教学决策，这使得教师教学决策成为一个不断演化的动态循环。

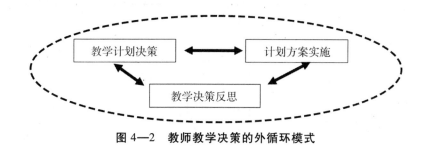

图 4—2　教师教学决策的外循环模式

　　教师教学决策的内循环模式是在教师教学决策外循环模式的基础上，单一教学决策阶段如教学计划决策本身的循环。由于这一循环模式是建立在教师对自我教学决策的细化和深层反思基础上的，所以它主要存在于专家教师的教学决策中，表现为对教学计划决策和互动性决策决策的分类聚焦思考和不断循环、对教学评价与反思决策的再反思。具体地讲，内循环模式专门针对教师教学决策三阶段之中的某一个阶段，以该阶段存在的教学问题为核心，遵循"问题发现与归因—问题解决方案—方案实施与评估"的决策步骤（如图4—3）。

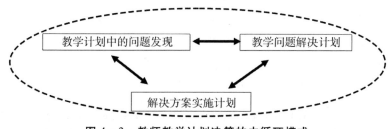

图 4—3　教师教学计划决策的内循环模式

　　美国学者英格（Yinger，1979）曾对一位小学专家教师教学计划决策这一内循环过程进行了研究，发现专家教师教学计划决策的核心是一个不断循环的问题解决模式。这一问题解决模式由三阶段的计划构成，即问题的发现计划（发现循环）、问题的形成和解决计划（设计循环）和问题实施计划（实施循环）。① 谢弗尔森等人的研究发现，教师互动性教学决策的内循环也是遵循问题解决的决策模式（如图4—4）。②

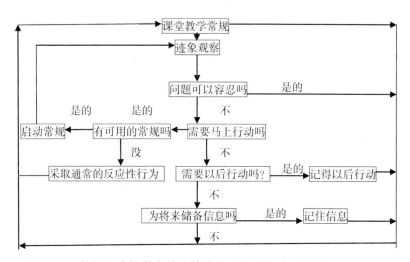

图4—4　教师互动教学中的决策模式（谢弗尔森、斯特恩，1981）

　　在这一循环模式中，问题发现与判断是整个教学决策循环的核心，教学常规则是教师教学决策的基本依据，这些决策常规是教师既往教学决策经验不断积累的结果。当教师发现某个课堂问题可以容忍时，教师做出不作为的决策，整个教学活动会继续进行；当教师发现问题超过了课堂教学秩序的容忍域限时，则会针对问题及时进行解决。解决措施首先考虑可用的教学常规。当发现教学常规无

① R. Yinger, "Routines in Teacher Planning", *Theory into Practice*, Vol. 3, 1979, pp. 163-169.

② C. M. Clark and P. L. Peterson, "Teacher's Thought Processes", In M. Wittrock (Ed.) *Third Handbook Research on Teaching*, New York：Macmillan, 1986, pp. 255-296.

法解决当下的问题时，教师会根据自己的教学原则和对教学情境的理解与判断，做出即时性的临场决策。这些临场的教学决策会成为教师后续处理类似教学问题的参考，并逐渐形成新的教学常规。这一决策循环过程充分体现了教师教学决策的复杂性。

从教师教学决策的子系统看，教师在专业发展的不同阶段，对教学目标系统、教学内容系统、教学方法与课堂管理系统和学情系统的决策并不是平均用力的。根据美国学者富勒等人的教师关注阶段理论，处于生存关注阶段的新手教师最关注教学目标的实现、班级秩序的控制、教学内容的熟练程度以及他人的评价等生存问题，这些问题也构成了对他们最大的职业挑战。随着教学经验的不断丰富，教师逐渐成长为熟练教师，其教学决策的重心由对学生秩序的教学管理决策开始转向对教学策略与方法的决策；由对教学预设顺利完成的关注转向对教学情境的关注。当教师进入关注学生阶段，教师教学决策的重心开始由自己的教转向学生的学，他们更关注学生的学习、人际和情感需要，能够针对学生的个性化需求实施差异性教学。这一阶段的教师已经成长为专家教授，他们开始具有了课程决策意识，不仅注重对教学活动的事实判断，更注重对教学设计与实施过程的价值判断。

三　教师教学决策发展路径的非线性

复杂系统具有非线性特征，这也是混沌理论的主要观点。非线性是自然和人文社会发展的常态，相对于线性，"非线性"指事物的发展过程缺乏规则性，与事物发展密切相关的各类要素相互交织与作用，形成错综复杂的混沌状态。传统的生涯发展理论秉持科学的还原论方法，将人类生涯发展当作静态的结构，并将其还原为几个有限的关键因素，而忽略了人类生涯发展的整体性和动态性。[①]20世纪末生涯心理学家提出的生涯混沌理论，为我们分析影响教师教学决策发展的各种复杂关系、意外事件提供了新的理论视角。生

---

① 姜飞月：《生涯混沌理论：心理学理论的新视角》，《南京师大学报》（社会科学版）2007年第4期。

涯混沌理论认为，生涯发展是一个动态开放的复杂系统，是非线性、跳跃性的，混合着意外事件和个体经验。

复杂事物的空间结构是一种"分形状态"①，即复杂事物的部分与整体具有相似的"形"，分形的实质是自相似性和嵌套性。教师教学决策发展也是教师职业生涯发展的"分形"，与整个教师专业发展系统有着相似性，同样呈现非线性的特征。随着基础教育改革的不断深入，整个教师职业生涯发展的时空内充满着变化和不确定性，如对教师改变传统课堂教学模式的要求、对教师增强课程决策意识与课程开发能力的新要求、城乡教师之间的流动带来的工作与生活环境的变化等，都使得教师职业生涯发展的影响因素更加多样化，发展路径更加难以确定和准确预测。教师教学决策发展的多种可能性体现了在当前对教师职业提出种种外部期望、应然要求的社会大背景下，教师个体谋求发展的层次性和个性化。教师群体教学决策的发展体现着一种目标指向与周期性演化，教师个体的教学决策发展则呈现一种非线性的多样性，这种周期性和多样性之间的矛盾运动在根本上推动和形塑着教师教学决策的现实运行。

（一）教师教学决策发展起点确定的复杂性

受教师专业发展基本规律的制约，教师教学决策发展也是整体不可逆和部分发展阶段可逆性的统一。整体不可逆指教师专业发展是伴随着教师的生命周期和职业生涯，从新手教师逐渐发展为有经验的熟练教师、专家教师，从入职期到职业成熟期，最终退出职业生涯的基本发展过程。部分发展阶段可逆性是指，当教师专业发展的情境发生变化如大范围、根本性的教育变革，会导致部分教师在特定发展时期出现专业退化现象。当这些教育变革挑战教师传统的教学决策模式时，有的教师会确认并渴望变革，积极地在教育变革中提高自己的专业知识和技能；而有的教师面对教育变革会产生退

---

① 分形（Fractal）是指系统的组成部分在某些发展过程中、某一方面（形态、结构、信息、功能、时间、能量等）可以表现出与系统整体的相似性，事物空间维数的变化既可以是离散的也可以是连续的。分形概念由美籍数学家曼德布罗特（B. B. Mandelbort）首先提出，作为一种新的人们认识世界的方法论，分形理论为人们从部分中认知整体提供了可能的根据。

缩和不自信，进入专业发展的困惑期和消退期（见案例4—1）。

案例4—1：面对新课改，中老年教师该何去何从①

近些年，课改的浪潮不断奔涌而来，如同阵阵春风，为沉寂的教育带来新的生机。然而，中老年教师在课改潮流中却感到茫然而不知所措。过去那种按照大纲教师教、学生学，将传道、授业、解惑视之为教师天职的日子似乎远去。现在的课堂要求的学生讨论、教师指导，新的教材、新的教法令中老年教师无所适从……一夜之间，他们变得仿佛不会教书了。

新课改的实施的确"为难"了一些中老年教师。"不会做教师"的危机正向他们涌来。笔者在湖北省恩施州中营民族学校与一些中老年教师进行了交流，从教26年的熊教师无奈地告诉笔者："新课程涉及的理念、教法、要求，对我们中年教师来说是一个很难迈过去的坎。使用了几十年的老方法现在居然不灵了，觉得不会教书了。"该校从教35年的王教师有着同样的感受："新的课程标准下，课堂形式新，以学生为主体，然而我们老教师却还是按照过去的办法，按部就班围绕考试而教，其结果是学生不买账。"

在我国第八次基础教育课程改革中，除了要求教师们对中小学原有的学科类课程进行课堂内外有深度的教学变革外，还提出了校本课程和综合实践活动课程等全新的课程形态。部分中老年教师积累的传统教学经验已经无法应对这些课程的开展。面对校本课程开发和综合实践活动课程这一校本化实施的国家必修课程，无论新教师还是老教师，都缺乏相应的实践经验。在这类课程与教学的专业领域，不同教师教学决策的发展都处在了同一起跑线上，这就使得不同专业阶段教师的发展层级之间，其边界并非清晰、明确，容易区分，往往呈现着不同发展阶段的交叉、重叠乃至反复的特征。

---

① 王国强：《面对新课改，中老年教师该何去何从》，《中国教育报》2009年9月3日第4版。

（二）教师教学决策发展速度的差异性

发展速度作为一个时间概念发生于特定的空间范围内。教师教学决策发展速度的差异主要表现在不同教育情境中教师群体的发展差异和同一教育情境中教师个体发展速度的不同。

1. 不同教育情境中教师群体教学决策发展速度的差异

不同教育情境既指不同学校类型如农村学校和城市的中小学校、不同学段的学校类型如小学、初中和高中，也包括处于不同地域如东西部的同一学校类型。在这些不同教育情境中，教师群体的教学决策发展速度有着明显的差异。农村教师与城市教师的工作环境差异对他们的专业发展有着现实的影响。一般而言，城市教师比农村教师能够获得更多的发展机会、质量更好的成长平台，成为优秀教师的可能性也远远超过农村教师。如在我国农村中小学师资队伍中，特级教师特别缺乏，全国农村中小学特级教师有 5200 多人，占整个农村中小学教师总人数的 0.6‰，平均每个县不到两名特级教师。[①] 既有调查显示，农村地区教师普遍反映自己的工作压力大，工学矛盾突出，一些学校的编制紧缺或学科教师结构不合理，导致部分教师工作量大，致使教师几乎没有时间和精力去考虑自己该向什么方向发展和怎样发展。农村地区教师专业化发展的过程中经常出现缺乏专业引领，甚至是无人指导的局面。教师专业发展所需要的信息技术条件和信息化教学资源与学习资源严重不足和分布不均。[②]

处于不同地域的同一类型学校如城市中小学，因为各自的学校传统和办学水平和承担的学科差异，也会形成具有多样性与多层性的学校和教师文化，影响到教师群体的教学决策发展。这些学校文化要素包括学校的物质文化、制度文化、精神文化。学校物质文化中的校园环境和各种文化设施，构成了教师专业发展的基础性、条件性物质资源；学校的制度文化制约下形成的教师文化既具有显性、规范的意识形态和行为规则，又有隐性、无意识的教育观念、

---

① 新京报：《农村义务教育应该免费》（http://www.people.com.cn/GB/jiaoyu/1053/2943048.html）。

② 张敏霞等：《北京农村教师专业发展模式及存在问题的调查》，《教师教育研究》2007 年第 1 期。

情感和惯习。那些包含着并能够被组织成员共同认可的价值观念和发展愿景的学校制度文化，对每位教师的专业发展形成激励性的引领作用；学校精神文化中的群体职业价值观和教师文化意识，直接影响到教师是否具备积极的职业态度、自主和自觉的教师专业发展规划等教师教学决策的发展要素。

学校文化中的教师文化与教师的教学决策发展直接相关。"教师的决策直接受制于他们的心智结构，包括由假设、信念、价值观、情绪等组成的'意义网络'，实际上，这也是教师文化的核心所在。"① 教师文化是学校文化结构中的主要亚文化，不同学校环境中塑造、发展起来的教师文化，直接影响到教师对自我专业发展的价值判断和行为选择，影响到教师教学决策水平的提高。不同类型的教师文化成为影响不同教师群体教学决策发展的复杂性因素。根据美国学者哈格里夫斯的观点，教师文化有四种，即个人主义教师文化、分化的教师文化、人为合作的教师文化和自然合作的教师文化。前三种是在中小学中普遍存在的文化，也成为制约教师专业发展的文化因素。教师之间基于专业发展的需求形成的互助互促、对话与互动的教师合作文化，体现了教师之间真正意义上的合作，对于教师专业发展则起着明显的促进作用。

2. 同一教育情境中教师个体教学决策发展速度的差异

同一教育情境是指在教师专业发展的场域相同或者外部影响因素不变的情况下，教师个体因素对其教学决策发展的影响。研究证明，在同样的教育环境下，个人因素对优秀教师的成长有着多方面的影响，这些影响因素体现了一个教师从新手教师逐渐成长为优秀教师的复杂发展过程。这些影响因素主要包括：（1）性别对优秀教师的成长有一定的影响，男教师成为优秀教师的概率比女教师大。（2）教龄对优秀教师的成长具有一定的影响，10年以上教龄的教师比刚入职的新教师的成功概率大。（3）教育信念对优秀教师的成长存在影响，拥有正确的教育信念将会获得更多的职业成功机会。（4）教师自身的学习对优秀教师的成长存在影响，善于自我学习和

① 谢翌、张释元：《教师文化论》，中国社会科学出版社2012年版，第10页。

向他人学习的教师可以获得更多的职业成功机会。（5）写教育随笔、不断反思对优秀教师的成长存在影响，经常反思、写教育随笔的教师可以获得更多的成功机会。① 对部分特级教师专业发展现状的调查表明，学段因素对优秀教师成长存在影响，小学教师比中学教师获得了更多的职业成功机会；学科因素对优秀教师成长存在影响，语文、数学等主要学科教师比弱势、边缘学科教师获得了更多的职业成功机会。② 这说明即使处于同一教育情境下，教师教学决策发展依然是复杂交织的方方面面因素共同起作用的过程和结果。

（三）教师教学决策发展结果的不断分化

教师具备高水平的教学决策力不是一蹴而就的事情，而是一个动态变化、不断积累的过程。从教师职业生涯的整体看，教师教学决策发展呈现为"临界与分岔—反馈与自稳定—再分岔与新系统形成"的基本路径。临界是教师教学决策发展的量变过程，在临界的范围内，教师专业发展阶段的性质保持不变。分岔后教师教学决策发展的不同方向和类型表明了教师专业发展的复杂性。随着分岔状态的结束，教师又进入了一种相对的自我稳定状态。这种稳定的相对性缘于教师的教学决策无时无刻不处于特定的、提供各类反馈信息的变化情境中。在这一环节会有个别教师专业发展的突变现象，如部分新手教师迅速成长为优秀教师。"初任教师专业发展就是在学校文化价值观期待中逐步了解和认识自己的专业地位和身份，习得与该地位和身份有关的思维方式和行为方式，并表现出来的过程。"③ 随着新手教师教学决策经验的不断积累和所在学校文化价值观的逐渐内化，其实践性教学知识和水平逐渐得以丰富和提高。当这种教学决策取向和水平的提高足以保证新手教师适应学校教育文化和常规课堂教学与管理要求、部分新手教师甚至开始进行教学活

① 王嘉毅、魏士军：《影响中小学优秀教师成长的因素分析——以 30 位优秀教师的成长经历为样本》，《当代教师教育》2008 年第 9 期。

② 胡定荣：《影响优秀教师成长的因素——对特级教师人生经历的样本分析》，《教师教育研究》2006 年第 4 期。

③ 王忠玲、阮成武：《学校文化激励与初任教师专业发展——初任教师"存活"的三个维度》，《中国教育学刊》2007 年第 11 期。

动的创新性探索时，他们的教学决策发展开始进入第一次分化阶段。这一分化的结果是外部驱动和自我更新的共同作用。新任教师开始成为有经验的教师，他们从最初入职的困惑和非确定的生存状态，进入了一种与教育情境相互融洽和适应的、新的专业稳定态，即通过专业"类聚"成为熟练教师，教师教学决策力的发展边界也暂时关闭。随着职业生涯的逐渐过渡，大部分教师开始进入职业发展的高原期，甚至出现职业倦怠。此时教师的教学决策发展进入了第二次分化阶段。这一阶段的分化表现为熟练教师或者积极努力突破既有专业边界进一步提高自己的专业水平；或者囿于既有的教学惯习和生存结构，失去了专业发展的动力。前者主要通过参与各种教育教学变革，在各种外部支持和发展资源的获得和内部教师群体的合作中，通过不断的教学反思和再评价实现自我专业更新，逐渐成长为引领学科专业发展的专家型教师；后者则表现为教师在职业高原期徘徊不前的"自稳定"状态，随着时间流逝逐渐进入职业衰退期。

休伯曼等人提出的教师职业周期发展模式也反映了教师教学决策发展不断分化的特点。当教师工作至 7—25 年期间，会进入比较复杂的多样性发展期。一种情形是教师的职业动机更加强烈，有着进一步改革的积极性，开始尝试各种体现个性化的课程与教学实验。另一种情形是经过年复一年的单调乏味的课堂生活和连续不断的改革失败，他们进入自我怀疑期，开始重新评估自己的职业生涯，随后逐渐转入教学中的保守主义。他们或者在此后的 26—33 年间，进入平静和关系疏远期。部分教师心态逐渐平静下来，能够较为轻松地完成课堂教学，但职业志向水平开始下降，专业投入度降低；部分教师与学生的关系更加疏远，教师对学生行为和作业更加严格（见图 4—5）。

我国学者的调查也表明，超过十年教学经验后的中小学教师专业发展呈现出多样化与差异性，其发展路径可以分为消极应付型、经验重复型、发展教学风格型、发展教育思想型四类。[①] 消极应付型

---

① 李琼、丁梅娟：《超过十年教学经验教师的专业生涯发展路径研究》，《全球教育展望》2012 年第 6 期。

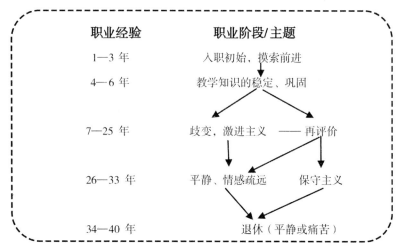

图 4—5 休伯曼等人提出的教师职业周期主题模式①

教师已经没有了最初从事教学工作的热情与谋求自身专业发展的动力，面对各种外部发展要求呈现被动、消极的应对状态；经验重复型教师局限于多年积累的教学经验，对这些经验缺乏有意识的反思与总结，缺乏塑造个性化教学风格的创新意识；发展教学风格型的教师注重在教学中的不断反思，能够自觉地将日常教学中的问题转化为研究的问题，能结合掌握的教育教学理论对个性化实践经验进行改造，逐渐形成自己的教学特色；发展教育思想型教师对教师职业有着发自内心的热爱与投入，他们对学生学习及自身教学有着深度的理解，能够自觉地对自己教学实践中出现的问题进行批判、反思，将丰富的教学感性经验逐渐理论化，上升为理性认识，提炼、生成自己的教学思想。这些都说明了，教师教学决策的发展结果是一个不断分化、类聚和再分化的过程。

四　教师教学决策发展动力的耗散性

耗散性是指一个远离平衡态的非线性开放系统，通过不断地与外界交换物质、信息和能量，引发系统内部参量在系统中位置或者

---

① 转引自叶澜等《教师角色与教师专业发展》，教育科学出版社 2001 年版，第 248 页。

功能上的涨落。在某个核心参量的变化达到一定的域值时，会导致系统内部发生非平衡相变，由原来的混沌无序状态转变为一种新的有序状态。教师教学决策发展动力的耗散性是指教师教学决策力的提高是在复杂多样、错综交织的教学决策影响因素共同作用下，不断演变的一个动态过程。教师在既有的发展起点上，由于各种发展动力的驱使，逐渐实现着由专业发展的初级阶段向中高级阶段的转化和提升。

对教师专业发展的动力，学者们有不同的观点。如教师专业发展的动力包括方向动力系统、条件保障系统和机制运行系统。其中方向动力系统主要体现在教师专业发展的理念和目标上，规定和引领着教师专业发展的方向。条件保障系统主要是指推动教师专业发展的资源条件，是实现教师专业发展理念、达成教师专业发展目标的前提。机制运行系统体现为推动教师专业发展的学校教育主体的执行力和学校文化氛围的引领、渗透和濡化。[①] 教师专业发展的动力有主动力、次动力和助动力三种。"主动力是指在教师专业发展过程中起决定性作用的力量，它主要包括教师的自主实现、自我提升、职业认同、对教育的热爱以及对学生的热诚之心等；教师专业发展的次动力是指在教师专业发展过程中起着关键性作用的力量，它主要包括学校文化氛围、教师专业发展共同体、教学竞赛、教研活动等；教师专业发展助动力是指在教师专业发展过程中起着一定影响性作用的力量，它主要包括社会环境、政治、经济、文化、科技等影响力。这三种力之间相互作用，彼此密切联系。"[②] 其中主动力是教师专业发展的内部动力，次动力和助动力构成教师专业发展的外部动力。基于教师专业发展自主意识和能力这一内部因素的差异，其发展模式又可以分为教师自发或混沌状态的专业发展、教师内控的专业发展和外控的教师专业发展。每个教师的专业发展都是一系列自我选择的结果，这些选择又是在特定学校教育情境中实现的。因此，教师的教学决策发展是在教师个体专业发展的主体性建

---

① 李森、崔友兴：《论复杂性理论视野下的教师专业发展支持系统》，《教师教育学报》2015 年第 4 期。

② 朱陶：《论教师专业发展动力生成路径》，《宁夏社会科学》2013 年第 5 期。

构以及个体与外部系统的相互作用中实现的一种螺旋式上升。

（一）教师教学决策发展的个体动力

1. 教师教学决策系统演变中的序参量

"序参量"概念是物理学家哈肯（Hermann Haken）在其协同学理论中提出来的。按照哈肯协同论的观点，复杂系统在从无序状态演变为有序状态的过程中存在着若干变量，或者称之为序参量。系统在演化过程中形成的最终结构和有序程度受到序参量的控制，不同序参量的变化影响到系统在有序与无序之间的转化。有些序参数在系统演变的临界点上所表现出的临界行为即对系统的演变方向和路径所起的作用不明显，这种参量叫作快参量。除此之外还有一个或少数几个参量，它们在系统演变的临界点上表现出明显的决定性临界行为，驱动着整个系统的演化，决定着演化进程中的结构和功能，这类参量叫作慢参量。从教师教学决策运行的要素维度看，作为复杂性系统的教师教学决策包含着以下要素：教师（信念、知识与发展需求）、学生身心发展现状与需求、课程目标与内容开发、教学方法与效果评价。与这些教学决策要素相对应的教师专业能力则包括教学策略与方法的选择与优化能力；学生学习兴趣的激发能力；有效的课堂教学组织与管理能力；教材文本的二次开发能力、教学反思与行动研究能力、批判与自我发展能力等方面。在整个教师教学决策系统中居于核心地位起着决定作用的要素，决定和影响着其他要素作用的发挥，构成整个教学决策过程的运行动力。不同专业发展阶段的教师，对各教学决策要素地位和作用的价值判断与优先性选择往往不同，这些判断与选择构成了教师教学决策发展的驱动力。对于新手教师而言，其教学决策系统中的慢参量主要是有效的教学设计和课堂组织与管理，而教学反思与行动研究能力、批判与自我发展能力等尚处于新手教师专业发展需求中的次要方面。随着教学经验的不断丰富，教师的学生组织与课堂管理决策、教学方法决策在教学决策系统中逐渐演变为快参量，教师教学决策发展的重心开始向课程开发与设计能力、教学研究与创新能力、自我职业规划能力等因素转化，这些能力逐渐演变为教师专业发展需求的主要方面，成为教师教学决策这一复杂系统演变的慢参量，构成了专家教师的核心专业能力。专家教师群体的发展在整体上也存在着一个"由强到更强"的演化特征。专家教师早期的专业特征表现为教学的创新性和高效率、组织化的专业知识。随着他们在所在学校、地区的课程教学改革中专业影响力的日渐强大，普通的专家教师逐渐成长为领军型的专家教师。在这一成长过程中，虽然学校和教育行政部门提供给专家教师的专业发展平台必不可少，但教师的个人努力因素起着越来越重要的作用。在职业发展初期，有意识和自觉的专业学习对教师教育教学水平的提高存在着重要影响；在职业中期，参与或主持教学改革的实践对教师专业发展存在重要影响；在职业成熟期，有深度的教学反思与研究对教师的专业成长存在着重要影响。教学研究和教改实践为教师专业发展提供了条件性知识，教育的理想和信念则为教师专业发展提供了内在动力。研究发现，在特级教师的个人努力因素中，教师在教改实践中的行动反思、对教育知识的广泛学习、所持的教育理想和信念对教师的持续发展起着主要作用，读书、教学和研究生活，几乎成了教师生活的三部曲。①

　　教师教学决策系统演变的序参量差异还表现在教师教学习惯域的形成中。堪萨斯大学商学院的游伯龙教授提出的习惯域（Habitual Domains）理论认为，每个人的知识、经验、思想、方法、技巧以及各种信息等的总体，经过相当长的时间以后，如果没有重大事件的刺激，没有新信息的进入，将处于相对稳定的状态。思想或想法一经稳定，对人、对事、对问题、对信息的反应，包括认识、理解、判断、做法等，就具有一种习惯性，也就是说具有比较固定的框框或称模式、定势。② 教师的教学决策发展也具有自身的习惯域。习惯域既是教师在教学实践中不断积累形成、具有相对稳定性的教学行为模式，是教师教学决策发展的结果，也是教师适应新的教学要求和情境、继续提高自身教学决策力的基础。从教师教学决策运

_____

① 胡定荣：《影响优秀教师成长的因素——对特级教师人生经历的样本分析》，《教师教育研究》2006年第4期。

② 冯俊文：《行为与决策科学研究的新领域——习惯域分析》，《系统工程与电子技术》2000年第3期。

行的时间维度看，在课前的教学计划决策、课中的互动性教学决策、课后的评价与反思性决策三环节中，不同教师教学决策的习惯域呈现形成、拓展、更新和突破的轨迹。根据本书的调查统计和个案研究发现，在教学前的计划决策环节，新手教师更多地遵循教学目标取向的直线教学决策模式；熟练教师则随着教学决策经验的积累，开始注重教学过程中教学生成的意义。他们在熟练地运用教学常规这一习惯域的基础上，开始形成或多或少、或深或浅的生成性教学决策意识；专家教师更关注教学活动的创造性设计和学生参与教学过程的组织方式与评价手段。在互动性教学决策阶段，新手教师的习惯域主要是对教学计划决策方案的忠实执行；熟练教师课堂互动的习惯域主要是依循教学惯例的常规性教学决策和质量相对较低的即时性教学决策；专家教师的课堂互动以师生之间的即时性教学决策为主，注重教学事件中学生精彩观念的诞生和课堂情境资源的有效开发，专家教师的课堂教学决策具有高效率和即兴表演的生成性特征。美国的德莱弗斯兄弟认为，专家积累了大量典型的问题发生情境及相应的解决方法。当他们再一次遇到类似情境时，决策会自动浮现在脑海中，构成无意识加工。[①] 这些无意识加工就是教师在其教学习惯域内进行的。在课后的教学评价与反思性决策中，新手教师局限于自身的教学行为，对学生课堂行为表现缺乏关注。熟练教师能够关注学生的课堂参与情况，但对课堂教学决策的评价与反思以学生对基本知识和基本技能的掌握为主。这两类教师的反思都以教学实践中的操作性、技术性问题为重点，缺乏对日常教学现象和自身教学理念的批判性反思。专家教师由于丰富的教学实践经验带来的专业自信和学生为本的教学决策价值观的形成，他们的教学决策反思不再停留于对技术性教学问题的思考，而走向了对自我教育理念的审视和质疑。这种反思已经能够突破学生考试成绩的现实束缚，从学生的学习动机和兴趣、学科思维和问题解决能力、情感态度价值观等维度进行有深度和系统性的教学反思。这些都说

---

① H. L. Dreyfus, S. E. Dreyfus, T. Anthanasiou, *Mind Over Machine*: *The Power of Human Intuition and Expertise in the Era of the Computer*, New York: Free Press, 1988, p. 32.

明了教师教学决策系统演变的序参量差异。

2. 教师个体与学校组织情境之间的互动方式

教师教学决策的外部环境代表着一种二元性的决策导向。一方面是教育变革要求教师改变传统的教学决策模式，由教师主导的灌输和控制性决策向学生探究与自主的合作性决策转化；另一方面注重升学与考试的社会文化传统和现实的以学科分数为表征的学业竞争，使学生考试成绩的高低依然是衡量"好教师"的核心标准。这些复杂的学校组织情境构成了教师教学决策发展的外部动力和制约，但教师教学决策的发展也具有自组织这一内因特性。自组织是复杂系统的一种能力，它使得系统可以自发地、适应性地发展或改变其内部结构，以更好地应付或处理它们的环境。[①] 教师与学校组织情境的互动表现为教师对教育情境的适应或者超越状态。其中教师对教育情境的适应又表现为被动适应和主动适应两个方面。被动适应是教师在外部他组织主导下的自稳定状态。主动适应是教师在自组织主导下的局部修正。教师对教育情境的超越是在自组织主导下的教学决策系统再重组。研究表明，专家教师和非专家教师的关键性差异，在于他们作为工作环境中的一个因子与具体的工作环境互动的方式，以及他们能否看到各种各样可以有效地实现教学目标的可能性。[②] 新手教师的现实需求之一是尽快适应所在的学校环境，但他们往往难以很快和较好地融入学校的文化与人际环境。熟练教师虽然已经适应了学校环境，但是学生学业成绩与自身专业地位的现实、高利害性关联使熟练教师采取了被动接受环境要求的职业发展决策。与新手教师和熟练教师相比，已经具备了一定的文化资本和社会资本的专家教师，不再将自身的专业能力与职场地位的衡量标准仅仅置于学生的学业成绩上，他们不再被动地接受环境因素的支配，开始通过自觉和积极的努力谋求对外部环境制约的超越。专家教师对工作环境的回应是积极和主动、合作与多方面的。他们能

---

① ［南非］保罗·西利亚斯：《复杂性与后现代主义》，曾国屏译，上海世纪出版集团 2006 年版，第 25 页。

② 徐碧美：《追求卓越——教师专业发展案例研究》，人民教育出版社 2003 年版，第 266 页。

够谋求各种外部环境所能提供的专业支持，超越当前的教学决策目标，看到教书育人的全局意义。

（二）教师教学决策发展的学校组织动力

1. 教师专业竞争与专业协同活动的耗散性

根据协同论的观点，一个系统从无序状态转化为有序状态是通过内部各要素之间既竞争又合作的对立统一来实现的。教师教学决策力的提高虽然离不开教师个体经验的总结与反思，但更多的是在教师群体的专业活动中实现的。相对于不同专业发展阶段的教师之间的竞争，同一专业发展阶段的不同教师之间的竞争更加明显和激烈。新手教师在日常教学、班级管理中积极谋求自身决策能力的提高，获得学生及其家长的好评；在公开课和教研组活动中努力给学校领导和其他教师留下好的印象，获得群体归属感。这些都表现了新手教师力图在同一教师群体中脱颖而出的专业发展动力。熟练教师之间的竞争更多是对优质教育资源的争夺，包括获得参加高层次公开课的机会、参加行政部门举办的各类专业培训活动的机会等，其本质是通过各种方式和途径获得更多的知识资本和社会关系资本，在教师群体中提高自身的专业层级，借此获得专业权威和权力并满足经济、声誉等回报期望。在这样的群体竞争中，专家教师无疑是其中的成功者。

在学习化社会的时代背景下，教师群体之间的协作已经成为教师专业发展的主要方式。合作成为教师的专业生活方式，"在克服教师个人智慧生长极限、打破教师群体间的文化隔离、提高教师反思能力、科研能力、主体性和自主权、改善教师的群体生长环境、重组学校有限资源等方面具有多重意义"[①]。但教师群体之间的合作是多层次、多维度的互动，既包括以教育教学实践问题为核心的专业互动，也包括以教师之间的社会互动和人际情感等非专业互动；既存在着松散性教师合作、人为性教师合作等低层次互动，也包括教师间基于自觉、自愿和平等的自然合作这一高层次互动。研究表明，有效的教师合作需要具备合作需求、合作资本、支持性的合作

---

① 邵云雁、秦虎：《教师合作：厘清与反思》，《教师教育研究》2009 年第 5 期。

平台和合作的时间和机会等条件，但教师之间的狭隘竞争心理、对合作缺乏深刻认识、理性不足、欲多获取少付出、主观感情用事、在合作中过于算计、怀疑对方、不肯真诚合作、教师学习能力与合作能力低、以往合作的成效不显著等教师合作中的问题，① 这些问题都从深层次上反映了教师群体间的复杂关系对教师教学决策发展的耗散性影响。

2. 激励与规约并存的学校组织动力

美国的格拉泽认为，教师专业成长需要经历三个阶段，一是外部支持阶段，教师需要依靠外部环境结构如反复地训练来获得他们专业发展所需的基本技能；二是中间过渡阶段，教师逐步减少对外部支持的依赖，在具体情境的专业指导和训练中学会自我监控和自我调节；三是内部监控阶段。教师开始控制他们所处的学习环境，有意识地选择适应其发展阶段的训练难度，反思和调整训练状态。② 但贝尔、格里布力特对新西兰的一个教师专业发展项目的研究发现，这三个发展阶段的过渡界限是模糊和重叠的，呈现一种相互依赖和相互作用的发展过程。③ 这说明教师专业决策力的发展是在社会发展的大背景下，与整个教师职业的发展状况密切相关，教师自觉主动地努力提高专业素养这三方面之间的互动过程（见图4—6）。

上述观点是从宏观角度对影响教师专业发展的复杂因素分析。但教师日常的专业发展主要是在学校环境内进行的，教师个体发展与学校组织发展之间的对立统一就成为决定教师教学决策发展的主要矛盾。"与教育个体相关的教育组织、教育制度和其他个体，共同组成教育个体的行为决策环境，他们以'决策前提'的方式影响教育个体的行为决策。"④ 教师虽然是学校教育制度和政策的执行者，但制度和政策的执行只有通过教师个体的认知理解、价值判断

① 吴振利、饶从满：《关于教师合作问题的理性思考》，《课程·教材·教法》2009年第11期。

② 朱旭东：《教师专业发展理论研究》，北京师范大学出版社2011年版，第135页。

③ Bell B., Gilbert J., "Teacher Development as Professional, Personal, and Social Development", *Teaching & Teacher Education*, Vol. 5, 1994, pp. 483 – 497.

④ 周彬：《决策与执行：制度视野下的学校变革》，教育科学出版社2005年版，第79页。

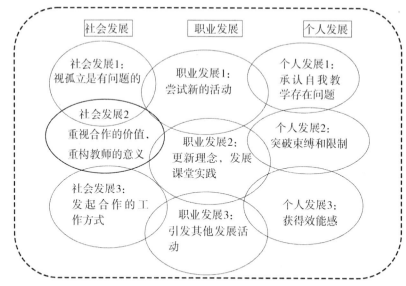

图4—6　教师专业发展演进模式（贝尔、格里布力特，1996）

和行为选择，才能从制度和政策层面转化为教师的教学实践层面。"决策前提"对教师教学决策的影响虽然是一个客观的指导和规范性要素，但它对教师教学的影响是间接的，在根本上无法替代教师个体的教学思考和行为决策过程。任何外在的对教师教育教学水平和质量的期待和指引，都需要通过教师基于自身的利益需求和价值取向加以理解与吸收才能转化为现实的教学决策行为，教师对提高自身专业决策力的目标定位、规划与资源投入与影响这些方面的学校制度规范与组织发展动力之间是一个多元交织的博弈关系。

　　首先，教师个体发展具有自组织属性。根据生涯混沌理论，每个人的生涯发展都不是在孤立状态下进行的，而是在与特定的外部环境进行不断的能量交换和信息交流的关系网中完成不同生涯阶段的转换。在与环境的互动中，每个人的生涯规划又体现为一种自组织或自我再生。他们不仅仅是适应外部系统的发展，重要的是还能做出创造性反应和创造性行为，以改变自身和环境的现状。[1] 教师

---

　　① 姜飞月：《生涯混沌理论：心理学理论的新视角》，《南京师大学报》（社会科学版）2007年第4期。

个体发展的自组织性表现为对自身整体利益最大化和发展成本最小化的孜孜追求。无论是教师的物质需求还是精神需求，都只能依托于高质量的教育教学实践、在学校制度允许的范围内得到满足。因此参加各级教育行政部门和学校范围内组织的各种教育培训和教学研究活动，以不断提高自身的专业决策能力，就成为教师获得文化资本、社会关系资本和物质资本的重要途径。这些资本的获得是教师满足自身各种需求的重要条件，教师也因此愿意付出超出日常教学活动之外的时间、精力和智力等人力资源成本，去提高自己的专业发展水平。当新手教师经过激烈的职业竞争，获得了一份正式的教师编制和工作岗位之后，原有的学历、学位、技能证书等初始资本在此后的专业发展过程中的作用不再明显，他们需要尽快地积累丰富的实践性知识，以适应现实的学校教育环境对教师职业技能的要求。当新手教师逐渐成长为有经验的教师，对教育教学技能的熟练掌握已经能够让他们比较从容地维持教学的常规运行，并以一种更加舒适和放松的心理状态在学校环境中生存，但以这些教学决策经验为代表的文化资本却不足以保证他们提升到更高的专业发展层级。因此自觉进行教学决策经验的反思和优化，参加各类理论学习和研究活动，就成为这些教师内在的发展动机。当这些教师中的佼佼者逐渐成为所在学科和学校的专家型教师之后，他们开始谋求更大范围的专业影响力、主动寻求外部更高层次的专业指导、争得更加优质的专业发展资源。因此教师教学决策力的发展虽然有着明显的个性化特征，但对不同专业发展阶段的教师而言，他们有着不同的职业生涯阶段性目标、利益结构和资本投入，在一种表面上的无序、不确定、不稳定的状态下蕴含着群体的有序性、相对的确定性和可预测性。

其次，学校组织具有激励与制约教师个体发展的双重功能。教师的教学决策发展是在学校组织范围内、在学校组织制度的引导与制约中进行的。学校也有着不断提高办学水平的组织目标和现实需要。其一是国家教育法律法规、政策对学校教育功能的基本定位，这些法律法规和政策方针构成对学校组织提高教学质量的规范性要求；其二是学校之间存在着办学竞争的现实问题，教育竞争成败的主要参照是社会和市场对学校教育的满意度，这些对学校教育质量的提高形成了调节性要求；其三是学校领导者特别是校长的办学追求和教师群体的教育愿景，他们塑造了学校教育质量提高的文化氛围。这三者构成了学校组织谋求自身发展的动力机制。

学校的发展必然包含着教师群体专业水平的提高。不断激励乃至督促教师提高自身的专业水平，就成为学校组织的一项重要工作。为保证教师自觉遵守教育制度，激发他们积极主动地去提高自身的教育教学水平，学校组织往往会制定各种选择性激励性制度。选择性激励是通过选择在集体中做出了贡献的个体进行激励，使那些没有为集体利益做贡献的人所受到的待遇与那些做出了贡献的人有所不同。这些选择性激励包括根据教师的职称高低发放相应级别的工资、津贴和各级各类中小学名师政策的实施。由于职称评聘的核心标准是教师的教育教学水平，这样就将教师不断提高自身专业水平的积极性与学校的教师管理制度结合起来，而名师政策则通过严格的评选和规范的管理，通过对这些专家教师在物质利益、职业声望、社会影响以及其他精神和心理需求等方面的满足，为其他教师群体谋求自身的专业发展提供了一个标杆。如材料 4—1 和 4—2 所示：

材料 4—1 山东省第三期齐鲁名师建设工程实施方案
（2016—2018 年）[①]（部分）

为深入贯彻落实教育规划纲要，进一步加强全省基础教育高水平教师队伍建设，促进基础教育教学改革，在认真总结前两期齐鲁名师建设工程经验基础上，根据我省中小学教师队伍建设总体规划，制定第三期齐鲁名师建设工程实施方案（2016—2018 年）。

一、建设目标

（一）造就一支师德高尚、素质优良、理念先进、视野开阔，教育教学能力与教育科研能力突出的学者型、专家型教师

---

① 山东省教育厅：《山东省第三期齐鲁名师建设工程实施方案（2016—2018）》，鲁教师字〔2015〕22 号（http：//www. sdedu. gov. cn/eportal/ui? pageId＝465425&articleKey＝741266&columnId＝465614）。

队伍，推进基础教育质量提升。

（二）推动市、县级名师建设工程实施，形成以齐鲁名师为龙头的骨干教师队伍，带动全省中小学（含幼儿园，下同）教师队伍整体素质的提高。

二、遴选标准及办法

面向全省中小学在职在岗教师，遴选 100 名齐鲁名师建设工程人选（以下简称工程人选）。进行为期 3 年的重点培养，培养周期结束、经考核合格，命名为"齐鲁名师"。

遴选标准：

（一）具有教师资格证书的中小学、幼儿园一线教师，在学校管理岗位上（非校级）兼职的教师周课时量必须达到 10 节以上。

（二）年龄在 45 岁以下（1970 年 1 月 1 日后出生），具备中小学一级教师及以上专业技术职务，非幼儿园参评人员须具有 3 年及以上班主任工作经历。

（三）热爱教育事业，有强烈的事业心和责任感；认真执行国家教育方针，教书育人，为人师表，具有高尚的职业道德和修养、关爱学生；有敬业奉献、团结合作、开拓创新的精神和品质。

（四）具有符合时代特点的教育思想、先进的教育教学理念，在本学科教学领域处于领先地位；对所教学科有系统、扎实的理论功底和丰富的教育教学经验，教学业绩突出。

（五）近 5 年内（2011 年 1 月 1 日后），获得过省级教学能手或省级以上优质课一等奖，或承担过省级以上教育教学科研课题研究，取得较高水平的研究成果，本人科研成果对全省教育教学改革有一定的推动作用；或发表过有较高价值的教育教学论文，出版过具有较高学术价值的著作（不含教案、试题、论文集等）。

（六）帮助和带动中青年教师不断提高政治思想、教育教学水平和科研能力，发挥示范带头作用，做出突出贡献。

（七）具备下列条件之一者优先推荐：

——获得省级以上教学成果奖；

——在省内学校中具有较高的知名度和影响力，教育教学成果在省内外产生广泛影响的特级教师；

——在省内有较高声望，在教育系统有一定影响，受过表彰的全国优秀教师和全省优秀教师。

遴选办法（略）

三、实施步骤

（一）特色培养。有针对性地组织开展多种形式的培训。培养周期内实行导师制。工程人选在导师指导下制定个性化培养规划，围绕教育、教学改革的重点和前沿问题独立或合作开展课题研究。

（二）成果培育。鼓励工程人选勇于创新，勤于反思，梳理总结教育教学经验，结合课题研究，形成教研科研成果。支持工程人选申报省级、国家级教学成果奖，撰写论文，出版教育教学方面的专著。

（三）示范引领。各级教育行政部门采取有效措施，搭建平台，充分发挥工程人选骨干带头和示范辐射作用。省教育厅利用网络平台，开设名师工作室。根据市、县（市、区）教育行政部门和学校的安排，每人承担3—5名青年教师培养任务。

（四）考核认定。培养周期结束，依据工程人选个人发展规划，对其师德表现、教学创新、教研科研、团队建设、引领示范等方面进行综合评定，组织答辩评审。合格者认定为"齐鲁名师"。

四、管理保障

（一）经费支持。省财政在培养周期内为工程人选提供5万元的专项培养经费，用于集中培训、海外研修、专家指导、教育教学研究等。工程人选所在市、县（市、区）、学校要从培训经费、研修学习和科研条件等方面给予重点支持。培养期间，工程人选参加国内培训差旅费由所在单位报销。

（二）平时考核。（略）

（三）终止情形。（略）

材料 4—2　江苏人民教育家培养工程①（部分）

为贯彻落实《省政府关于进一步加强师资队伍建设的意见》（苏政发〔2007〕125 号），加强我省中小学高层次人才队伍建设，造就一支具有示范引领作用的教育家队伍，经研究，决定组织实施"江苏人民教育家培养工程"（以下简称"工程"），现将有关事项通知如下：

一、指导思想

本工程旨在为一批教育理念新、科研能力强、专长突出、风格鲜明、发展潜力大的中小学教师和校长创造条件、提供平台，使他们成长为在省内外有重要影响力的人民教育家，带动和促进全省中小学师资队伍水平的整体提升，为江苏建设教育强省、率先基本实现教育现代化、办人民满意的教育做出更大的贡献。

二、培养目标

2009 年起，在全省范围内分四批选拔 200 名特级教师（其中教师 120 名、校长 80 名），围绕修炼师德修养和人文精神、更新教育教学理念、创新教育教学理论和方法、增强教育教学科研素养、提升学校管理能力等方面的内容，进行重点培养，使他们的教育理论素养和创新实践能力得到全面提升，个人专长更加凸显，特色风格更加鲜明，为他们成长为社会公认的人民教育家奠定基础。

三、培养对象和条件

培养对象为在职的中小学教师和校长（含幼儿园、特殊教育学校、普通中小学校、中等职业学校）。培养对象年龄在 50 岁以下，具有江苏省特级教师称号。

培养对象应当具备以下条件：

1. 政治思想素质优秀，师德高尚，忠诚于人民的教育事业，热爱教师职业，教书育人，乐于奉献，为人师表。

---

① 江苏省教育厅：《省教育厅关于实施"江苏人民教育家培养工程"的通知》，苏教师〔2009〕14 号（http://www.jste.net.cn/train/cms/article.jsp? articleId＝1982）。

2. 具有深厚的教育理论素养、文化素养和专业素养。教育教学观念新，专长特色突出，在区域和学科专业领域内声望高、影响大、示范性强，受到同行、学生、家长和社会的广泛敬重和好评。

3. 在教育教学改革与实践中，特别是在全面实施素质教育和推进课程改革中，积极探索，勇于创新。承担重大教改实验项目，在研究解决实际问题方面成效显著。

4. 积极进取，有为人民教育事业奋斗终身的坚定理想和不懈追求，有成为人民教育家的基础条件和发展潜力。

5. 中小学校长还应在学校改革与发展、办学与管理等方面具有丰富的经验，所在学校特色鲜明、业绩显著、成果突出。

四、选拔程序（略）

五、培养方式

培养采取专家引领和自主研修相结合、理论学习和实践锻炼相结合、国内培训与国外培训相结合的方式开展。

1. 专家引领：依据培养对象的特点建立学习研讨小组，为每一个学习小组组建一个专家指导组。专家指导组由全国著名专家、学者和特级教师组成。

2. 自主研修：培养对象在培养单位、专家指导小组和导师的指导下，围绕自己的学科专业和特色特长，确定研究发展方向，自主学习，自主研究，自主发展。

3. 集中研修：一般按专题分期分批进行，每年1—2次，每次10天左右。

4. 研修实践：组织培养对象到境内外名校挂职锻炼；为培养对象创造演练实践和交流展示的平台，努力让培养对象在改革实践中获得发展和提升；资助培养对象开展教育教学科研和出版专著，推广培养对象的教科研成果，努力扩大他们的社会影响。

5. 设立网上交流中心：在江苏教师教育网设立交流中心，供培养对象交流研讨和展示成果。

六、培养经费

培养期间，我厅每年安排人均培养经费3万元，主要用于培养对象的培训、科研、专著出版和导师指导费等。有条件的市、县（市、区）、学校也可给予适当经费支持。

七、组织管理和考核

本工程由我厅师资处负责组织实施。省教育行政干部培训中心、省教师培训中心负责相关具体工作。各市教育局要明确分管领导和责任处室，并落实专人负责联系培养对象，及时了解有关情况，配合我厅共同做好培养工作。

本工程培养周期为5年。培养对象与省教育厅签订目标责任书。各市每年对培养对象进行一次考核，并向我厅书面报告考核情况。省教育厅在第三年对培养对象进行中期考核，中期考核不合格的不再列为培养对象。管理期满后，省教育厅对培养对象进行终期考核。

八、工作要求（略）

从以上的名师选拔标准及其相应的培养与管理规定来看，教育行政部门和学校组织系统通过选择性激励，为高层次教师的专业成长制定了各种发展平台和优质资源。这些名师培养政策中的评选标准与优质资源的提供彰显了教育行政部门对领军型专家教师的重点关注，也成为激发其他教师自觉规划自身的职业生涯、积极提高自身发展水平的风向标。学校的选择性激励作为一种有计划、有组织的引领，能否在最大范围内和最高程度上激发教师自觉提高自身的专业水平，除了激励内容设计的合理性和可行性，还受到教师个体的职业规划和发展动力的影响。不可否认的是，并非所有的教师都有自觉主动的职业发展动力。在教育共同体中，教师集体活动中的机会主义和应付行为一直存在，如集体备课中的搭便车和课堂教学中的主观随意决策等现象。为保障学校各类教育制度的执行，对这些教师进行基本的监督与控制就成为学校常规的教师管理内容。这种监督与管理对不同专业发展阶段教师所起的推动作用是不一样的。按照经济学的边际效应理论，当个体不断地把资源投入某一特定活动中、投入成本不断增加时，所带来的收益却是逐渐减少的，这就是边际效用递减规律。个体要获得效用最大化，就必须使边际成本小于或等于边际收益。教师也是学校教育中的理性人，其专业提高过程也存在着边际成本与边际收益的差额问题。新手教师为尽快适应学校教育环境，会积极地将课余时间、精力和热情投入学习课程知识、掌握教学技能等专业提高活动中，这种资源投入可以帮他们增加更多的效用，如学生学业成绩的提高、改善与其他教师的人际关系、适应特定学校文化场域中的各种显性制度和隐性规则等。当新手教师经过 3—5 年的实践积累，成长为有经验的熟练教师后，他们在学科知识、教学与管理技能方面投入的资源所产生的边际效用会逐渐递减。教师为避免所投入的边际成本大于所获得的边际效用的情况，会减少后续的资本投入量。学校为了避免教师专业发展中的惰性行为，除了运用选择性激励政策之外，还会增加对教师教育教学工作的检查监督，将教师的专业发展纳入教师评价体系。这种学校与教师之间的博弈，是以一种复杂的多向关系呈现出来的，学校组织对教师群体既有着强有力的专业引领作用，也在一定范围内存在着学校对处于职业衰退期的教师群体的无奈妥协。

第二节　影响教师教学决策发展的核心要素

系统的演化是有序与无序的统一。"复杂系统的演化在跨层次相互作用的推动下，由一种多样性统一的具体化形式转变为另外一种多样性的具体化形式，物质层次之间关系上的某些数量的不变性必然作为演化的内在规定性在演化过程中表现出来。"[①] 这种不变性被称为系统演化的"常数"，演化常数的存在说明一定事物只能在特定的阶段产生，其演化具有顺序性和阶段性。层次之间某些不变的比例必然造成稳定的层次跨越关系，从而形成共同的演化规律。虽然教师教学决策的发展是许多异质的复合因素综合作用的结果，但作为一种专业实践的性质决定了，即使是不同专业发展阶段教师的教学决策，其演化过程也必然存在着一定程度和范围内的层级稳

---

① 颜泽贤、陈忠、胡皓：《复杂系统演化理论》，人民出版社 1993 年版，第 76 页。

定性和共同的教学决策系统结构。它们是教师教学决策系统演化的"常数"和教师之所以作为专业人员、教学决策活动之所以不断发展的存在逻辑。

作为一种自组织系统，教师教学决策的发展虽然凸显着学科、教师个性特征、特定学校文化背景等维度的特殊性，也有着作为一种专业活动的领域共同性。首先，教师的教学决策都是围绕着基本教学要素展开的，是对教学目标系统、教学内容决策系统、学情系统、教学方法系统的事实要素和价值要素的整体性判断与选择。其次，教师教学决策具有教学问题域的共同性，即教师对认知性、社会性和伦理性教学问题的决策。因为这些共同的教学决策领域的存在，不同教师之间才能开展以实践性知识为核心、针对教学决策认知与实践样态进行群体间的专业交流与知识共享。

本书以有效教师教学决策的应然专业规范为标尺，从三位教师在共同的学科教学决策领域形成的差异化发展中，分析教师教学决策发展的"中轴原理"[①]。影响教师教学决策发展的中轴结构是由教师教学决策的观念系统、教师群体的协同发展和教师的职业生涯决策三个维度构成的"中轴结构"。它们之间相互作用，共同促进教师教学决策的发展。这一中轴结构是实现教师教学决策发展的基础性保障，是对教师教学决策发展的必要而非充分条件的揭示。

促进不同职业生涯阶段教师发展的共同要素包括三方面，即反思、教育理念和阅读。[②] 这三个方面是对教师专业发展涉及的个人

---

① 美国未来学家丹尼尔·贝尔（Daniel Bell）在《后工业社会的来临——对社会预测的探索》一书中，采用了"中轴原理"的研究方法。"中轴原理"力图说明的不是因果关系，而是事物变化发展的趋中性。中轴原理是对在一切人类社会活动逻辑中，作为首要逻辑和中心结构的功能原理的说明。每个社会领域起支配作用的中轴原理均不相同，如社会结构的中轴原理是经济化、现代政体的中轴原理是参与管理、文化方面的中轴原理是实现自我并加强自我的愿望。参见［美］丹尼尔·贝尔《后工业社会的来临——对社会预测的探索》，高铦等译，新华出版社 1997 年版，第 10—12 页。本书对不同专业发展阶段教师的教学决策比较，其目的不是描述差异并找寻导致这些差异的因果关系，而是借鉴"中轴原理"的趋中性意蕴，从教师教学决策发展这一视角，分析影响教师教学决策水平提高的基础性、核心要素。

② 胡重庆：《反思性实践范式下的教师专业发展研究》，四川出版集团 2013 年版，第 178 页。

变量分析。从学校和教育行政部门等组织变量看，其主要的教师专业发展影响因素是增加资金投入、改进教师激励措施、健全教育政策完善体制、完善设备、提供资源、提高教师培训的实效性与针对性等方面。① 每个教师的教学决策认知都是在既有的、以我国传统教学文化纵向积累而成的教学传统为核心的教学文化基础上进行的，也是在现实教育变革背景下中小学校这一场域中发生发展的。支配教师教学决策发展的主要因素既包括教师的教育教学观念更新、教学决策经验累积与反思等因素，也包括教师自觉的职业生涯规划和教师群体之间的专业交流、合作等因素。这三方面的因素相互交织，共同促进教师教学决策的发展。

一　教师教学决策发展的观念与知识系统

任何人类行为都是一定观念作用的结果。教师的观念系统是教师对课程、教学、学生、自我角色等诸多教学要素的理解和认同。观念系统直接影响着教师教学决策的进行并驱动着教师教学决策的发展。这种相关性是三者之间动态、交叉的相互关联，而非单向的决定与被决定的关系。许多关于新手教师和专家教师的对比研究发现，在对大多数教学问题的认识和观点一致的前提下，这两类教师的教学行为却存在相当大的差异。许多实习教师或新手教师在教学过程中，多是根据直觉而不是自己所知道的观念来做出一定的教学决策。② 这说明构成教师教学决策内在依据的观念系统不等于教师知道的教学理念，而是教师对这些教学理念的实质性认同，这些实质性认同才是教师据此展开教学决策过程的最终支配要素。

教师观念系统的形成和更新直接主导着教师教学决策的质量。这一主导作用的发挥又是在特定的教育生态情境中，教师综合考虑各种外在现实因素的结果。教师对课堂教学决策整体目标的理解和认同、提高生活水平的物质欲望和追求精神需求的满足等个性化的

---

① 丁刚：《中国中小学教师专业发展状况调查与政策分析报告》，华东师范大学出版社 2010 年版，第 234 页。

② 庞丽娟、叶子：《论教师教育观念与教育行为的关系》，《教育研究》2000 年第 7 期。

追求，与促进学生全面发展的职业操守、外部教育理论的输入、专业规约、教育变革中的实践逻辑之间的对立统一；教师专业自主权与教育管理的法律边界和制度规训之间的博弈；教师教学决策行为改进的效果与预期的一致程度等，都构成了对教师观念系统实际发挥作用的"刺激源"和"过滤网"。[①] 教师的观念系统不是一个静态的结构，而是伴随着教师教学决策力的提升渐进发展的过程。教师观念系统支配着教学决策，教学决策过程的各种反馈性信息又催生着教师观念系统的不断解构和建构。

　　影响教师教学决策发展的观念系统需要从系统内各要素之间的关系来说明。教学的基本要素可以简化为教师、学生和课程三方面，教师的观念系统也主要表现为他们的课程观、学生观和自我角色观。这三方面在一种互相影响、彼此渗透的关系状态中运行，共同影响着教师教学决策的发展。

　　（一）教师的观念系统

　　不同教师持有的课程观不同，会直接影响到他们对教学问题的认识和处理。由于新手教师在职业生涯面临的主要矛盾是自身的教学知识与经验不足与各有差异的学生整体性发展需求之间的差距，这一矛盾决定了新手教师需要解决的现实问题是如何成功实施教学活动、顺利完成教学任务。教师决策的重点是在教科书的框架内开展教学，教科书成为新手教师教学决策的指南针和工具，大部分新手教师面对教科书采取的主要是忠实取向的决策方式。因此在教学过程中对学生经验性质的课程缺乏开发意识。

　　如果说新手教师的课程观是教科书本位，那么熟练教师的课程观则是学科知识本位。第八次基础教育课程改革后的小学数学教科书不再以学生对系统知识的掌握为核心，而是以解决问题为基本框架，在解决问题的过程中学习数学，实现学生问题解决能力与知识、技能的同步发展。但这一理念与当下的以考试为主要形式的教学评价实践有着明显的差距，后者表现为高利害性考试中对学生数学知识的理解记忆、解题能力的考察，而对于基本学习经验和基本

----

① 张朝珍：《教师教学决策论》，人民出版社 2011 年版，第 113 页。

数学思想与方法的评价是在教学过程中进行的，导致教师对这种过程性、形成性评价的采用不仅缺乏而且不规范。许多经过了职业生存阶段进入发展阶段的熟练教师，对已经很熟悉的教科书中"简单"的内容就采取了以学科知识为本的内容拓展和加深。本书中的 L 教师就是通过对人教版小学数学教材和各种教材辅助用书涉及的相关专题的内容加工，来补充所使用的青岛版小学数学教材的"知识不足"，通过课堂拓展性讲解和"有难度"的习题训练，使学生掌握教师认为很重要、考试经常考到的知识。教师对教科书的改造和教学决策的运行服务于学生考试成绩的优异。这两类教师都是外在课程的执行者。如果说新手教师是忠实取向的执行者，熟练教师则是主动适应取向的执行者。他们对国家课程的改造与加工实质是对既有考试评价制度的忠实遵守。面对同样一套教科书，专家教师的教学决策起点不是教学而是课程，是从课程标准和教科书设计的高度来思考教学目标和教学过程。新版小学数学课程标准倡导的基本理念是面向全体学生，适应学生个性发展的需要，使人人都能获得良好的数学教育，得到最大限度的发展。课程内容的选择要反映社会的需要、数学的特点、贴近学生的实际，有利于学生体验与理解、思考与探索。数学教学活动应激发学生兴趣，使学生掌握恰当的数学学习方法。在引发学生的数学思考中鼓励学生的创造性思维。① 因此在教学决策中是否具有自觉和理性的课程意识成为区分一般教师和优秀教师的重要方面。专家教师对数学教科书的二次加工能够突破知识维度，以学生认知和心理的准备状态作为教学决策的基础，将学生经验和学科综合知识相结合，注重互动性教学决策中学生信息的反馈和生成性课程资源的价值，赋予学生在学习过程中产生的精彩观念以课程意义。专家教师的教学决策目标是学生的探究意识、问题解决能力和创造性思维的培养，这种对教材内容处理和教学活动开展的价值判断与教师的课程观有着内在的关联。

教师的学生观是教师对学生的角色与发展属性的判断。对学生非学习行为的处理、对学生学习经验的判断与加工、学习机会的分

---

① 《全日制小学数学课程标准》，2011 年版。

配、学生学习的内在发展价值与外在学业成就价值的判断，都在深刻影响着教师的教学决策。甚至在新手教师、熟练教师和专家教师的教学方法和教学组织形式等方面都基本相同的情况下，因为教师观念的不同，其教学决策的指向和效果也有着明显的差异。数学课程标准要求教师改变以往的提示性教学方法，以问题中心的教学方法，培养学生发现和解决问题的能力，表现在教学组织形式上，开展小组合作、学生自主探究以获得感性体验等做法也经常在新手教师和熟练教师的课堂上看到。但是透过形式的表面，我们可以看到新手教师之所以喜欢采用学生活动为主的教学设计，既是因为对算理课教学决策的经验缺乏和专业准备不足带来的不自信，也是对于学生是什么、教学应该是什么缺少理性的思考。他们更多地是在对其他教师的课堂教学观摩、集体备课和教学探讨中逐渐修正、澄清自己的职业角色及行为表现。相比较而言，熟练教师有着极为明确的学生观和教学观，即教学要服务于学生当下的学业成绩的提高，学生考试成绩的提高既能使学生在下一步的升学竞争中取胜，也是现实教育实践中衡量教师职业能力、水平高低的重要标准。专家教师有着熟练教师正在谋求的专业地位，他们作为教学能手已经在专业发展的上一阶段，凭借学生优异的考试成绩获得了来自学校官方、教师群体和学生家长的公认。这是几乎所有的专家教师都曾经走过的道路。这也使他们对自己的专业发展有了更高层次的追求，能够也愿意在教学实践中探索更有挑战性、更有价值和意义的教学变革。

（二）教师的知识系统

教师的知识系统是构成教师教学决策的实践性知识。这种实践性知识不是广义的由教师的教育信念、教师的自我知识、教师的人际知识、教师的情境知识、教师的策略性知识和教师的批判反思知识构成的，[①] 而是指直接作用于教师教学决策的教学本体性知识、条件性知识和策略性知识。虽然教师教学观念和教师知识系统相互联系，但是二者在教师教学决策发展中的性质和功能不同，不能混

---

① 陈向明：《实践性知识：教师专业发展的知识基础》，《北京大学教育评论》2003年第1期。

为一谈。教师实践性知识的生成是教师在一定的学习情境和个人原有知识、经验、心理结构以及信念的基础上，借助他人的帮助，利用必要的学习资源和建构工具，通过主体主动建构的方式而获得的。① 这一过程伴随着教师教学经验的积累、沉淀与升华。这种累积效应与教师对教学经验的批判性反思和理论性知识的阅读、应用与拓展密不可分。由于新手教师缺乏系统的本体性知识，对于条件性知识的运用又缺乏在教学理论和教学实践之间的有效转换能力，因此策略性知识在新手教师的教学决策中最为明显。这些知识的习得除了自我经验的积累，更多是对其他教师教学策略的观察与模仿。从表面上看，新手教师与其他教师的许多教学策略有着形式上的一致性，但新手教师的教学策略缺乏明确的决策指向。熟练教师已经掌握了基本的本体性知识，也有了问题明确的策略性知识，但是他们对条件性知识的运用缺乏理性的选择和自觉反思，更多是从经验直觉的层面实施。虽然新手和熟练教师在实践性知识的掌握和运用中有着差异，但是他们都看重教学中的工具类、技术性知识，不能从教学研究的角度审视自我的决策。专家教师所具有的实践性知识优势比较明显地反映在本体性知识和条件性知识的掌握和运用上。与其他两类教师相比，专家教师实践性知识的运行中最突出的特征是教学与研究的结合。这种结合一方面表现为在教学过程中以研究性学习方式为核心组织学生探究，培养学生创造性地解决问题的学习态度和能力；另一方面是专家教师将承担的省市级教学研究课题与自我的教学决策实践相结合，从教学到教研，以教研促教学，不仅仅是从教学研究对于教师职业声誉的功利角度，更是从自身教学水平提高的角度进行教学研究，在对实践性知识的总结、提炼中，以理论性知识为支撑，实现教师个体知识的拓展和升华。

二　聚焦教学决策的教师协同发展

教师教学决策的发展离不开一定的群体互动和合作共赢，教师

---

① 刘海燕：《试论教师实践知识的生成机制》，《教学与管理》2006 年第 15 期。

群体的协同发展是否存在以及如何进行就成为影响教师教学决策发展的重要方面。影响教师专业发展的协同发展系统包括校内的教师群体支持和校外的专业人员支持。许多中小学采取的"师徒带教"、"青蓝工程"等措施，都是致力于老教师对新教师的引领，以促进新手教师的迅速成长。教师群体的日常互助以同学科教师互助为主、跨学科教师之间的互助为辅。采取的主要形式是集体备课、集体教研和公开课时的集体"磨课"、日常的教师之间的听评课等。校外的专业人员与中小学教师的协同包括各级各类教师培训中的专家学者与参训教师的互动；大学与中小学校的合作中，大学的研究者与中小学教师面对面的合作研究；不同学校的中小学教师之间开展的跨校、跨区域的科研、教研联盟；基于网络平台的校外专业力量与教师的互动等。在这些方面，基于校本的教师专业学习和互促已经成为常规、占主流的教师教学决策发展方式。

　　个体教师与教师群体的互动有着互动方式和互动内容的差异。新手教师在教师集体备课和教研中，因为职业能力和学科经验的不足，往往处于外围学习者的地位，他们从教师群体决策中获得教师教学决策的基本思路和教学方法的启发，也通过参与教师群体交流，习得学校教学的实践逻辑。他们与教师群体之间的互动方式是学习和信息获得。熟练教师是教师群体决策的贡献者，如在集体备课中他们根据分工分别承担不同章节的教学设计任务，在他人集体备课稿的基础上根据自己的教学理解增加个体决策的内容。他们与其他教师之间对话和交流的重心是对共同的教学现象和决策困境问题的认识和解决，以获得对自我教学决策的价值肯定和基本教学技能的全面了解，他们与教师群体之间的互动方式是合作与分享。由于专家教师的专业影响力，他们在教师集体教学决策过程中起着重要的专业引领作用，影响着教师群体中其他教师的专业判断，领军型的专家教师甚至引领着整个学校教师团队的专业发展。他们与教师群体决策之间的互动方式是主动和自觉的组织与主导。

　　教师之间的协同发展方式有很多。教师教学决策对内表现为对教学问题的思考与判断，对外表现为教学方案的设计与确定，因而兼具内隐与外显的双重特征。这种本体性存在决定了对教师教学决策的理解需要借助于教师的说课、课堂展示和教学决策反思等手段来实现。因此，以促进教师教学决策的发展为目的的协同互促主要是通过教师之间整体性的课堂教学观察、沟通与评价来实现的。整体性课堂观察要求教师们在听评课过程中既要了解教师显性的教学行为，更要关注教师隐性的教学行为，要透过教师的显性行为特征去理解行为背后的决策根据、推断其隐性的观念系统。

（一）整体性教师教学行为观察的必要性

1. 显性与隐性兼具的教师行为特性要求整体性的课堂观察

从教师教学行为的存在方式看，可分为显性教学行为和隐性教学行为。显性教学行为是指教师或学生说或做等可见行为，涉及教师和学生怎么说和怎么做的问题；隐性教学行为则是指教师或学生在做出可见行为之前头脑中先在的思想、观念，它解决的是教师和学生之所以要这样说、这样做的问题。[①] 作为思想、观念形式而存在的隐性教学行为支配着教师的外显行为，是教师显性教学行为的基础和根据；显性教学行为则体现着隐性教学行为的内在要求，二者之间有一种必然的因果关系。

教师课堂行为的这一整体性存在，在认识论意义上要求课堂观察者超越对教师行为的表层关注。由于课堂观察对象外显程度的不同，存在着可直接感知、一般感知和不可直接感知三类观察对象。可直接感知的对象往往包括教学准备的好坏、课程的难易程度、教学进度的快慢等，一般感知的对象包括学生学习动机、课堂教学氛围等，不可直接感知的对象是那些隐藏在事件背后的、难以觉察的方面，如课程实施中的意识形态、价值取向、性别歧视等问题。[②] 那些不可直接感知的观察对象并非无法认识，而是需要在视、听等感性认识基础上通过推断这一思维形式来完成。"任何观察活动都离不开观察者的思考，都必须经过观察者推论的过滤。"[③] 对不同观

① 蔡宝来、车伟艳：《国外教师课堂教学行为研究：热点问题及未来趋向》，《课程·教材·教法》2008 年第 12 期，第 82—87 页。

② 于海波、马云鹏：《论教学反思的内涵、向度和策略》，《教育研究与实验》2006 年第 6 期。

③ 陈向明：《教师如何做质的研究》，教育科学出版社 2001 年版。

察对象的认识有着低推断与高推断的层级差异。低推断的课堂观察是观课者对上课教师课堂行为表象的诠释，而高推断的课堂观察仅靠描述外显行为难以做到，需要观课者基于自我的专业知识、实践经验和教育理念去思考被观察者言行的实质，并辅之以在课前和课后环节观察者和被观察者之间的沟通。由于课堂教学活动的多元互动、开放和不确定性，教师课堂行为也存在着显性与隐性不断交织与转化的复杂性，这就要求课堂观课者在对显性的教师行为做详细、动态、情境化描述的基础上，进一步探究特定课堂文化背景下教师课堂行为的根据、价值取向等隐性教学信息，通过对外显现象的推论性思考，对教师行为体现的深层意义进行由表及里的解释性"深描"。

2. 对隐性课堂行为的关注能够引发教师的深层反思

反思是教师发展的动力。范梅南根据哈贝马斯的认知兴趣理论，将人类反思划分为技术性反思、沟通理解的反思和批判反思三种。技术性反思对手段的精雕细琢远远超过对结果的价值追问，反思的重点是寻找更有效的途径达到预期目的；沟通理解的反思认为，课程实施者每一次的选择都是在价值承诺的诠释性框架内进行的，反思需要对自己实践中的经验、假设和意义进行深入的理解、分析和澄清；批判反思则由自我审视上升为意识形态批判，寻求揭示课程实践中具有压迫性和支配性的价值系统。① 这一划分是从事实判断到价值判断，从工具理性到解放理性，从个体价值到社会伦理、政治价值的递进，说明教师的反思应是一个由现象到本质、由线性到系统、由对象性思维到关系性思维的转向。以教师专业成长为目的的课堂观察是通过教师群体间的互动与反思来实现的。超越显性关注的教师课堂行为观察既能够使观课者对教师行为隐含的假设、意义和观念进行追问与讨论，也能够以他评启发自评，由他评转化为自评，引发上课教师觉察、反思课堂行为背后的决策理念，从教育学意义上进行深层的沟通理解反思和批判性反思，由技术熟

---

① 赵明仁：《教学反思与教师专业发展——新课程改革中的案例研究》，北京师范大学出版社 2009 年版，第 47 页。

练者逐渐成长为反思性实践家。

3. 囿于显性教师行为的课堂观察存在的问题

观察内容的浅表化。对课堂观察的内容应该是什么，研究者从不同的角度进行了分析。如对教师的观察应该是在教学目标、内容、策略、评价、资源等方面表现出的教学行为；[①] 课堂观察中的教师教学维度包括"环节、呈示、对话、指导、机智"五个方面。[②] 这些分类主要是根据教学要素来划分的。无论观察何种教学要素，都应该是对教师处理各种教学要素时表现出来的显性和隐性行为的整体关注。而在实际的课堂观察中，缺乏整体思维的观察者往往停留于数据罗列、现象描述等浅表的行为观察层面，局限于教师是否落实了教学目标、讲授内容是否正确、教学方法的使用是否得当、学生参与课堂是否活跃等框架性和表面特征，不能在观察过程推断教师外显行为背后内隐的教学判断与选择，无法从深层意义上揭示教师课堂行为的知识基础、价值取向和思维方式。

课堂观察中的对立思维。这种对立思维表现为两方面，一是将教师的显性课堂行为与隐性课堂行为对立，看不到两者彼此影响、相互生成的关系，认为我们能够观察的只有感官可以感知的外显行为，将课堂观察的内涵窄化，制约了课堂观察的作用空间。二是将观课者和上课教师的角色和地位对立。课堂教学是教师与学生群体在一定的时间与空间、文化背景下的复杂互动，这种复杂互动的运行与教师对整个教学活动的内隐理解和教学决策密不可分。任何观察都具有认知选择性，观课者实际记录的教师和学生言行与其说是一个客观描述，不如说是观课者对这些言行的解释。[③] 上课教师的教学决策也反映了教师对教学的自我解释，这两种解释之间并非总是一致的关系。同时，不同观课者对同样的教学现象也经常有不同的推断。如果凯洛夫与雅斯贝尔斯同时坐在教室里，观摩一堂以教

---

① 郭永峰：《论教师的课堂观察技能及其培养》，《教学与管理》2011 年第 1 期。

② 崔允漷：《论课堂观察 LICC 范式：一种专业的听评课》，《教育研究》2015 年第 5 期。

③ Charlotte Danielson，"Observing Classroom Practice"，*Educational Leadership*，Vol. 3，2012，pp. 32−37.

师讲授为主的新授课，他们所"看见"的现象是教师在授课、学生在听讲，但他们所"看作"的却不是同样的东西：在凯洛夫看来，教学是教师在传递知识，学生是在认识、在思维；在雅斯贝尔斯看来，教师与学生之间在进行着"我与你"的对话，教学是活生生的人际"存在之交流"。① 这种差别是因为观课者基于不同的解释理论、采用不同的观察视角所致。这种多元评判也是课堂观察所必然包含的，它存在的意义是秉持解放理性，在对话和交流中实现观课者和上课教师之间的思维碰撞和专业互激。课堂观察中的对立思维看不到观察者之间、观察者与被观察者之间交往互动、平等对话的必要性，将观课者设定为上课教师的评判者而不是合作者，仅根据后者的外显行为进行单向输出式评判，难以促进教师群体的专业成长。

（二）观察教师隐性行为的可能性

1. 课堂观察的"视思维"本质使了解教师隐性行为成为可能

从认识的过程看，观察中的知觉包括两种不同类型的认知操作，一种认知过程始于精致加工感觉代码，另一种是推论性质的，始于我们的世界知识。知觉通过这两类认知过程的合并而获得。② 在课堂观察中的精致加工感觉环节，观察者致力于对教师课堂行为的事实性信息获得，形成自下而上的感性知觉；在推论环节，观察者的价值取向和理论背景对观察过程有着明显的渗透和指导作用，观察者对输入的教师课堂行为信息进行认知加工，据此来引导下一次的经验知觉，形成自上而下的信息输出。这种自下而上和自上而下的认识通道的结合，体现了外显感知与内隐推断之间的互动和转化。

对教师隐性教学行为的课堂观察是"对思维（on thinking）"的觉察，这一特殊的观察对象决定了只有"通过思维（by thinking）"的认知推断方式才能实现。美国科学哲学家诺伍德·罗素·汉森（Norwood Russell Hanson）在他的观察渗透理论中把科学观察

---

① 迟艳杰：《教学本体论的转换——从"思维本体论"到"生成论本体论"》，《教育研究》2001 年第 5 期。

② ［美］J. B. 贝斯特：《认知心理学》，黄希庭等译，中国轻工业出版社 2000 年版，第 33 页。

区分为看（seeing）、看成（seeing as）、看到（seeing that）三种。"看"是生理上的、照相式的反映；"看成"是超越于感官的认识活动和心理推理，与原先已有的关于某物的知识相关；"看到"是把握对象的属性，比"看成"在内容上更丰富，知识联系更准确和稳固。[①] 就教师课堂行为观察而言，"看"是观课者凭借自身感官及有关辅助手段对显性教师行为的表层了解，这种"感知觉"属于直接经验的形成阶段；"看成"是观察者基于自身的教学理解和观察视角对隐性教师行为的低层级推断，这些教学理解和原则假定内在于观察者的感知觉系统中，以内隐的方式发挥作用；"看到"是观察者通过对显性和隐性行为结构转换规则的利用，对联系更加复杂、"显—隐"性不断转换的教师课堂行为的高层级推断。如果说"看"主要是一个"刺激—反应"模式下的客观中立过程，"看到"和"看成"则表现着课堂观察中依靠理论和观念进行认知推断的层级上升，它们共同反映了观课者在"看"的直观性观察基础上，对教师外显行为之根据的推论性思考。课堂观察的"视思维"特征使观课者能够透过可直接感知的教师显性行为表象，达到对教师内隐教学行为的理解。

2．教师教学决策的中介特性有助于实施整体性课堂观察

教师显性教学行为与隐性教学行为的中介和桥梁是其教学决策。"教师教学过程中持有的信念、观念和假设，将会直接影响教师作出重要的教学决策及其随后的教学行为，从而使得学生在一定教师行为影响下进行学习和生活。"[②] 根据前文对隐性教学行为的解释，教师内隐的教育信念、观念和假设的综合作用过程构成他们的隐性教学行为，这些内隐的行为通过教师的教学决策这一中介，支配着教师外显的行为内容与方式，推动着课堂教学活动的不断展开。

教学决策是教师对教学活动诸要素的判断与选择。教师进行教学决策时具体选择什么、怎么选择和为什么做出这样的选择不仅

---

① 高炜：《汉森科学哲学思想研究》，博士学位论文，南开大学，2013 年。

② ［美］威廉·威伦：《有效教学决策》，李森等译，教育科学出版社 2009 年版，第 3 页。

仅是外显的言语与行为表现过程，更是教师个体的信念、观念和假设持续起作用的过程。从教师根据教学目标收集各类教学材料、课堂信息，到加工形成并优选教学方案，主导教师外显教学行为的因素是其行动前的决策活动，而直接决定教师教学决策的深层根源则是教师的内隐行为。教师的教学信念、观念和假设支配着教学决策，教学决策过程的各种反馈性信息又催生着教师教学信念与观念的不断解构和建构。① 这些反馈性信息是教师在动态运行的课堂教学过程中，通过教师与学生群体之间多元的言语和动作互动获得的。

教师通过对各类反馈信息进行专业判断与加工，不断形成新的教学决策。这些信息反馈与生成性决策也成为促使教师不断反思自己的教学观念，调整和更新教学认识与观念的"刺激源"和"过滤网"。教师隐性教学行为、教学决策和外显行为之间构成了一个相互联系、螺旋上升的动态循环（见图4—7）。这使得我们能够以教师教学决策为观察路径，从整体上把握教师的课堂行为。

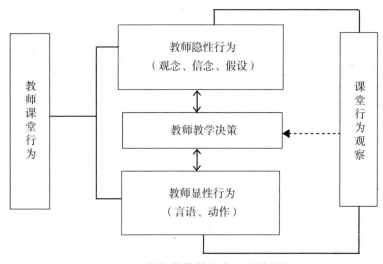

图4—7 教师整体性课堂行为的结构

① 张朝珍：《教师教学决策论》，人民出版社2011年版，第114页。

（三）聚焦教师教学决策的课堂观察

1. 课堂观察者要有自觉的教学决策意识

教学决策意识是课堂观察者对教师教学决策的属性、类型和行为表征的基本认识，以及在此基础上形成的对教学决策意义的敏感性和自觉程度。作为一种专业活动，教师教学决策存在于整个教学过程。在教学计划决策环节，教师要根据学生的认知和情感准备状态，有意识地开发教学内容、设计教学方法；在互动性教学决策环节，教师需要在复杂和流变的课堂情境中，针对种种教学问题不断进行即时性决策；在课后的评价与反思性决策环节，教师要结合学生的学习表现，反思教师对学生学习活动的设计、组织和实施的效果和问题所在，及时调整下一环节的教学安排，实施新一轮教学的再决策。课堂观察者只有树立自觉的教学决策意识，才能在观课环节超越教师显性的课堂行为，深入探寻其隐性的课堂行为及行为背后的决策根据；在评课环节有意识地对教师的教学决策加以剖析，帮助上课教师审视行为背后内隐的教学思考，谋求内驱的专业更新。

2. 以教学事件为核心的教师教学决策观察

教师教学决策是对各种教学问题的发现与解决，这些问题往往以教学事件的形式表现出来，对教师教学决策的课堂观察以教学事件为核心。教学事件有两重含义，即作为教学本体的事件和作为教学活动的事件。前者指教学本身即生活事件，后者指教学的构成单位是教学事件。[①] 本书中的教学事件特指后者。"在教育学的过程中，关于教学内容的认知性问题是同人际关系中的社会学问题与自身的伦理性问题难分难解地纠缠在一道而形成的。"[②] 因此我们可以把引发教师教学决策的教学事件大致分为认知性、社会性和伦理性事件，教学问题是在这三方面的交织中不断涌现的。

认知性教学事件。教学中以课程文本形式存在的事件和课堂内

---

① 陈晓端、龙宝新：《回归事件：后现代有效教学的使命》，《陕西师范大学学报》（哲学社会科学版）2007年第2期。

② ［日］佐藤学：《课程与教师》，钟启泉译，教育科学出版社2003年版，第140页。

发生的所有事件都是教学的原生事件，整个教学任务就是通过教师赋予这些事件以教育学意义，使其成为具有教育学意义的意识事件（即进入了人的意识并被人们认识和把握了的事件）。① 这一转化包括两个方面。一是教师建构课程文本的课程决策，通过预设或临场生成丰富生动的教学事件，架构起文本知识与学生认知结构的桥梁；二是赋予偶发性课堂事件以教育意蕴的即时性教学决策。这些事件凸显着学生生活世界的问题，能够使学生主动进行个性化的知识内化和能力养成。教师教学决策要根植于学生的最近发展区对课程内容进行二次开发，将课程文本体现的学科逻辑转化为学生经验体现的心理逻辑。当这一转化过程没有实现就会形成学生的认知困惑和学习障碍，表现为学生对知识理解的偏差和运用的错误，需要教师及时根据问题产生的具体原因进行教学决策的调整。当学生在学习过程中出现学习困难、障碍或错误现象时；学生提出挑战性、创造性问题时，教师是否迅速准确地估计这些教学事件的性质和价值？如何解决这些问题？教师决策是否合理？对这些问题的思考包含了观课者对教师教学决策规范与否、有效性与否的评价以及教学决策中包含的教学机智的评价。

　　社会性教学事件。课堂教学中的决策主体包括教师和学生两类，学生也是有着个体目的和偏好的决策者，他们之间及其与教师之间形成既合作又冲突、既竞争又妥协的博弈关系，教师教的决策是在与学生学的决策之间的调适中实现的。常见的社会性教学事件如课堂教学中的学生违纪行为、小组学习中的隐性对抗等。教学过程中学生出现交头接耳、打闹、喧嚣等纪律问题，与教师正在进行的教学活动形成显性冲突，对这些事件的处理是教师课堂管理决策的重要维度。在当前的课堂教学中常会看到小组学习的教学组织形式，它有利于学生的合作交流、自主探究，提高了学习效果，但观察实践中也会发现"只聊天不讨论"的消极、"作而不合"的冲突、后进生被边缘化等问题，教师在教学中是否关注到这些问题、

---

　　① 陈晓端、龙宝新：《回归事件：后现代有效教学的使命》，《陕西师范大学学报》（哲学社会科学版）2007 年第 2 期。

做出了怎样的决策、决策效果如何等也应是整体性教师课堂行为观察的重要内容。

伦理性教学事件。日常教学中的伦理性事件如师生之间的价值冲突、课程资源开发中的生态伦理问题、关涉学生差异发展与教育公平的社会伦理问题等。当前课堂观察的分析框架中对师生关系这一伦理现象关注较多，但对教师在课程资源开发中的生态伦理决策、面对学生多样性的教师差异性教学决策这两方面的关注较少。无论是培养学生尊重和敬畏生命，爱护大自然、节约资源的生态意识；还是在教学中培养学生的诚信、正直、奉献等道德观念，都是课程资源开发的基本伦理原则。我们在课堂观察中不能仅仅从工具理性的角度去评判教师课程资源开发的效果如何，还应该看到这一开发过程中存在的隐性伦理问题。由于学生的个性特征、学习风格、学习起点和学习意愿等诸因素构成的差异是一种客观存在，教师在教学过程中是否尊重、开发学生差异以促进他们有差异地发展，就成为衡量教师教学决策伦理性的重要标准。

3. 聚焦教师教学决策的课堂观察步骤

首先是对教学事件的感知。教学事件有积极和消极之分、显性和隐性之分、预设和生成之分，观课者要有意识地关注特定教学情境中产生的各种性质的教学事件，对教师解决教学事件的方式、方法和效果进行信息搜集，推断教师教学决策的内容及其认知根据。其次，观察者在观察教学事件的同时要对教学事件的本质和意义进行教育学抽象，并以虚拟换位决策的方式，思考假如自己是被观察的教师，会如何解决此时此地的教学问题，形成对问题解决的假想替代。这种假想替代是观课者根据自身的教学理念和教学经验，对不同性质的教学事件应该怎样处理的主观判断，其实质是观课者对优质教学行为标准的自我建构。这种建构体现了观课者的专业判断，也是在后续的评课环节不同教师之间开展教学对话的前提。再次，观课者要根据教学问题解决的假想替代与观察到的教师课堂行为及效果进行比较，推断教师教学决策的根据，包括教师运用的实践性知识、持有的教育教学理念和潜在的教学思维方式，对教师教学决策的问题进行原因查找。这一任务需要结合课前说课和课后评课环节共同完成。

总之，对教师课堂行为的观察不仅是听其言、观其行的对象性活动，也是觉其情、察其效、思其据的"推论性心智活动"。聚焦教学决策的教师整体性课堂行为观察是将教师决策作为一种观察视角和路径，通过对教师如何、为何到因何的决策行为分析，来了解伴随着教师显性教学行为的隐性行为实质。这一观察过程是有着特定专业知识、信念、取向、教学惯习的不同观课者之间、观课者与上课教师之间的专业对话。教师之间的对话是一种交流、质疑、探讨，对话的实质是对处于缄默状态的教师教学认识论的唤醒、反思和更新，它在深层意义上促进了教师群体之间的专业提升。

三 职业生涯决策中的教师发展

随着教师专业发展理念的不断更新，培养自主成长型的教师已经成为共识，实施有质量的职业生涯规划成为教师不断提高专业水平的重要保障，也是影响教师教学决策发展的内驱动力因素。

教师职业生涯规划是有意识、有目的的活动，必然要求教师主体自觉理性的决策行为，即教师的职业生涯决策。职业生涯决策这一概念最早源于英国经济学家凯恩的经济学理论，后来引入心理学领域。杰布森和盖拉特（Jepsen & Gelatt，1974）首次使用了职业决策这一概念，他认为职业决策是个人以有意识的态度、行动、思考来选择学校或职业以符合社会期望的一种反应。20 世纪中期，受认知心理学的影响，彼得森等人（Peterson & Sampson，2002）将职业决策界定为一个复杂的认知过程，通过此过程，决策者组织有关自我和职业环境的信息，仔细考虑各种可供选择的职业发展前景，做出职业行为的公开承诺。概括地说，职业生涯决策的核心是人们在职业选择和职业发展过程中的判断与选择行为，通过有效的职业决策，以更好地促进职业成长。教师职业生涯决策是教师自主而理性地设定专业发展目标，设计、实施专业生涯发展方案的过程。教师职业生涯决策具有个体性、阶段性和主观性，受教师的职业价值观、专业性向、专业情感等潜在因素的影响；教师职业生涯决策具有专业性，是教师专业发展活动的组成部分，核心是教师对关涉自身专业发展过程诸要素及其结构系统的判断与选择。

职业生涯决策与教师教学决策的发展是包含与被包含、一般与具体的关系。从时间上区分，教师职业生涯规划有几个层次：长期规划（10年左右），中期规划（3至5年），短期计划（1至2年）。短期计划是中期目标和长期目标的具体化、现实化和可操作化。无论是哪一个层次的规划都体现为教学、教研、班级管理或学校管理等方面的不断提高。其中教学决策水平的提高是教师教学专业发展的核心方面。但中小学教师的职业生涯决策现状并不理想，尚未形成促进教师教学决策发展的有效动力。

（一）教师职业生涯决策存在的问题

现有的研究表明，大部分中小学教师既缺乏职业生涯规划的意识，也缺乏规划的能力。大约95%的被调查中小学教师从来没有制定过职业规划，大约80%的中小学教师缺乏职业规划的意识。[①]其问题主要表现为：

1. 教师职业生涯决策目标的错位

教师在进行职业生涯规划时首先要考虑发展目标问题，对此问题学校组织决策和教师个体决策往往有着不同的判断标尺。当前占主流的对教师职业生涯规划的目标定位以整体和全面为应然追求。如从教师职业的社会需求和教师发展的自我需要出发，将教师专业发展的社会本位目标分为人文精神、专业知识、道德品性、教学智慧、创新意识几个方面。从教师的专业发展是教师自身的发展即个人本位的角度，将教师的专业发展目标分为自我意识、研究能力和教师职业幸福三个方面。[②] 这种宽泛和全面的专业发展理念关注的是高质量的教育和有待提高的教师专业素质之间的矛盾，而教师自身职业决策的关注点则是生存与发展之间的矛盾。调查显示，在工具型职业价值观和发展型职业价值观的对比中，教师们在以经济收入和组织安全为核心的工具价值上的得分远高于以自我成长、自我

---

① 陆霞：《中小学教师职业规划的实践研究》，硕士学位论文，华中师范大学，2008年。

② 孙宏安：《谈教师专业发展的目标》，《辽宁师范大学学报》（社会科学版）2010年第5期。

实现为核心的目的价值上的得分。① 这说明相比于不断追求个人专业成长的发展性目标，中小学教师更多注重的是教师职业的工具性。教师职业生涯决策中的消极无为在很大程度上反映了他们对外在职业生涯规划标准的不认可。

2. 教师职业生涯决策责任的漂浮和转移

教师职业发展的终极目标是成为教师群体中的专家。我们所提倡的专业发展，实质是对所有教师在各种能力与工作内容上的全面发展，是实现每一个教师在各自职业生涯道路上一直向上直至成为专家型教师的线性推进，专业化被视为专家化。但是问题在于，教师个体素质的差异性和现实发展环境的制约已经证明，并不是所有的教师都具有成为专家教师的潜质，不都具有成为专家教师的主观期望。教师职业生涯的发展路径有两个序列，一是教学序列，一是教育行政序列。教师对发展序列的选择受到教师个体决策与教育组织决策的共同作用。对大部分教师而言，进入教学序列是一个现实选择，即使能够进入教育行政序列，往往也是"教而优则仕"的结果。对大部分中青年教师而言，他们对职业发展目标的决策主要就是职称、职位、专业影响力等方面。职称是教师专业发展程度的重要外在衡量标准，关系到教师在教育领域的社会地位和经济收入，是教师从入职开始就不断努力以达到最高发展水平的重要动力；职位则是对部分向教育教学管理方面延展的教师发展的外在认可，如教师职称序列一样，也呈现一个从低级向高级递进的教育行政发展序列；专业影响力主要指教师的教学和科研影响力，随着教师专业素质的提升，部分优秀教师逐渐成为教师群体中的核心人物和"领头羊"，他们不是依靠行政职务和行政权威，而是通过运用自己的专业知识、专业能力和专业信念，发挥着对专业团队的影响力和驱动力。这样的发展通道呈现出一种金字塔形结构，其实质是学校环境中向上发展空间的渐趋狭窄。

缺乏个性化特征的教师职业生涯规划和单一模式的发展路径就

---

① 丘碧群：《教师工作价值观的现状分析及管理对策》，《学校党建与思想教育》2010 年第 6 期。

成为一个美好的图画。教师对自身职业生涯的决策责任是"漂浮"和"转移"的,"行动者被投入一种代理状态,一种把自己看作是给别人执行意愿的状况"①。这在一定程度上构成了对教师职业专业性的消解,没有真正实现职业生涯规划对教师专业提高的促进。教师职业生涯决策既是一个观念澄清的过程,也是一项技术性工作。由于缺乏可以激发内驱力和个性化的教师职业生涯目标,也没有相应的技术指导,教师们的职业生涯规划方案往往趋同和空洞,缺乏可操作性。教师在自上而下的规划要求和"专业完人"的号召下,被动地应付,拼凑一个规划方案交差。当普通教师经过了最初的生存关注阶段后,在为竞争性考试服务的教学活动要求、对学校教学和管理常规的接受、紧张的工作节奏和日趋激烈的职称竞争面前,教师文化中形成了一种工具性、实用的职业价值观。对于未来发展规划的技术要求让位于对课堂教学与班级管理水平的提高以及与之相关联的职称序列的关注。随着教龄的不断增长、职业惯习的日益形成、教师群体"无决策"的潜移默化,使他们对制订规范和系统的职业生涯规划方案既缺乏主动性和积极性,也难以形成科学系统的规划方案。

3. 缺乏决策反思的线性实施过程

决策的意义在执行,教师职业生涯规划的价值体现在实施中。教师在方案设计中的被动也直接导致他们实施过程中的意识淡薄和行为消极,或是表现为对学校督促检查的应付,或是对既定规划方案的按图索骥,使实施过程成为缺乏反思的走过场和线性操作。规划不是一蹴而就的事情,既需要随着教师专业发展阶段和发展序列的不断变化进行方案调整,又需要教师在既定方案的实施中不断总结经验,在执行中进行反思性决策。反思性决策是教师对职业生涯决策的目标、内容、策略与执行过程进行的监控与评价,包括对教师职业生涯决策目标的审视、对实施方案合理性的检查、对实施反馈和效果的判定,以此为根据对整个规划进行调整和补充。如职业

---

① 刘云杉:《从启蒙者到专业人——中国现代化历程中教师角色转变》,北京师范大学出版社2006年版,第171页。

生涯规划目标是否反映了自己、学生和学校的需求和现实情境？目标是否清晰、可操作？决策方案是否包含专业发展的主要内容与资源保障？对决策方案的实施是否有适当的自我监控和调整？是否有效果评估的具体方法？一项系统而规范的规划方案必然包括评价与反思。由于教师普遍缺乏职业生涯规划的意识和能力，制订的规划方案难免不系统也不规范，反思性决策的缺乏使教师职业生涯规划的实施过程随波逐流，效果不佳。

（二）教师作为职业生涯规划的决策者

首先，基于专业发展阶段确定教师的职业生涯规划目标。要改变一刀切的职业生涯发展目标，就要立足于不同专业发展阶段、不同个性特征、不同职业价值取向的教师，设计有差异的、能够体现不同教师个性化需求的规划方案。新手教师对自己的专业发展缺乏系统、规范的规划，最多有一些近期的目标或比较笼统、简单的设想，他们还处于职业生存关注阶段，职业性向尚不成熟。对此要激发这类教师的决策主体意识，培养他们对自身职业生涯规划的责任感和积极谋划、实施有效合理的自我专业发展的自觉性。大部分熟练教师更多地注重教师职业的工具性即以经济收入和组织安全为自身职业生涯决策的核心，对于专业影响力的提高尚没有明确的职业心理准备和决策意识，只有少部分熟练教师有着向专家教师发展的职业生涯决策，处于熟练教师到专家教师的发展道路上。促进这类教师群体的进一步发展需要增强教师教学批评与反思意识，不断提炼实践经验；通过专业学习、团队研修等协同发展形式提高教育观念和理论素养，帮助他们尽快走出职业高原状态。专家教师已经是教师群体中的核心人物和"领头羊"，他们既依靠行政职务和行政权威，也通过运用自己的专业地位和专业威信，发挥着对专业团队的影响力和驱动力。[①] 他们的职业生涯决策目标应该是在既有的专业上升轨道内，从学校到学区再到省市乃至国家范围内进一步扩大自我的专业影响力，逐渐成长为各类高层次的名师。

---

① 张朝珍：《中小学教师职业生涯规划的问题反思——基于决策分析的视角》，《现代中小学教育》2013 年第 3 期。

其次，要赋予教师职业生涯决策权，实现由控制到参与的学校管理方式转变。当前对教师职业生涯规划的管理方式主要有两种：一是外在控制的管理，是由教师以外的人和机构决定教师专业发展的目标、内容和方式。教师通过有组织地接受培训，实现行政规训范围内的专业提升；二是内在控制的管理，是由教师来决定专业发展的方向、内容和方式，相信教师能够对自我的专业发展负责，通过激发教师自主的职业生涯决策帮助他们得到实质的提高。重视教师的职业决策权体现了教师专业发展由外控到内驱的发展趋势，有助于改进当前存在的工具主义管理观，把教师从被改造的对象转变为教学决策发展的主体。

最后，提高教师的职业生涯规划能力。教师决策伴随着教师专业发展过程的始终。教师职业生涯决策不仅是教师专业成长的重要前提和手段，也是专业发展的内容和核心要素。但实践中许多教师对专业发展规划的知识了解很少，更难以制订出具有价值合理性与实践可行性的发展方案。提高职业决策能力成为中小学教师职业生涯规划问题解决的核心。

第五章

惯习与资本：教师教学决策运行的社会结构动力

社会结构是社会学研究中的一个重要概念。社会结构是由要素构成的一个系统。一方面，作为统一体的社会都是由一定的结构要素组合而成的，因而是可以分析的；另一方面，这些要素不是机械或杂乱地组合在一起，而是遵循一定的规则组合起来共同维持较为固定的关系，从而使社会结构具有相对的稳定性。[①] 布迪厄围绕场域、惯习和资本等社会结构要素，提出了自己的社会分层和社会结构再生产理论。教师教学决策不是单纯的人类认知和思维活动，而是在学校这一社会结构中实现的。因此本书借鉴布迪厄的社会结构动力理论，从社会学视域分析教师教学决策运行和发展的实践逻辑。

第一节　教师教学决策运行的实践逻辑

任何教学活动都是有意识的主体行为的体现，其中必然包含教师的决策活动。作为教学活动构成部分的教师教学决策是在与特定学校中的制度、规则和他人之间的交互活动中实现的。这种互动活动的质量和效果也是衡量教师教学决策有效性的重要标尺。教师教学决策发展不仅仅是教师个体努力的结果，也是在社会组织系统的运行中得以不断提升的。只有从社会结构内部各要素的相互作用中

[①]　杜玉华：《社会结构：一个概念的再考评》，《社会科学》2013 年第 8 期。

分析教师教学决策的运行动力，找寻教师教学决策发展的深层制约因素，才能更好地促进教师教学决策的不断优化。

一　研究的方法论立场

划分社会阶层的标准和方式是多元的，对于教师群体的分类问题，不同的视角会产生不同的区分类别。如根据教师在学校组织中的实际地位，即学校及其有关职能部门的领导对教师个人的评价，将教师分成三个层次：受优待的教师、受礼遇的教师和受冷遇的教师。[1] 以教师所教的年级为标准将教师分层，划分为上层和低层教师，即任教较高年级特别是毕业班的教师为上层的教师，处于低层的教师则是那些任教较低年级的教师，上层的教师一般享有较高的组织信任度和专业权威。在以学科课程为主的中学特别是高中阶段，根据教师任教学科的不同也区分了不同的教师层次，这一隐性的区分被通俗地概括为"一等教师语数外、二等教师理化生、三等教师政史地、四等教师音体美"。这一划分的本质是根据不同的学科课程在学生升学考试中所占的权重大小，进行的实用主义取向的划分。教师专业发展是教师个体专业不断发展的历程。这一发展历程存在着不同的阶段划分，如澳大利亚将教师专业发展分为新手教师、熟练教师、优秀教师和专家教师四个阶段；英国将教师专业发展划分为职前的合格教师、入职教师、成熟教师、优秀教师和专家教师五个阶段，本书对教师专业层次的区分视角是处于不同职业生涯阶段的教师综合专业水平的高低。这些阶段划分体现了教师从入职到成为专家教师的纵向发展历程，也反映了教师群体的不断分化。这种分化同时存在于教师群体内部和群体之间，是客观而普遍存在的社会现象。

根据美国社会学家卢曼的理论，人类行为以及与某种行为相联系的各种事件和过程，都可以构成一个相对独立的一般系统。系统分化包括环节分化和层级分化两种情形。环节分化是系统分为多个地位相等、形态类似的子系统；层级分化是系统包括多个地位高低

不等的子系统。① 前者指系统内的分割性分化，后者指系统间的阶层分化。作为一个复杂演化系统的教师教学决策发展也存在着这两种类似的分化现象。一是处于同一专业发展阶段教师的环节分化，表现为教师个体缘于专业发展的主观愿望和客观资源获得等方面的不同，导致他们有着明显个性差异的专业发展轨迹。但他们又具有共同的专业特征，如工作不足三年的新手教师，虽然在专业发展的速度和水平存在着个体差异，但与熟练教师相比，依然有着职业经验缺乏这一子系统的特征。二是教师专业发展水平的层级分化。根据专业发展水平的高低这一区分标准，不同教师群体又被分为从新手到专家的多个递进系统。不同的发展阶段有着层级性的专业标准，说明了处于特定专业发展阶段的同类教师群体还存在着发展层次的共性。教师分层不仅是一个静态的层级结构，不同层级之间也是一个不断演变的动态发展过程，这一演变过程呈现发展方向和路径的复杂多样性。教师专业层级的变化不是由教师主观因素或学校教育制度、场域文化结构单方面决定，而是教师主观努力与学校科层管理、学校内部规约和社会外界期待等包含的各种综合因素共同起作用的结果。本书基于教师专业发展的层级分化理论、以教师教学决策这一下位的维度为研究切入，探讨教师教学决策发展的社会结构动力。

二　分析的理论基础：布迪厄的社会实践理论

教学决策力是衡量教师专业水平的核心能力之一，促进教师教学决策力的发展也成为提高学校教育水平的核心要义。由于教师群体有着不同的专业出发点，对这些发展基点进行界定，实现教师教学决策力的分层、分类发展就不仅是促进教师专业发展的事实问题，更是一个往哪里发展的价值问题；不仅是一个如何发展的技术问题，也是一个为什么要发展、谁能够发展起来的利益问题。此处的层级划分不是指教师专业地位或权力的高下之分，而是指伴随着专业发展的演进，教师群体之间出现的一种分层聚集机制。此外，

---

① ［澳］马尔科姆·沃特斯：《现代社会学理论》，杨善华、李康等译，华夏出版社 2000 年版，第 330 页。

教师教学决策本身兼具内隐和外显、客观和主观的双重属性。如果只是在决策心理和教师认知的维度进行探讨，不可避免地会带有主观主义的嫌疑，但如果将教师教学决策视为被社会客观条件决定的结果，又有着明显的客观主义倾向。对这些问题的解答不是单纯的主体认知建构理论或社会结构决定论能够单独完成的。要避免在这一问题上的二元对立思维，揭示教师教学决策发展的特殊性，就需要借助于前人为超越社会科学领域的二元对立所做出的理论探索。其中美国社会学家布迪厄的观点就成为本书试图分析上述问题的重要理论支撑。

　　人类社会实践是习性、资本和场域相互作用的产物。布迪厄从资本、场域和惯习这三个相互联系的方面对社会阶层的分化进行了颇具创造性的论证。① 他将人类实践分为社会结构和心态结构两个方面。社会空间结构由各种关系网络构成，形成各种社会场域。生活在社会空间中的行动者占据着网络结构中的特定位置，凭借着各自拥有的各种资本，既受一定的社会场域条件和客观结构的制约，同时又通过形塑中的特定惯习不断建构和创造着自身和生活其中的世界。因此布迪厄的社会实践理论超越了目的论个人主义和机械结构主义的二元对立，从一种关系主义的视角揭示了行动者心态和行为兼具主观性和客观性的双重特性，又称之为"共时的结构化和被结构化"。作为社会组成部分的学校以及社会成员的教师，虽然具有学校场域和教师主体的特殊性，但也同样具有布迪厄的概念框架所揭示的一般社会实践特征。布迪厄社会理论之中的资本、场域和生存心态理论能够帮助我们思考在学校场域中生存和发展的教师群体，在教师教学决策的运行过程中，其职业发展层级的不断分化和演变的内在本质和特殊性。

　　（一）场域、惯习和资本的交织：社会实践的结构动力学

　　1. 场域与惯习的相互生成

　　场域制约与形塑着惯习。人类社会空间存在着各种各样的关

---

　　① 法语"habitus"在中文中有不同的译法，或被译为"惯习"（李猛、李康，2004）；或被译为"生存心态"（高宣扬，2004）；或被译为"习性"（包亚明，1997）。目前大部分的文献采用的是"惯习"这一译法，本书也采用了这一译法。

系，这些错综复杂的关系及其发展形成一个个将行动者果挟其中的社会客观结构和主体心态结构，二者之间的相互作用不断生成着兼具历史性和现实性的场域。因此，社会空间是由人的行动场域构成的，场域是"在各种位置之间存在的客观关系的一个网络，或一个构型。正是在这些位置的存在和它们强加于占据特定位置的行动者或机构之上的决定性因素中，这些位置得到了客观的界定"①。这些得到客观界定的位置之间的相互制约形成位置网络。位置网络在不同类型的资本（或权力）分配结构中发挥着实际或潜在的作用，不同位置代表着不同的资源享有和利益获得，特定位置的获得和位置间的流动都需要行动者占用一定数量和结构的资本。因此"作为一种场域的一般社会空间，一方面是一种力量的场域，而这些力量是参与到场域中去的行动者所必须具备的；另一方面，它又是一种斗争的场域；就是在这种斗争场域中，所有的行动者相互遭遇，而且，他们依据在力的场域结构中所占据的不同地位而使用不同的斗争手段，并具有不同的斗争目的"②。场域既是相对静止的共时性结构，表现了不同的位置和资本占用者之间的实践张力，也是不断变化的历时性结构，在行动者之间的各种互动关系中建构、维持和突破。场域始终是以力的较量为核心、各种关系架构发生发展的空间和多面向互动状态。

　　惯习维持和建构着场域。体现着行动者实践逻辑的惯习是长期占据某一场域位置的结果，是客观结果和个体发展史相互作用的产物，惯习反过来又产生出场域所体现的社会实践结构。惯习产生惯习行为（或曰惯例行为）。惯习本身并非直接等同于惯习行动，但它却体现于具体的惯习行动之中，惯习通过惯习行动而外在化。在此情况下，惯习成为一个可以产生各种惯习行动及表象的"强有力

---

① ［法］布迪厄、［美］华康德：《实践与反思——反思社会学导引》，李猛、李康译，中央编译出版社 2004 年版，第 133 页。

② 高宣扬：《当代法国思想五十年》（下），中国人民大学出版社 2005 年版，第514 页。

的生成母胎"。① 惯习是既可以使外在客观结构内在化，又可以通过生产惯习行动及表象使内在结构外在化，同时连接着客观结构与惯习行动（实践活动）的心灵与身体的结构系统。

在场域中形塑的惯习是个性与共性的统一。惯习塑造个体的行为，但又有着集体基础。每一个体的秉性系统乃是同一阶层的其他个体秉性系统的某一种结构上的变种而已。② 那些把相似的生活条件和生活机会内化的个体往往有着相同的惯习。处于同一阶层的群体通过惯习的一致性形成类似于交响乐演奏中的"没有指挥的合奏"。同时，通过有差异的惯习本身的调节作用来与阶层共同风格和意识层次形成内在关联，体现了惯习自我转化和相互转化的可能性。

实践活动是惯习和场域之间辩证关系的产物。"惯习和场域的关系首先是制约关系，其次是认知建构关系，且后者取决于前者。"③ 惯习影响场域，行动者在场域里的社会位置会影响他们对客观位置的主观调试，表现为人们在实践活动中，运用各种资本力量，在惯习的导引下不断地建构场域，又在建构中不断再生、创造惯习本身；场域又制约着惯习，通过塑造行动者的惯习实现场域在行动者主观世界中的内化。这种相互制约作用的发挥，是以行动者对场域结构的认知和资本力量的自觉谋求为基础的。实践活动既是惯习和场域之间的动态关系，也是行动者对这些关系要素的认知建构。

2. 场域与资本的彼此制约

行动者掌握的资本种类和总量与他们在场域中占据的社会地位有着相互生成的复杂关系。只有存在于场域的关系结构中一种资本才能够存在并且发挥作用，场域为资本的获得、流通、比较提供了一个必要的空间，同时场域本身的存在、运行也通过各种资本间的不断流通和转化得以呈现和维持。

---

① 朱伟珏：《布迪厄"文化资本论"研究》，博士后研究工作报告，复旦大学，2005 年。

② 高宣扬：《布迪厄的社会理论》，同济大学出版社 2004 年版，第 133 页。

③ 文军：《西方社会学经典命题》，江西人民出版社 2008 年版，第 181 页。

场域制约资本。首先，场域制约资本的拥有者。场域是由行动者构成的，这些行动者通过各自拥有的资本进行各种社会交往活动，占据一定的社会空间位置。场域是围绕着一定的资本类型或者资本组合组织起来的结构化空间，这些资本类型或资本组合发挥作用是通过行动者的实践来实现的，因此场域对资本与行动者的制约不可分割。其次，场域决定资本的价值构成。场域选择属于自己的特定资本形式，并成为资本发挥作用的制约边界。对资本的价值判断和获得与使用策略取决于资本拥有者所处的特定场域。不同的场域位置代表着不同的资源和利益，也有着各自的主导性资本，如经济场域对经济资本的追求、政治场域对权力资本的争夺、教育场域对文化资本的看重等。获得这些利益需要凭借资本的力量。资本既是行动者参与社会实践的工具，也是他们争夺的对象。场域为资本生产、交换、相互间的竞争提供了场所。

资本制约场域。资本既生产着物质产品和经济结构，也生产着社会政治、文化结构、场域规则。资本的变动性决定了场域的变动性，资本的总量和结构比例界定了行动者能够进入何种场域的可能性和发展轨迹。资本的交换和流通的功能使"不同资本之间进行的不停的转化，建构了不同场域的不同结构、运作逻辑以及不同场域之间的边界"[1]。资本拥有者还通过资本本身派生的权力来规定场域的行为、利益获得的规则，控制场域的运行。因此进入场域竞争中的行动者会展开争夺权力的斗争，借助权力改变掌握资本的状况，为自身赢得更加有利的社会位置和更多的利益。

3. 惯习与资本的相互交织

惯习的本质是一种文化资本。人们在惯习的引导下，生产、消费和交换着各种资本，在这个过程中形塑一种变化的场域和再生产惯习本身。惯习是行动者对社会历史和社会生活进行内化后的生存心态，布迪厄将之归为身体化文化资本。这种身体化文化资本是伴随着个体的社会化过程形成的一套性情倾向，这一资本的总量和构成取决于行动者的个人阅历和社会经验的积累，因此惯习就成为行

---

[1] 宫留记：《布迪厄的社会实践理论》，河南大学出版社 2009 年版，第 107 页。

动者获得、巩固和发展自身社会利益的特定资本力量。

文化资本塑造惯习。一定社会的文化是历代社会群体生产、传递和累积而就的精神成果，也是当下行动者形成惯习的客观基础。社会生活中蕴含的精神、文化要素在个体的社会生活中被内化为惯习的重要组成部分，它以行动者深层的意识结构和行为模式表现出来，成为行动者进行社会判断、选择行为偏好、指导社会结构中的自我分类和分层的实践逻辑。惯习虽然是文化资本生产和再生产的结果，但文化资本的生产和再生产也表征和塑造着惯习。与其他社会结构一起，文化构成了行动者构建惯习模式的制约性力量。

（二）社会阶层分化的实践逻辑

社会阶层的分化是在特定场域中，借助于惯习和资本的运行来完成的。

1. 惯习与阶层的分化

一个分化了的世界，是由一个个遵循着自己运行逻辑的系统构成的。在这些不同的系统中存在的行动者，因为占据社会位置的不同形成了各种力量关系。这些力量是场域中的行动者必须具备的生存资本。正是在力量的较量中，所有的行动者"在场"并彼此"遭遇"并通过"在场"和"遭遇"促成、保持和改变了场域。处于场域中不同位置的行动者，受到位置性质和功能的制约，在场域内部力量的较量中会采取不同的行动策略，形成着有差异的惯习，逐渐被分化为有差别的社会阶层，这种分化是相对静止的，随着行动者资本的增长和惯习的改变，在不断的变化过程中实现着位置间的流动。

惯习具有调节资本和建构场域的能力，因此布迪厄在两种能力的关系中定义了惯习，一是区分、分类或制造分类活动的能力，一是欣赏分类结果的能力。[①] 惯习是由个体或群体行动者内化而成的一种主观精神状态，表现为对场域中各种要素系统的知觉、评判和决策的各种身心图式。惯习不只是指那些指导社会群体区分过程的区分原则，而且也是实际地发挥区分作用的区分活动本身；它不只

---

① 李强：《社会分层十讲》，社会科学文献出版社 2008 年版，第 288 页。

是已形成的、单纯内在化的行动者主观心理状态，而且也是同时积累着行动者历史经验和凝缩社会历史发展轨迹，并不断地在客观世界中外在化的"生成原则"。① 因此惯习是个体或群体所处的社会政治经济环境、历史经验和文化等客观条件作用下结构化了的产物，是人们后天所获得的生成图式。一方面，"在一个特定的场域中，占用相似或邻近位置的行动者，会被分配在相似的状况与限制条件下，他们有可能产生相似的惯习和利益，从而产生相似的实践活动"②；另一方面，不同阶层之间往往有着不同的惯习，这些惯习是伴随着个体或群体的人生经验不断形成、沉积、稳定和内化的行动者主观心态结构、秉性系统、生存经验、生活模式和行为策略，它们作为"前结构"指导着行动者各类活动的始终。行动者根据惯习所记录的历史经验，对他人和自己的行动做出各种判断和选择，在行动者决策前，影响其对行动方案的斟酌与考量；在行动中，帮助行动者诠释各类信息、指导行为操作。惯习的相对独立性和建构性决定了对于生成它的历史具有复制和改造的双重性，在改造历史中也不断地改造和丰富着自身。

影响阶层分化的惯习有着质量的高低之分。一个人既有惯习中的历史积累越丰富、越有深度，他在社会活动中进行自我诠释和对周围世界进行诠释的认知资源和能力就越丰富、越强。行动者的历史阅历和社会经验是决定其生存心态质量及其行为有效性的重要根据。③ 惯习的质量和有效性反映了它的主客观相统一的静态结构，也体现了惯习在场域的关系网络中多向互动构成的不断变化和发展这一动态特性。

2. 资本与阶层的分化

（1）资本及其构成。

布迪厄认为，区分不同阶层的首要差异，在于各个阶层占有的资本总量和资本类型或资本构成的不同；其次是资本在时间维度上变迁趋势的差异，如阶层地位的上升趋势、停滞趋势或下降趋势三

① 高宣扬：《布迪厄的社会理论》，同济大学出版社 2004 年版，第 113 页。
② 宫留记：《布迪厄的社会实践理论》，河南大学出版社 2009 年版，第 52 页。
③ 高宣扬：《布迪厄的社会理论》，同济大学出版社 2004 年版，第 119 页。

种动向。这种变迁会受到一个人或者一个阶层的既有惯习和场域结构的影响与制约。因此资本不是独立存在的，资本只有存在于场域中才具有某种意义，确定资本的价值必然要涉及惯习体现的社会和文化特征。场域、惯习和资本密不可分。

不同个体或群体拥有的资本多寡和资本构成决定了他们在场域中的权力或分量。布迪厄讨论了四种资本形式，即经济资本（货币与财产）、文化资本（教育文凭与教育服务）、社会资本（人际关系网络）和符号或象征资本（合法性）。他的经济资本理论基本是对传统资本理论的沿袭，其创造性的资本概念是文化资本、社会资本和象征资本，这三种资本形式也是学校教育场域中常见的资本类型。

（2）基于资本的阶层分化。

每个行动者在场域中的位置是由其可控制的资本数量和质量来界定的，根据资本的总量和类型，可区分不同层次的行动者。在高度分化的社会中，经济资本与文化资本构成了一切社会对行动者进行分层的两大区分原则。特别是被视为一种权力资本的文化资本正在成为越来越重要的社会分层的基础。只有将经济资本和文化资本结合起来，实现两者在数量和质量上的最大化，才能在场域中占据重要的地位，获得更高的社会声誉。同时，参与到场域斗争中的行动者拥有着各自的资本基础和场域行为目标，在社会分层的过程中会采取各种不同的行动策略去继承、保守或颠覆现有的社会结构，以维护特定群体的利益。各种资本之间的反复交换和竞争，使行动者实现了在不同场域之间的流动，形成了一种有层级的社会权力关系。

向更高的社会阶层跃迁体现了行动者对自我综合利益最大化的谋求，行动者向其他阶层的转换往往意味着生存场域的变化。场域是一个利益争夺空间，资本的差异是场域发展的动力。阶层之间的转化是借助于资本实现的，各种资本之间的不断组合与相互兑换，成为场域不断生成发展的动力。资本在场域中与行动者的生存心态相结合，以一种动态的形式实现着自身的再生产和再分配，也不断推动着社会阶层的分化和转化，转化的可能性取决于行动者所拥有的资本结构的性质、总量及其"兑换比率"。

第二节　教师教学决策运行的学校教育场域

教师教学决策的发展是教师主体动力、学校场域动力和社会场域动力三者之间相互作用所产生的合力共同作用的结果。作为教师专业能力构成之一的教学决策力，其分化与发展也是三种合力共同作用的结果。由于社会场域发挥作用主要是通过学校场域中实现的，教师发展需求也是在特定学校场域中得到满足的，因此教师教学决策发展的根本动力是代表着社会期望的学校场域动力和谋求自身发展的教师需求之间的对立统一。

一　学校教育场域的一般特征

与其他行动者一样，教师也是在学校这一特定的社会场域中开展各种职业活动的。学校场域作为社会场域的组成部分，既有着一般场域的特征，又有着它自身的特有的运行逻辑与特殊性。

（一）学校场域是物理场域与意义场域的相互交融

场域既是一种社会空间，也是各种关系的联结。作为社会空间具有客观存在性，作为关系联结则包含着场域主体的主观感受和价值赋予。与其他场域一样，学校场域也是由学校中各种复杂、多元的关系网络构筑的运作空间，在特定物理场域中各种有形与无形的力量通过不断的竞争和重组，谋求着教育意义的实现。"教育场域是在教育者、受教育者及其他教育参与者相互之间所形成的一种以知识的生产、传承、传播和消费为依托，以人的发展、形成和提升为旨归的客观关系网络。"[1] 学校的中心工作是教育，其他活动都围绕着教育活动展开，学校场域就是由教师和学生围绕知识的传递和学习而形成的关系网络，促进这一场域中每一个人的全面发展是学校教育场域存在与发展的本然意义。

---

[1]　刘生全：《论教育场域》，《北京大学教育评论》2006 年第 1 期。

　　教师在教学实践的不断展开中发展着自我的教学决策能力。关系到教师教学决策发展的学校场域主要包括课堂教学场域、教育行政场域和专业交往场域。课堂教学场域具有单元的相对独立性和活动的重复性，课堂教学场域中的行动者是教师和学生，教师主要是在教学场域中通过完成一定的教学决策任务，不断提高自身的决策力。教育行政场域属于学校的管理和服务系统，其行动者主要是校长群体、职能部门工作人员、年级主任等，部分教师教学决策力不断发展的结果是由普通教师转化为学校行政工作人员，即"教而优则仕"，实现职业场域的转换。专业交往场域是教师在课堂教学之外从事专业活动的空间，其主要行动者包括年级备课组、学科教研组的教师、学科教研员、校外实践专家、大学或研究机构的理论工作者等。正是在这一场域中，通过与他人的专业互动，教师不断提高其教学技能、改进决策观念、丰富教学理论。

　　每个场域都有权力行使的边界，有着主导资本支配下运作的实践逻辑。这三个场域之间也存在着活动的交叉和边界的暂时重叠，比如学校行政机构组织的，以教学竞赛、课堂观摩为核心的校本研修活动。行政场域处于学校的核心位置，主导和调控着学校的人事、财务、教师评优与职称晋升等各类资源的分配与交换，直接影响到教师为主体的课堂教学场域和专业交往场域的构成与运行。每一个教师在课堂教学场域都有着教学内容开发、教学方法和教学组织形式的课程与教学决策权，担任班主任工作的教师还具有组织和管理学生的权力与责任；教师专业活动场域则是教师群体行使话语权的重要权力空间，但往往要受到学校行政场域的制约。如在许多中小学校开展的"青蓝工程"，其指导思想就是充分发挥熟练教师和专家教师的传、帮、带作用，加快青年教师的成长。这一工程的有效开展需要行政场域的政策保证。本次调研的××小学为此制订了详细的实施方案，特别是对参与青蓝工程的各类教师所应有的权利和义务做出了具体的规定（见附录2）。规定不仅立足于具体的专业发展活动对指导教师如何引领新教师提出了要求，也从指导教师自身的专业成长方面做出了具体的规定。这些活动的开展也使得熟练教师能够获得更多的文化资本与学校社会资本，调动他们指导新手教师的积极性。这说明合理的行政场域干预对于专业发展场域的有效运行有着现实的促进作用。

（二）学校场域是生产和再生产差异群体的争夺空间

当各个社会群体为了资源相互斗争时，行动者之间的分层是不可避免的。不同层级代表着有差别的利益和权力占有，行动者的层级越高拥有的经济资源、知识资源或职业资源等利益与地位就越多、越高；层级越低其利益和地位就越少、越低。学校场域不仅生产和再生产着有差异的学生群体，也在这一过程中不断生产和再生产着教师之间的层级分化。"教师是学校组织中的相对独立的群体，有着区别于其他学校组织成员的身份特征和职业特性，在学校组织中，教师群体不仅有其相应的层级，而且教师群体内部也存在着不同的层级。"[1]层级划分是基于一定的标准进行的。根据教育社会学理论，划分层级的标准主要有归属标准和成就标准。归属标准是指性别、种族、民族或家庭背景等不受行动者控制的属性，成就标准是通过努力而获得的成就。影响教师层级地位的标准主要是教育成就的大小。教师通过不断的努力，积累有助于自身发展的文化资本和社会资本，获得被学校群体成员认可的教育成就，才能提升自己在学校中的层级。

在日常的学校教学活动中，学校教育通过规定教师的各类教育教学行为，完成着学校功能的实现和各种资源的分配，将学校场域内在的分层、分类功能客观化普遍化。这种教师层级的生产和再生产是通过学校对教师的管理甚至通过直接的教师分层管理来实现的，如材料5—1。

材料5—1：城关镇建设小学教师分层管理实施方案[2]

为进一步整合教师资源，激发教师创新活力，更好地调动教师的主动性、积极性和创造性，提升教师素质，新学年我校

---

① 赖志超：《教师分层的教育社会学探究》，《广东教育学院学报》2008年第4期。
② 《城关镇建设小学教师分层管理实施方案》（http://wenku.baidu.com/link? url＝z y-cqqww3jfx8b1wdxjp-ans7bim9blrun46loz8rqqvlkwdhhhf2jfdxlmug0oeu8b1mrqrum46bwsz4kvf1w1sn8 dmv8nmw0fo4a-2zl3）。

将结合自身实际，尝试分层次教师管理办法，实施动态管理，以促进不同层面教师的成长。分层管理实施方案如下：

（1）将全校教师根据管理需要，制定分层管理模式为：不合格教师—合格教师—骨干教师。

（2）名师评价各项指标：在实施过程中重点查看近一学年来的各项指标，以前的荣誉、奖励只作参考。从师德、教学基本功、教育教学成绩、执教公开课观摩课、教研教改、新课改、课题研究、班主任工作等方面提出评价指标。

（3）名师评选办法：从2012—2013学年度开始，每学期期初一小评，每年一大评，符合条件的教师给予命名，实行动态管理，优胜劣汰，不同类型的教师给予不同的评价标准与待遇。

1. 不合格教师

（1）评价标准

在工作中出现教学事故（不遵守监考纪律、监考失职，在教学过程中体罚与变相体罚学生，在辅导时不认真，看书报杂志、玩手机、打瞌睡、与他人闲聊，在上室外课时，不认真组织、远离学生造成事故、家长投诉等）；学校分配工作不积极接受，推诿，集体荣誉感差；不团结同志，出口恶语伤人；不能完成学校所交给的教育教学任务；在各级教育部门组织的各项活动中，名次排列在倒数第一、二名者；出现以上现象之一者，评定为不合格教师。

（2）职责

以后工作中不再出现以上情况，应积极向合格教师转岗，力求达到合格教师标准，并申请在学校讲授公开课1—2节。

（3）待遇

不合格教师按待岗教师对待，除认真完成学校所分配的教育教学工作任务外，取消前两个月的量化津贴及福利待遇。

2. 合格教师

（1）评价标准

工作尽职尽责，在上级组织的教学质量检测中名列前茅；

认真完成学校分配的教育教学任务；运用电教手段，上一节高质量的新教学模式课改课；精读一本教育专著。符合其中两项及以上者，评定为合格教师。

（2）职责

不出现不合格教师评价标准中所罗列的现象；并积极向骨干教师靠拢，按骨干教师评价标准严格要求自己，积极主动承担相应级别要求的教研、教改、课改任务、课题研究和公开课、观摩课与示范课；具备优先评模资格。

（3）待遇

享受学校给予的月量化津贴及福利待遇。

3. 骨干教师

（1）评价标准

具有良好的师德师风，曾获得镇级及以上师德标兵者；能积极进行教研教改与课改，在上级组织的教学质量检测与教学竞赛中，获优胜奖者；能开拓创新，认真参与各类教育教学活动，所撰写的教学论文获市级一等奖者；工作中集体荣誉感强，尽职尽责，服从学校工作分配，职称在小教二级及以上者。符合以上评价标准三项或以上者，评定为骨干教师。

（2）职责

骨干系列的教师除承担具体学科和教书育人的工作任务外，还必须履行发挥骨干辐射作用，每学期进行一次名师讲座，写一篇有价值的论文；做一件有保存价值的多媒体课件；精读一本教育专著；承担相应级别要求的教研、教改、课改任务、课题研究和公开课、观摩课与示范课；承担对前两类教师与年轻教师的教育教学指导、引领及培训等任务。

（3）待遇

享受学校给予月量化津贴及福利待遇，在月量化津贴基础上再每月浮动 10—15 元，并具备优先评模资格。

对教师进行分层管理，能使全体教师工作目标明确，调动教师工作的积极性，促进学校教学管理的科学、和谐发展。

由此可见，群体教师分层是依据教师的教学能力以及与学校其他成员的人际关系来决定教师在学校群体中的等级，教师教学决策力的分层是隶属于教师分层的一种权力获得与资本分配模式。这些充满着竞争与合作的分层过程不仅是持续进行的，而且是动态发展的。同一专业发展阶段与不同专业发展阶段教师的教学决策往往有着运行过程和效果的层级差异，不同层级教师教学决策力的衡量标准反映了学校教育的实践逻辑，它既是现代科层制度下学校教学管理理念的体现，也是专业主义运动中对教师进行分类组织和训练的需要。

学校是由各种权力掌控下的资本运行领域，行动者的差异和分化现象是学校场域中的权力争夺和资本运行的产物。教师教学决策力不仅表现为一种专业能力、专业效力，也表现为一种被赋予的专业权力。影响教师教学决策发展的权力有基础性权力和发展性权力之分，基础性权力是教师作为教学专业人员的课程与教学决策权，教师能否以及在多大程度上行使这些权力，直接影响到教师在学校场域中的影响力和支配力。发展性权力主要包括行政权力和学术权力两种类型，学校教育行政领导者拥有行政权力，教师群体中的专家教师则拥有学术权力。权力的获得意味着对特定资源的占有，形成有价值的学校资本形式。影响教师教学决策发展的基础性权力和发展性权力虽然在不同的层面起作用，但它们之间借助资本中介形成了相互依存、相互生成、彼此兑换的关系。

学校场域中参与资本兑换的主要资本形式是文化资本，而象征资本与其中的制度化文化资本关系最为密切。制度化文化资本一般是通过具有象征意义的礼仪活动如学位、荣誉称号的授予仪式、专业威信和圈内口碑等方面的积累策略，借助象征资本完成向经济资本的转换。如果说教师文化资本的获得主要是在课堂教学场域实现的，那么教师社会资本的获得主要是在专业交往场域中实现的，包括教师以课堂教学竞赛、公开课观摩、教学研究项目或课题为载体，与同行实践专家或理论专家之间进行的互动和交流。象征性资本则是教师在既有的文化资本和社会资本的流通和兑换中，凭借行政权力和学术权力的认可与赋予，获得的特定专业地位的合法化标签。学校场域是竞争荣誉与位置表现最为突出的准社会，也是分配现实身份和未来身份的文化资本再生产的机构，在注重等级的精英主义教育体制中，学校整体的教育运作就是对其中的行动者进行分类与定位，从而有区别地分配教育机会与资源。① 教师在学校场域中的资本差异既表现在教师为提高自身教学决策力可资利用的专业关系的广度与深度的不同，也表现在与他人互动中自身专业影响力的高低，如专家教师具有的评价课堂教学好坏、指导其他教师专业行为的专业威信和权威，体现了这些教师在学校场域特有的教学话语与行为系统的生产与再生产中的话语掌控权。

（三）学校场域是兼具制约性和开放性的双重空间

学校场域作为教育关系的存在和运行空间，有其特有的游戏规则、规范要求和行为边界。这些游戏规则、规范和边界既是学校场域自主性的体现，也构成对场域中所有行动者的制约。各类教育规范作为对教育工作者职业行为的标准要求，塑造了教师教学行为的常规性和统一性。但"即使在规范的情境中，行为也包含了不确定性，而且通过时间而发生的行为，使得行为的结果对于参与的行动者而言很少是清晰明白的。……行动者是否遵循规范或遵循既定的仪式，取决于他们的利益"②。不同的教师群体或个体往往有着各自的利益追求，学校场域内的各类子场域也有着特有的游戏规则，这些利益追求与场域的游戏规则之间形成博弈关系。教师既遵循学校场域的游戏规则又根据自我的需要和判断不断超越这些规则。学校场域对教师教学决策的制约具有显性和隐性两方面。显性方面表现为教师在课堂教学场域的教学决策要体现学科内容与教学方法的特殊性、教学组织与管理决策要符合一般教学常规；在行政场域内教师带领学生遵守学校的各项规章制度。这些制度和政策的规训形成了官方制定的显性规则。隐性的制约表现为教师遵从学校场域的内在要求，参与塑造、帮助学生潜移默化地接受学校和班级文化；在

---

① 金生鈜：《学校场域与交往惯习（一）——关于教育交往的对话》，《福建论坛》2007年第6期。

② ［美］戴维·斯沃茨：《文化与权力：布尔迪厄的社会学》，陶东风译，上海译文出版社2006年版，第115页。

专业交往场域中依据生产和交流教师实践性知识的逻辑进行对话，内化与建构特定的教师群体文化。另一方面，学校场域的动态发展特性又决定了它具有开放性的特点。学校是社会场域的构成部分，通过走进社会生活、向社会生活开放，学校场域与外部场域发生着交互的信息、资本和能量的交换，这种交换的主要表现是以升学率为核心的"名生"、"名师"、"名校"的竞相打造，与"名生"、"名师"、"名校"相伴随的是巨大的社会资本攫取和资源获得，学校场域也因此成为教师和学生与周围的社会政治经济场域相联系的重要中介，其中"名师"必不可少的成功标签之一就是在课堂教学场域的优质教学表现和高超的教学决策能力，这种能力不仅获得了同行肯定，也得到了社会的广泛认可。专业交往场域中教师则在不断地与内部同行专家、外部理论专家的交往互动中，逐渐形成了一个以完善和提高自身为目的、由新手教师成长为熟练教师乃至蜕变为专家教师的社会资本网络。此外，随着教育技术在教师专业发展中的价值日益彰显，教师教学决策发展的场域结构既具有实体性也具有了虚拟性，即教师教学决策的发展不仅仅发生于物理环境中，也存在于网络信息环境中。学校场域的开放性不仅表现为对物理空间环境的拓展，也表现为向网络虚拟环境的延伸。

二　学校场域期待与教师教学决策发展需求的对立统一

学校场域"教书育人"的性质与功能，对教师教学决策提出了专业性要求与期待。当前学校场域为促进教师专业发展所倡导的合作文化与个人主义取向的教师文化之间，在"专业为本"与"以人为本"、集体行动和个体专业自主、团体利益与个体利益、教学的"公开"性与"隐秘"性这几对关系方面存在着某种程度的冲突，这种冲突既可能成为教师专业发展的动力，也可能成为教师专业发展的阻力。① 从教师教学决策力的发展动力看，教师发展的主体性动力主要包括教师的自主发展意识、专业性向、专业理想和信念以及教育学生的责任心和热忱等；教师决策力发展的学校场域动力主

---

① 鲍传友：《教师专业发展中的文化冲突》，《教育学术月刊》2008 年第 4 期。

要包括学校文化氛围、师徒带教、教师发展共同体、开设公开课或观摩课、组内/专家评课和自我反思、校本研修、基于项目/课题的教师合作和学校局域网在线学习与交流等形式。学校教育场域的运行需要教师的专业行为，它为教师教学决策发展提供社会空间和支撑力量，二者具有发展目标的内在一致性；但学校教育场域也有着行政、制度规范的外在制约与保守的特征，这些行政规约与教学专业规范之间也会形成一种对立关系。如果社会和学校对教师的教学决策力水平赋予过高的期望，同时又没有为教师决策力发展提供有效的动力激发与资源帮助，反而会阻碍教师的专业发展。二者之间的张力构成教师教学决策发展的主要矛盾，这一矛盾对不同学段、不同性质和不同职业层级的教师，发挥着有差别的驱动力。

从学校教育最基本的育人功能看，教师教学决策的发展是提高学生培养质量的重要手段。但从教师作为学校教育的主体构成之一看，教师教学决策的发展又是教师专业发展的内在要求，教师发展既是手段也是目的。如同学生发展过程中存在着不可避免的差异性，教师教学决策的发展也有着必然的差异性。学校教育的差异性发展不仅包括实施因材施教的学生教育，也包括尊重教师在特定专业阶段发展需求的特殊性。这种阶段特殊性既表现为以教师年龄和教龄为特征的显性差异，也表现为教师专业品质的隐性差异。随着教师教学决策经验的不断积累，规范和系统的重复性教学成为教师教学的常态。在重复性教学的过程中伴随着教师对创新性教学的探索，从零散的、不自觉的自在状态到有意识地、自觉主动地追求教学创新的自为状态，体现了教师群体教学决策发展的层级和阶段差异。作为一种专业品质，创新型教学不仅存在于专家教师的教学决策中，也存在于熟练教师和新手教师的教学活动中。因此卓越的教学决策与其说是一小部分教师群体的行为表现，不如说是在每个教师个体、每个专业发展阶段的教师群体在不断塑造和超越教师职业惯习的努力中所体现出来的专业素养。随着基础教育改革对教师教学决策质量提升的不断要求，帮助更多的优秀教师涌现出来就成为学校教育发展的迫切任务。这种帮助需要超越以往"一刀切"的教师专业发展模式，尊重教师教学决策发展的阶段特殊性和个体特殊性，帮助每一位教师在现有的教学决策水平基础上，获得最大限度的差异化发展。

教师不仅有着物质需求、精神需求和社会需求等一般人类需求，作为专业工作者还有着提高知识水平和能力素质、开展创造性职业活动、不断提高以职称为核心的自我职业层级、获得他人尊重和社会荣誉等高层次的精神文化需求和社会需求。现有的调查研究发现，我国大部分教师从心理上已能接受自己现有的经济待遇，对教师这一职业的需要更侧重于非经济性因素，如展现自己的能力、与他人交往获得尊重感和各种精神性福利待遇。所有职业层次的教师都将在工作岗位上"实现自我"作为自己最重要的工作需要，但随着教师工作年限的增加，教师对这一需求的认可度迅速降低。[①]职初适应阶段教师专业发展还处于较低的层次，在教学能力和满足学生需求方面表现出信心不足，教师对专业的认可程度和工作的满意程度不高，在专业发展方面缺少支持和引领，多数教师不知道如何提高自己的教学能力。在发展调整阶段或专业成熟阶段，教师对职业的认可度和满意度较高。随着教学经验的累积，教师在专业知识、教学能力、满足学生需求和如何提高自己教学能力等方面与职初期教师相比都有较大提高。但是发展期教师缺少教学反思，制约了他们的进一步发展。[②] 这说明不同专业层次的教师对场域资本的关注和获得方面呈现明显的差异。伴随着教师专业生涯的阶段转换，处于不同职业层级的教师教学决策发展需求基本呈现从低到高的变化。当某一较低层次的发展需求得到满足后，另一较高层次的发展需求才会变得更为迫切。新教师专业发展的主要需求是尽快掌握课堂教学、课堂管理及指导学生发展等方面的能力，能够积极参与学校组织的教育变革；由于教学生活的重复性，包括不断循环的教材、相近的教法以及特定学段相似的学生，使熟练教师在长期的重复操练中具有了丰富的教学决策经验，由对基本教学技能的达成转向对娴熟的教育教学技巧、技艺的追求；专家教师则在突破自我

① 周彬、吴志宏、谢旭红：《教师需要与教师激励的现状及相关研究》，《教育理论与实践》2000 年第 9 期。

② 李丹：《农村教师专业发展动力研究》，硕士学位论文，河南大学，2012 年。

的职业高原状态后逐渐形成自我的专业理念，在研究性教学的实践状态中追求和实现着专业知能的智慧境界，不断引领学校组织的教育变革。

第三节 教师教学决策发展中的教学惯习

一 教学惯习对教师教学决策的制约

（一）教学惯习与教师教学决策发展策略之间的内在关联

布迪厄认为，行动者的行为并不是对社会规则的被动屈从，而是行动者能动性、自觉性的体现。学校教育场域体现一种客观力量关系，无论是新手教师、熟练教师还是专家教师，都在由学校行政力量、教师群体文化、家长为代表的社会存在和学生主体等力量网络构成的教育场域中进行着日复一日的教学决策。在由教学目标、教学内容、教学情境与方法和学情构成的教学决策系统中，不同教师往往根据自我的利益追求和资本基础选择不同的实践策略。新教师提升教学决策力的主要途径是通过熟练地掌握各种教学技能，提高学生学业成绩并受到学生和家长欢迎；在日常班级事务的管理和人际交往中得到周围同事及领导的认可。他们对高一层级教师的职业惯习持一种开放和欢迎的态度，如积极参与各种教学研讨会；跟随专家教师、与熟练教师一起合作开展各种教学改革；对工作有热情，把工作看作挑战，渴望改进自己各方面的技能。熟练教师群体的工作能力已经达到了较高水平，有着较高的教学效能感。他们仍有浓厚的兴趣和能力改进课堂教学，这一层次的教师虽然能胜任眼下的工作，但在自身的继续成长道路上会遭遇一个停滞阶段，正是这一阶段的熟练教师群体发生了明显的惯习分化，分化也意味着他们采取了不同的行为策略，如由学校行政部门主导组建的各类教师专业共同体往往要求熟练教师带领和帮助新教师提高专业水平，但如果这种行为需要他们付出时间和智慧成本却不能为自己带来资本收益时，许多教师会采取回避或拒绝的策略，缺乏专业合作的积极性。"老教师深谙学校场域中的'规则'：高分是教师较好生存的唯一保障。更进一步来说，对于老教师而言，帮助新手教师审阅教案或指导教学比赛，虽有利于彰显自己的价值，但与自己最直接的利益期待——提高学生成绩无关，他们势必会采取漠然与推托的态度。"① 在向专家教师层次跃迁的过程，熟练教师群体内部更是出现了明显的惯习分化现象。基于不同的职业规划目标和资本权衡，他们一般有着三种不同的策略选择：其一是保守策略，即维持现有的职业层次，维持专业发展的高原状态；其二是继承策略，谋求进入高一层次；其三是否定策略，即与主流的教师职业发展价值观相背离，不向学校场域所界定的专家教师标准这一"游戏规则"妥协，这一策略也是在继承策略失败后，对大多数人认可的学校场域"游戏规则"的放弃。

　　行动者社会层级的转化、提高不仅是新型资本的兑换与获得，也是对自我既有惯习的改造与更新、对更高层次行动者惯习的认同与内化。这种接纳与自我塑造，是对每一个人原有行为倾向系统的修正与调试。如果说不同教师占用的资本是他们在这一学校场域中从事职业活动的凭借，那么教师之间不同的职业惯习则塑造了不同的教学决策运行的实践逻辑。教师自身的职业历史积累、教学行为逻辑、各种资本的不断"生产、交换与消费"形成着惯习。教师教学决策力的发展是特定教师个体或群体的惯习与不同专业发展阶段所表征的社会层次之间，由契合到脱节再到新的契合的演变过程。由于惯习具有滞后性和建构性的双重特征，当惯习滞后于资本获得的既有状态时，教师就会面临与现有生存状态的契合游离和对新的、更高层级场域的适应问题。本书中的三位教师的教学决策发展是在同一个学校场域中，在不同职业位置点上的努力，或者是在特定的教师专业层次上，从边缘到核心位置的不断位移。这种位移是从相对稳定的发展阶段向另一个相对稳定阶段的量变与质变的同一。"对于一个生活于分层社会世界中的特定群体而言，可能之物和不可能之物的参数与边界的内化了的倾向，就通过社会化而得到

---

　　① 潘婉茹：《教师为什么不愿意合作——以学校场域中的教师惯习为研究视角》，《当代教育科学》2014 年第 10 期。

了发展。"① 伴随着新的职业惯习的形成，教师逐渐习得和具备了更高专业层次所代表和要求的角色特征和心性模式。

　　教师教学决策力既是一种静态的能力结构，也是动态的发展过程。静态的教学决策力是教师在职业生涯历史发展中的资本积淀和生存心态，教师教学决策由教学目标系统、课程（狭义）系统、教学系统、学生系统构成，教师教学决策力体现了教师对这些相互联结和互动的系统结构的认知判断与行为选择的有效性高低。动态的教学决策发展反映了教师与学校教育场域之间的互动。教师借助自身积累和占用的文化资本、社会资本、符号资本，在课堂教学中与学生主体之间进行着博弈性互动。在以学校教研组为主要代表的专业场域中，教师群体之间还不断进行着教学文化的复制和塑造。在学校科层结构代表的行政规约和家长为代表的社会期待构筑的复杂关系网络中，教师逐渐形成了一套适合个体职业惯习的认知判断模式和行为选择系统。在不断形塑着教师的职业感觉和专业意识的特定场域中，教师通过潜意识或自觉的经验强化、反思与顿悟，沉淀而形成一定的专业能力。尽管教师群体内部存在着个体综合素养的差异、任教的具体学校的场域特殊性以及发展起点的阶段差异和层级性等个性化特征，但每个教师的教学决策发展无不是一个教学决策经验不断改造、重组乃至创造的过程。这些经验是关于课程、教学、学生的信息收集和加工能力、临床教学事件的即时性决策能力、各种教育两难甚至多难情境中的判断与反思能力。所有这些能力的发展都不是在真空中实现的，它既是教师持续不断的教学决策实践史的产物，也是教师和场域结构相互形塑的结果。在学校生态环境中，教师教学决策力的发展是一种适应中的自我超越，超越的动力机制是内生和外驱因素的共同作用。

　　场域规则的变化会导致既有惯习不适应新场域的要求，如新课程改革对传统好教师的否定。教师教学惯习的改变不仅是一种无意识的学校办学历史沉淀的产物，更是教师有意识地谋求改变的结

---

　　① ［美］戴维·斯沃茨：《文化与权力：布尔迪厄的社会学》，陶东风译，上海译文出版社 2006 年版，第 119 页。

果。新手教师向熟练教师层级转化的关键要素是实践经验的增加。这一过程要求新手教师在教学实践中不断塑造自我职业惯习,通过实践反思形成一套适应教学场域的规范行为,熟练掌握学校主流文化认同的教学常规技能。因此它更多依赖于教学时间的积累和自我的努力。与新手教师成长为熟练教师不同,熟练教师向专家教师转化的关键要素,既包括以升学率为核心的世俗标准,也包括成为本学科的专业领军人物、获得各类名师称号的学术标准,由教师角色转换为学校行政领导等社会标准。这些标准的实质是对资本和权力的认定,熟练教师不能单纯依靠个体的努力去完成,而更多依赖于教师与场域之间的互动及其成效。由于专家教师层次所代表的优质资源的稀少,要求熟练教师拥有更多、更优质的资本去兑换,但不同熟练教师拥有的资本总量及其结构有着明显的差异,这一高淘汰率的分化使得只有少数优秀的熟练教师能够获得向专家教师层次转化所需的资本,从熟练教师层次向专家教师层次的跃迁就成为部分人能够实现的目标,所以熟练教师向更高层级的发展是在优质资本资源有限、竞争激烈的前提下实现的。

(二) 作为教学惯习核心的教师教学决策惯习

惯习或生存心态"是在个人和群体的实践历史中形成、稳定化和发生建构性功能的动力性因素,同时,它又是在个人和群体的精神生活和社会行动中呈现的活生生的历史,是在现实中行动的历史"[1]。它既是行动者社会历史实践的结晶,又通过影响行动者的各类决策活动,对行动者的社会实践发挥着"前结构"的决定作用,主导着行动者的行为动机、规划和行为模式,规定着行动者的行为目标、方式和效果。教师的教学惯习即教师教学经验不断积累和沉淀的产物,它凝聚了一个教师从教以来的历史阅历和生长烙印。作为一种有着持续影响力的认知图式和行为倾向系统,它每时每刻都发挥着推动、引领教师教学决策并继而决定教师教学行为的"工作母机"作用,在这一过程中推动着对教师教学决策行为的生成与塑造。

----

① 高宣扬:《布迪厄的社会理论》,同济大学出版社 2004 年版,第 117 页。

　　在长期的教学实践中形成的教师惯习是个人意识对群体实践经验的内化，并作为稳定的内在心态结构和秉性系统，具有结构化和建构性的双重特征。结构化的教学惯习是教师教学决策模式的"预存"，是在学校教育场域中逐渐形成的对自我行为的知觉、分类和评价图式。教学惯习一旦形成便具有自我强化的趋势，形成相对稳定、熟练乃至自动化的行为结构特征。无论是教师课前的教学计划决策还是课堂教学过程的师生"即兴演奏"，教师决策活动都受到特定教学惯习的引领和调控。在日常的教师教学决策中，教师在自觉和不自觉的交互中将在长期教学实践中生成的决策偏好结构逐渐外化为规范化、程序化的操作性行为模式、教学流程等，如"日常教学中教师备课一般先根据教学大纲（现在换成了'课标'）确定课堂教学目标；再钻研教材，理清教学内容要点，需要学生思考的问题、完成的练习；然后考虑教学秩序，并把它写下来。上课时师生互动的常见序列为：组织—诱导—应答—理答。练习辅导过程为：教师布置做习题—学生练习—教师批改、讲评—学生订正。不管旧课程，还是新课程，旧课堂，还是新课堂，这些基本的东西都还保持着"①。这说明中小学课堂存在着很多固定化和规则化的教师教学行为，这些教学行为是教师通过长期的教学决策实践，不断积累沉淀形成的一套程序化的教学模式或惯例，它们构成了教师职业生涯中最典型的惯习系统。

　　惯习是既封闭又开放的结构系统。建构性的教师教学惯习表现为开放和交互的性情倾向系统，它随着教学活动的不断展开而得到充实、发展和强化，体现了教师教学惯习的能动性和创造性。"惯习是一个开放的性情倾向系统，不断地随经验而改变，教学经验不同可以看做是教师教学惯习的最大差异。"② 从新手教师、熟练教师再到专家教师的惯习生成过程，是一个不断在开放和闭合的双重空间中不断递进的发展系统，教师教学决策经验的不断丰富、沉淀、僵化、突破和升华等量变和质变要素，成为影响教学惯习稳定结构

---

① 柳夕浪：《教学惯习·教学专业·学会教学》，《教育科学研究》2004 年第 9 期。
② 涂艳国、王卫华：《论教师的教学惯习对教学机智的影响》，《教育研究》2008年第 9 期。

的"演变因子"。具有生命力和创造性的教学惯习，离不开教师对自我教学经验的反思和对先进的教育理论知识和实践知识的吸纳与加工。正是在"实践积累—经验沉淀—开放与反思—智慧性建构"的生成循环中，教师教学决策惯习得到不断的结构转换和质量提升。

教学过程中必然包含着教师的决策活动，特定的学校教育场域和教学实践结构对教师教学惯习的形塑也就必然包含着对教师教学决策的塑造与改变，形成了教师的教学决策惯习这一教学惯习的核心构成部分。

二　教师教学决策惯习的实践表征

教师教学决策惯习是普遍性和特殊性的统一，普遍性惯习总是为同一专业发展阶段的教师所共有，而不同专业发展阶段的教师群体和同一专业发展阶段的教师个体，由于在学校场域中所处的位置不尽相同，其教学决策惯习既有着教师这一职业群体的共同特性，也有着不可否认的差异性。从一般意义上看，职业惯习对教师专业发展的作用表现为规范性与超越性的张力。虽然在新手教师、熟练教师还是专家教师的专业活动中都可能存在着这种张力，但这种张力的重心又呈现阶段性发展的特点。对新手教师而言，通过不断的实践形成职业规范是其矛盾的主要方面；专家教师的发展重心则是在娴熟的职业规范基础上，追求对既有教学规范的不断超越；熟练教师的专业发展重心则是在规范性与创新性之间的波动、突围和跃迁。特别是在熟练教师群体特有的职业发展高原时期，惯习的规范性与创新性之间的对峙和转换关系表现得最为激烈、紧张。此外，从教师群体构成和现实的教师发展状况看，与新手教师和专家教师的成长期相比，熟练教师在教师漫长的职业生涯中所占人数比例最大。因此，无论从规范性与创新性之间的矛盾尖锐性，还是从熟练教师的群体总量而言，他们都是最具代表性、典型性的群体。本书以熟练教师群体为代表，对其教学决策惯习进行了一定范围内的调查，通过了解熟练教师教学决策惯习的现实形态，来剖析惯习对于教师教学决策发展的影响。

当前界定新手教师的共同标准之一是缺乏教学经验、基本教学技能不熟练，这说明职业经验在教师成长过程中是必不可少的。但是有着丰富的教学经验的教师不等于就是专家教师。在新手教师与专家教师之间，有着大量的处于后续成长期的熟练教师。[①] 由于从教时间长，他们具有了丰富的教学经验，教学技能也较为娴熟，但调查显示，超过十年教学经验的中小学熟练教师有四种类型："发展教育思想型"、"发展教学风格型"、"经验积累或重复型"与"消极应付型"。[②] 这说明熟练教师有着明显的分化现象，许多熟练教师缺乏对自身教学惯习的深度反思，专业理想较为模糊，处于职业高原的徘徊状态。同时，专家教师又是从熟练教师演变而来的，熟练教师既有成长为专家教师必备的实践经验，也存在着制约他们进一步发展的素质局限，了解哪些方面的教学决策惯习制约了熟练教师的发展，才能帮助他们进一步提高专业水平。

本次调查针对熟练教师群体发放调查问卷 330 份，收回问卷 314 份，有效问卷 304 份。笔者随机抽取了参加省市级中小学骨干教师培训班的部分学员，调查对象定位在教龄四年以上、尚未获得省市级以上各类名师等专业称号的一线教师。调查的主要内容是熟练教师的教学计划决策、互动性教学决策和反思与评价性教学决策的惯习情况。问卷的编制没有采取标准量表的形式，而是根据调查内容分为单项选择和多项选择题，因此对问卷的信度检验采用内部一致性验证，对同一内容在问卷的不同位置、从不同方面再检测；其次采用专家效度检验，请同行专家帮助审查问卷的问题设置，在此基础上进行修正。调查后的数据使用统计软件加以编码并进行相应的统计处理。

（一）熟练教师的教学计划决策惯习

教学惯习对教师计划教学发挥着策略性的指导作用，成为教师

[①] 目前很多研究将这部分教师称之为"有经验教师"、"骨干教师"或者"优秀教师"。由于他们和专家教师都有着丰富的教学经验这一共同性，因此本书没有采用"有经验教师"这一说法，而是以与新手教师相对应的"熟练教师"指代这一具有特殊性的教师群体。

[②] 李琼、丁梅娟：《超过十年教学经验教师的专业生涯发展路径研究》，《全球教育展望》2012 年第 6 期。

教学计划决策的主要动力。教学计划是教师用来确定如何最佳地选择、组织和传递一种学习经验的过程，从而使教师及学生的成就与满意度最大化。[1] 它是教师遵循课程的基本原则对课程进行创造性的展示或解说，但各种展示活动的重点及组合则取决于教师对什么才是自己那个班最重要的东西的判断。[2] 因此，教学计划作为教师课前制定教学行动方案的过程，内在地包含着判断、选择等决策环节。教师教学计划决策即教师基于一定的教育价值观，在教学活动开展之前，为完成特定的教学任务，通过分析和预测教学具体情境、学生状态，对教学内容及其实施方案进行开发、策划与选择的过程。[3]

问卷从教师教学计划决策优先考虑的要素、教师教学计划决策中的策略使用方面调查了熟练教师在度过了职业生涯的生存关注阶段后，教学决策关注点的变化。调查显示，有近一半的被调查教师将"分析教学内容"作为教学计划首先考虑的要素（41.8%）；其次是"分析学情"（30.9%）和"确定教学目标"（23.4%），而"评估学习效果"（1.0%）与"设计教学步骤与方法"（3.0%）是教师们最不看重的（见表5—1）。

表5—1　　　　教师教学计划决策优先考虑的要素

变量	频数	样本百分比	有效百分比	累积百分比
确定教学目标	71	23.4	23.4	23.4
设计教学步骤与方法	9	3.0	3.0	26.3
分析学情	94	30.9	30.9	57.2
评估学习效果	3	1.0	1.0	58.2
分析教学内容	127	41.8	41.8	100.0
样本总量	304	100.0	100.0	

---

① ［美］克里克山克、贝勒尔、梅特卡夫：《教学行为指导》，时绮等译，中国轻工业出版社2003年版，第107页。

② ［澳］科林·马什：《初任教师手册》，吴刚平、何立群译，教育科学出版社2005年版，第85页。

③ 张朝珍：《教师教学决策论》，人民出版社2011年版，第54页。

如果说由于教学技能的娴熟，教师无须专门进行教学步骤与方法的决策，他们可以按照既有的经验和惯例进行教学，那么教师们为什么最不看重评估学习效果呢？教师对学生学习效果的评价是不断做出合理性教学决策的重要前提，目前中小学教师教学评价存在着评价意识模糊、追求"高分即优"的评价标准以及随着教师教龄增加其评价能力反而降低等现象。[①] 这一点在表5—2中也反映了出来。

表5—2　　　　　　　　　　**教师教学计划决策中的策略运用**

变量	选择频次	样本百分比	总量百分比
根据课标制订教学计划	201	14.4	57.6
制订学期教学计划	94	6.7	26.9
制订单元教学计划	200	14.3	57.3
写详细的课时教案	180	12.9	51.6
考虑如何激发学生学习动机	212	15.2	60.7
安排学生做独立练习	149	10.7	42.7
对不同学生设计不同的学习活动	73	5.2	20.9
增添学生感兴趣的学习材料	221	15.8	63.3
教学前评估学生的预备知识	68	4.9	19.5
选择总量	1398	100.0	400.6

注：多项选择题按照二分法进行数据处理，各组列表值为1（a. Dichotomy group tabulated at value 1）。

这一调查显示，熟练教师能够根据课标制订教学计划（14.4%），与学期计划相比，教师更看重单元教学计划的制订（14.3%）。根据福勒的关注阶段理论，他们已经由新手教师的早期生存关注和教学情境关注发展到关注学生阶段。教师在教学计划中使用策略最多的是能够设计激发学生学习动机的教学活动（15.2%）和增添学生

————————

[①]　魏红、申继亮：《中小学教师评价学生能力的现状与对策》，《教育理论与实践》2004年第5期。

感兴趣的学习材料（15.8%），说明熟练教师的教学计划决策已经能够考虑到学生学习积极性的调动。熟练教师"对不同学生设计不同的学习活动"的选择频次最低，说明我们大部分教师缺乏差异教学意识或者即使有这个意识但因为种种原因并没有实施。与表5—1中教师"重视分析学情"的调查结果不一致的是，教师对"教学前评估学生的预备知识"选择较少。对于熟练教师而言，无论是作为教学观念还是实践行为，备课时要考虑学生要素已经是不言而喻的事情，但是我们的观察也发现，教师常规操作的分析学情是基于日常教学中对学生的感性了解做出判断，这种判断往往是概括和含糊的，谈不上对学生预备知识的具体评估。

（二）熟练教师的互动性教学决策惯习

教师的互动性教学决策是在师生互动和生生互动的课堂教学过程中，教师做出的即时性的教学判断与选择。课堂教学作为复杂多变、充满偶然性、难以确切预知的生态系统，作为师生通过交互作用不断创生课程、实现主体价值的具体教育情境，需要教师持续地做出有效、合理、迅速的教学决策。在教师即时做出生成性决策的过程中，教师进行判断、做出决策的主要依据是教师的教学经验和直觉，这些经验和直觉的核心即教师的教学决策惯习。① 互动教学是教学预设的实施，也是教学生成的载体，互动性教学决策集中体现了熟练教师对教学预设与教学生成关系的处理。因此调查主要从互动教学中教师决策的重点、何种情况下教师会改变教学预设等方面进行。

由表5—3可以看出，熟练教师在互动教学过程中的决策重点是课堂中的互动与生成（47.4%）和学生对课本内容的掌握（40.1%），教师最不看重的是教学计划的实施（8.9%）和教学策略的调整（3.6%），表明他们在教学预设与生成的关系上，已经重视课堂教学中师生互动和临场的生成价值和意义，但是39.8%的教师依然将课本内容的掌握作为互动性教学决策的重点，反映了教师认可的生成是以学生对课本知识的掌握为核心的。既然熟练教师的课中教学

---

① 张朝珍、张敏：《基于经验的教师课堂生成性决策探析》，《当代教育科学》2008年第14期。

决策较为看重课堂互动与生成，那么何种情形会导致他们改变教学预设呢？

表5—3　　　　　　　　互动性教学中教师决策的重点

变量	频次	百分比	有效百分比	累积百分比
教学预设的实施	27	8.9	8.9	8.9
课本内容的掌握	121	39.8	40.1	49.0
教学策略的调整	11	3.6	3.6	52.6
课堂互动与生成	143	47.0	47.4	100.0
调查总量	302	99.3	100.0	
样本缺失	2	0.7		
样本总量	304	100.0		

　　调查发现，当教师发现学生无法理解当前的内容时，会考虑改变预设（77.6%），如果学生在某个问题上思维非常活跃，他们也会考虑改变预设，引导学生深入讨论下去（60.9%），这说明熟练教师已经能将学生的精彩观念作为课程资源加以开发。在教学时间问题上，只有15.1%的教师会因为发现教学时间不够用而改变预设，这与笔者对熟练教师的观察发现也具有一致性，大部分教师在教学过程中缺乏时间掌控意识，往往在最后环节发现所剩时间已不足以完成既定任务，会通过拖堂5分钟左右匆匆结尾。选项最低的是学生纪律问题（10.2%），表明大部分熟练教师已经具备丰富的课堂管理经验，即使少数学生出现违纪行为，教师也可以通过调整教学激发学生兴趣和提醒违纪学生，使教学顺利进行下去。（见表5—4）

表5—4　　　　　　何种情况下教师会改变教学预设

变量	选择频次	样本百分比	总量百分比
学生产生学习困惑	236	31.7	77.6
出现课堂纪律问题	31	4.2	10.2

续表

变量	选择频次	样本百分比	总量百分比
教学时间问题	112	15.1	36.8
学生即时的探究兴趣	185	24.9	60.9
总量	564	100.0	244.7

注：多项选择题按照二分法进行数据处理，各组列表值为1（a. Dichotomy group tabulated at value 1）。

课堂规范是教师在课堂教学中提出的，明确学生哪些行为可以接受，哪些行为不可以接受的教学监控和协调原则。这些原则规定了学生的课堂纪律要求，也提出了学科学习的基本规范和方法。有效课堂规范的建立是教师重要的职业技能之一。调查显示，有40%的教师能够做到总是或经常提出明确的课堂规范，而58.9%的教师很少或从不提出明确的课堂规范，缺乏明确课堂规范的教师占了大多数。（见表5—5）

表5—5　　　　　　　　　　课堂规范是否明确

变量	频次	百分比	有效百分比	累积百分比
总是	29	9.5	9.6	9.6
经常	94	30.9	31.1	40.7
很少	141	46.4	46.7	87.4
从不	38	12.5	12.6	100.0
调查总量	302	99.3	100.0	
样本缺失	2	0.7		
样本总量	304	100.0		

（三）熟练教师的反思性教学决策惯习

反思性教学决策主要指课后教师对已经发生的教学决策的反思。因为教师课后的反思性决策和教师教学计划决策的直接关联，很多研究将二者合在一起。本书对熟练教师是否经常进行教学反思、从哪些方面反思进行了调查，调查结果见表5—6。

表5—6　　　　　　　　**教师课后是否反思自我的教学决策**

变量	频数	样本百分比	有效百分比	累积百分比
总是	60	19.7	19.7	19.7
经常	221	72.7	72.7	92.4
很少	23	7.6	7.6	100.0
总量	304	100.0	100.0	

在教师课后是否反思方面，72.7%的熟练教师选择了经常进行教学决策反思，19.7%的教师选择了总是进行，只有7.6%的教师选择了很少反思。这说明大部分熟练教师能够进行反思性决策，或者至少能够意识到应该进行教学反思。那么他们主要从哪些方面进行反思呢（见表5—7）？

表5—7　　　　　　　　**教师教学层面的反思性决策**

变量	选择频次	样本百分比	总量百分比
师生互动是否有效	175	19.3	57.6
对学生积极性的调动	195	21.5	64.1
教学事件的临场处理	43	4.9	14.1
教学目标是否实现	148	16.3	48.7
讲解是否清晰明了	69	7.6	22.7
自我教育理念的反思	23	2.5	7.6
课堂气氛是否融洽	107	11.8	35.2
教学的组织与管理	39	4.3	12.8
教学是否生动有趣	107	11.8	35.2
选择总量	906	100.0	298.0

注：多项选择题按照二分法进行数据处理，各组列表值为1（a. Dichotomy group tabulated at value 1）。

调查显示，从教师自身教学层面，熟练教师的反思重点首先是是否充分调动了学生的学习积极性（21.5%），其次是师生互动是否有效（19.3%），再次是教学目标是否实现（16.3%）；关注较少的是自我教育理念的反思（2.5%）、教学的组织与管理（4.3%）和教学事件的临场处理（4.9%）。其中熟练教师对自我教育理念反思的关注度最低（见表5—8）。

表5—8   **学生学习层面的反思性教学决策**

变量	选择频次	样本百分比	总量百分比
提问时的学生表现	183	23.0	60.2
学生的学习方式	150	18.8	49.3
合作学习中的学生投入	143	17.9	47.0
学生情意态度的发展	113	14.2	37.2
学生对知识的理解和记忆	208	26.1	68.4
选择总量	797	100.0	262.2

注：多项选择题按照二分法进行数据处理，各组列表值为1（a. Dichotomy group tab-ulated at value 1）。

调查显示，教师反思的重点是学生对知识的理解和记忆（26.1%）、提问时的学生表现（23.0%），关注较少的是学生情意态度的发展（14.2%）。这说明虽然新课改对三维课程目标提出了明确的要求，但是教师在对教学目标达成方面的反思，依然是以知识和能力目标为主，而对学生价值观、情意态度的发展关注度较低（见表5—9）。

表5—9   **教学计划决策是否参考上一次的决策反思**

变量	频次	百分比	有效百分比	累积百分比
总是	39	12.8	13.0	13.0
经常	199	65.5	66.1	79.1
很少	54	17.8	17.9	97.0
从不	9	3.0	3.0	100.0

变量	频次	百分比	有效百分比	累积百分比
调查总量	301	99.0	100.0	
样本缺失	3	1.0		
样本总量	304	100.0		

65.5%的熟练教师选择经常将反思应用于下一次的教学计划决策，12.8%的教师选择总是这样做，说明大部分熟练教师能够将教学计划决策、互动性教学决策和反思性教学决策联结为一个不断进行的循环，实现教学活动的再决策。但是也要看到，依然有17.8%的被调查教师很少这样做，说明部分熟练教师只是为反思而反思，这种反思更多的是对外在教学管理要求的一种应付。

三　教师教学决策惯习的双重张力

对熟练教师教学决策现状的调查显示，有些教学决策惯习是专家教师和熟练教师共同具有的专业特征，熟练教师有着向专家教师发展的内在潜质；有些惯习特征则是熟练教师成长为专家教师的制约要素。尽管不是所有的熟练教师都能成长为专家教师，但了解影响熟练教师专业发展的教学决策惯习，能够有针对性地促进他们教学决策力的提高。

（一）囿于规范：制约熟练教师专业成长的教学决策惯习

在互动性教学过程中教师的教学决策惯习保证了教学生成的流畅、教学内容的持续加工与转化、课程意义的不断建构。作为惯习核心的教学经验是教师决策的推动力。这种推动力的价值只能由它所推动的方向来判断，即教学经验的作用具有促进和阻碍的两面性。如果教师囿于已有的教学决策惯习，不对它们进行反思和凝练，那些教学规范和经验就会成为教师继续发展的障碍。"许多教师固守着自己的教学经验，最终达到偏颇与封闭的状态，呈现出'茧式化'的态势，即因维护旧有的经验而走向僵化、独断、作茧自缚。"① 这些问题主要表现为：

1. 课本知识中心的教学内容决策

41.8%的被调查教师将"分析教学内容"作为教学计划首先考虑的要素；40.1%的被调查教师在互动教学过程中的决策重点是学生对课本内容的掌握；26.1%的被调查教师教学反思的重点是学生对知识的理解和记忆。这些都说明，无论是在教学计划决策、互动性教学决策还是反思性教学决策中，熟练教师的教学决策有着明显的课本知识中心。教材作为一种重要的课程资源，需要教师根据不同学生的学习需求进行二次开发，如果将课本知识的掌握作为支配性的教学决策要素，就容易偏离学生经验，无法根据学生变化的学情做出合理的专业判断。

2. 低效的课堂互动与生成

虽然追求课堂生成是熟练教师在互动性教学决策环节的首选，但是这种互动和生成具有以下特点：一是缺少教学策略与方法调整；二是以知识掌握为目标；三是部分学生主体的参与。豪斯等人（Housner & Griffeys，1985）比较了有经验的在职物理教师和无经验的职前物理教师的教学计划，发现熟练教师有多于新手教师两倍多的教学策略设计，因而课中有更多的教学调整策略。② 但本次调查显示，熟练教师既不重视课前的教学步骤与方法的设计，也不重视课中的教学策略的调整，而生成契机的出现意味着教师需要灵活调整教学预设，缺乏教学策略的调整使互动生成只能在教师的控制下有限展开。促进所有学生的发展是教师教学决策的价值追求，熟练教师普遍缺乏差异教学意识，在互动性教学决策环节无法做到针对不同发展层次、个性特征的学生采取有区别的教学决策，这也使得互动环节成为整齐划一的参与，降低了互动性教学决策的效果。

3. 浅表的教学决策反思

已有研究发现，适应型教师（教龄 4 至 8 年）能够更经常地进行教学策略反思，成熟型教师（教龄 9 至 24 年）能够更多地进行

---

① 成晓利：《论教学经验的困境及其超越》，《中小学管理》2006 年第 6 期。

② M. Clark，P. L. Peterson，"Teachers' Thought Processes"，*Wittrock, M. C*，*Handbook of Research on Teaching*，Vol. 3，1986，pp. 255–296.

教学理念反思，其中的专家型教师则进行教学科研反思。[①] 而本次调查显示，熟练教师的教学决策反思呈现以下不足，一是缺乏对自身教学理念的反思；二是在教学目标的达成方面，缺少对学生情意态度的反思。熟练教师在教学反思时对自我教育理念的关注度最低，这一点与上述结论不一致。可能的解释是，除了因为本次调查的研究对象排除了专家型教师这一群体外，另一方面也说明熟练教师的反思层级呈现分化状态。教学行为是教师决策的结果，而教学决策又反映了教师持有的个体认识论。如果说对具体和外显的教学方法和行为的反思属于低层次反思，那么对决定这种方法选择的教师教育教学理念的反思则属于高层次反思。熟练教师对自我教育理念的关注度低说明他们的教学决策反思基本处于低层次，有待于引导他们从教学行为反思，到教学决策反思，再到教学理念反思的反思层次提升。

（二）超越规范性：促进熟练教师成长的教学决策惯习

大量的研究已经证明，与新手教师相比，有着丰富教学经验的熟练教师在互动性教学中能够更加迅速和有效地判断和处理课堂教学中的各种突发性事件；可以在流利讲解的同时兼顾到细微的学生违纪行为，不断针对学生学习情况调整教学进度或方法。这些卓越表现的实质是熟练教师教学决策惯习具备了较多的教学经验和丰富的课堂教学认知图式。正因为对一般教学规范的熟练掌握和教学行为自动化水平的不断提高，他们才有了更多的心理、认知空间去超越既有的经验模式，谋求教师决策的不断创新。

1. 整体性教学计划决策模式

已有的研究表明，专家教师会主动进行长期备课，他们会依照课程标准和学生特点并根据现有的教学条件灵活安排教学内容，确定教学目标和教学方法。这一点在对熟练教师的调查中也得以体现。熟练教师的教学计划决策有着明确的课标意识，能够做出整体意义上的教学计划决策。在教学目标的决策维度上，与新手教师更

---

① 丁钢：《中国中小学教师专业发展状况调查与政策分析报告》，华东师范大学出版社 2010 年版，第 167 页。

注重短期的教学目标和以课时为单位的教学决策相比，熟练教师更倾向于制订长期的教学目标和以课程单元为核心进行教学设计。目前的中小学教材基本是以单元或者模块进行编制，这就要求教师改变原有的以课时为基本单位的教学计划模式，同时各地开展的骨干教师教学培训的重点也从课时教学培训向单元教学培训转换，这些都引领了熟练教师对教学计划的变革，体现了教师计划教学中的整体性决策模式。

2. 学生为主体的教学决策意识

关注学生，以学定教是专家教师的共同特征，他们更关注班级学生的整体情况和学生的学习过程，愿意根据学情的变化调整预设。调查显示，很多熟练教师在计划决策环节重视学情分析和设计能够激发学生学习的活动；在互动性教学决策环节基本上是学习活动驱动，能够根据学生学习情况灵活调整教学预设，注重师生互动过程的学生参与和生成效果；在反思性教学决策环节将学生的学习状态、表现和效果作为反思自我教学决策的重要内容，这些都说明熟练教师已经具有丰富的决策经验和常规教学技巧，这使他们有足够的认知和心理空间去思考学生的学习问题。

3. 教学反思与再计划的循环决策思维方式

调查显示，大部分熟练教师能够进行反思性决策，反思以学生学习动机激发和互动教学的效果为核心。在课前教学计划和课后教学反思的联系方面，熟练教师能够将教学计划决策建立在反思性教学决策基础上，实现教学活动的决策循环。这种反思性教学决策循环是熟练教师摆脱单纯依靠经验积累可能带来的经验固化问题，走出职业高原成长为专家教师的必由之路。

此外，从教师的课堂管理决策看，虽然很多研究都证明熟练教师已经不存在课堂管理困扰，但调查告诉我们，部分熟练教师依然存在着课堂管理中不善于制定、实施明确的课堂学习规范，教学时间安排随意性强导致教学效率低下等问题。这些都成为制约他们成长为专家教师的因素，需要引起我们足够的重视。

第四节　教师教学决策发展中的资本形式

教师职业分层作为一种区分教师个体和群体在学校场域中的社会地位的模式，分层的决定因素是是否获得了有助于向高层次专业地位提升的、各类有价值的资源结构和总量。资本体现着资本拥有者对周围环境和资源的支配力，这种支配力既是一种能力也是一种权力，谁占有更多、更优质的资本，谁就能够在具体场域中占据优势地位。但层级的提高也意味着能够分享的优质资源的减少，不同行动者之间对优质资本的竞争也会更加激烈，能够进入高一层次中的行动者也将更少。

根据上述理论，学校场域中的教师教学决策发展应该呈现"金字塔"形的结构，但是实践经验告诉我们，当新任教师在经过3—5年以上的教学实践后，几乎都成长为有经验的骨干教师。但是这些有经验的骨干教师最终成长为专家教师的比例大大降低，使整个教师群体教学决策力的发展形成了"粮仓"形的结构。目前对这一现象的解释主要是根据教师职业高原理论和职业倦怠理论来说明的。但这一说明只是揭示了教师专业发展的个体影响因素，没有从学校场域结构中的资源结构、教师资本形式和总量的变化等主客体互动因素进行分析。教师教学决策发展的主观努力在进入熟练教师阶段后期，不可避免地遭遇到同一学校场域中优质资本的短缺这一客观现实，而获得这些短缺、优质的资本要求教师具备更积极自觉的专业层级追求，凭借更多的社会资源去竞争、更高的专业素质去消化这些资本。

从教师谋求自身生存与发展利益最大化的角度看，教师所获得的资本与其所达到的专业层级（以教师职称为典型代表形式）之间是相互促进的关系。获得一定的资本（资源）是教师向更高专业层级迈进的基础和前提，而教师专业层级的递进又会给他们带来更多、更优质的资本。作为专业工作者，教师不仅是追求经济利益的"经济人"，也是追求精神生活质量的"文化人"和在教育的交往互动中存在的"社会人"。教师职业的特殊性决定了经济资本的获得是通过学校教育这一文化实践及其不断的再生产实践来实现的，因而文化资本在影响教师教学决策发展的资本体系中占据着核心地位。

一　文化资本与教师教学决策的发展

文化资本以三种状态存在于场域中。一是以身体化的状态存在，特指作为一套培育而成的性情倾向；二是以一种涉及客体的客观化的形式存在，包括书籍、艺术品、仪器等；三是以机构化、体制化的形式存在，如教育文凭制度。[①] 其中身体化文化资本是其他两种文化资本的基础，具有建构的个体独特性、存在的隐蔽性和使用的无意识性等特征，这一资本形式与惯习存在一定程度的交叉。制度化文化资本赋予文化资本拥有者的合法化性质和地位，成为文化资本和经济资本之间相互兑换的重要中介。

促进教师教学决策发展的文化资本具有一种综合性和多元表达，形成相关联的"文化资本组合"。根据布迪厄对文化资本的划分，教师教学决策发展所借助的文化资本也可区分为三类。一是教师在长期的教学实践中不断积累、内化的心智结构、总体文化意识和专业才能等身体化状态的文化资本，体现为教师所拥有的一系列教育价值观念、学科思维方式和行为倾向，影响着教师对教学活动各环节的具体安排和调整，制约着他们对教学行为的理性决策和反思。二是对象化的文化资本，表现为以学生的学业成绩为主要转化形态的教师教学决策质量；教师以教学经验为基础编写的教学辅助材料或开发的各种特色课程文本；教师主持或所参与的各级各类教研课题或项目；教师出版的著作等物化资本，它们体现了教师教学决策的直接成效及其衍生成果。这部分资本的多少及其质量也是许多地方选拔、评价中小学名师的重要标准之一。三是制度化的文化资本。对教师而言，这些资本除了入职所必需的教师资格证书外，对教师后续发展更具价值和意义的是继续教育中获得更高一级的教

①　[美] 戴维·斯沃茨：《文化与权力：布尔迪厄的社会学》，陶东风译，上海译文出版社 2006 年版，第 88—89 页。

育文凭，如许多中小学教师攻读在职教育硕士学位乃至部分教师攻读教育博士学位。在当前的学校教育背景下，任教的学生有着优异的学业成绩是所有教师成长为专家教师的基础性文化资本，其他各类绩效是成长为专家教师的提高类文化资本，教师教学决策力的发展是其掌握的复合文化资本不断增值与转化的产物。

二　社会资本与教师教学决策的发展

社会资本是行动者在特定的社会关系和网络中获得的资本。一个特定的社会行动者所掌握的社会资本的总量，既取决于他能实际利用的社会网络的广度，也取决于他所处的社会网络中每一个成员所持有的社会资本的总容量，因而社会资本具有重叠交织的累积效应。资本是各种性质的劳动不断积累投入的产物，社会资本则是行动者在其起作用的社会网络中，通过一整套的物质产品、信任等情感要素和象征符号的交换，进行不断的时间、精力、情感和经济资本等的投资和经营所得到的资本总量，其主要目的和作用是提高行动者在经济资本和文化资本方面的综合收益率，实现行动者在场域层级中的地位上升。这一解释主要是从资源获得和利用的角度来解释社会资本的内涵。任何资本的获得和使用都离不开特定的场域，所以美国学者托马斯·福特·布朗（T. F. Brown）从系统论的"要素—结构—环境"的角度对社会资本进行了微观、中观和宏观的分析。微观层面的社会资本是对要素的分析，指个体运用各种社会网络资源的潜力。中观层次的社会资本分析是基于结构的观点；社会资本是特定关系网络的结构化，体现在网络结构形成的过程及其分配结果中。宏观层面的社会资本分析称为嵌入结构，主要关注外部政治经济系统或较大的文化与规范系统对内部网络关系的影响。[①]当前对教师社会资本的界定可以大致划分为结构取向和关系取向，前者侧重于教师社会资本涉及的学校与社会结构分析，后者侧重于教师社会资本包含的人际关系网络的构建，在此基础上抽取出教师

---

① ［美］托马斯·福特·布朗：《社会资本理论综述》，木子西译，《马克思主义与现实》2000 年第 2 期。

社会资本的构成要素。如教师社会资本包括亲缘、业缘和友缘三类。业缘关系包括领导、老师、同事等，亲缘主要是指家庭、宗亲等血统关系，友缘主要是指建立的朋友关系，[①] 或教师的社会资本是教师对学校中的人际关系进行投资而形成的关系网络，主要包括理解、信任与合作三个核心要素。[②] 对教师社会资本的分析要体现其作为专业人员的特性，其中亲缘和友缘是所有人都可借助的社会资本，因此影响教师教学决策发展的社会资本应从中观层面、针对教师的业缘进行概括。教师在教育场域内构筑的人际关系网络是其社会资本构建的结构基础，主体间的信任与理解、互惠与合作则是教师社会资本运行的实践基础，教师对群体互助共赢的教学决策发展模式的认可和积极追求则是其社会资本构建的认知基础。

教师社会资本对其教学决策发展的促进作用离不开教师成长的学校文化支持和教师群体合作的专业支撑。教师对教学决策的探索性变革需要学校领导和同事的信任与理解。周围人的尊重、信任和理解作为一种无形的社会资本，是教师获得变革资源支撑的重要前提。它能够减轻和消除教师开展教学决策变革的焦虑感，增强其探索信心和变革成功的责任感。同时，教师得到所在学校的教育管理人员、教学领军人物的信任、理解和支持，更能使他们获得各种专业发展的机会如参加各级教师培训、外出参加各种教学研究会议、获得教学变革所需要的物质支持、参加各种公开课的展示（出课）等。能够参加这些活动既是教师所拥有的社会资本的体现，也有助于教师进一步提高自己的专业水平。

提高教师教学决策水平的另一个重要途径是教师群体间的合作互促。可持续的教师间专业合作，既需要以平等和信任为前提，也需要以互惠共赢的专业发展为合作目标。社会资本的建构本质是在社会互动中不断进行的资源交换。作为一种关系性存在的教师社会资本是在学校成员之间的教学对话和交流中实现的。教师通过正式、非正式的对话与沟通渠道，与其他教师之间开展课堂观察、校

①　张峰：《社会资本与教师科研发展》，硕士学位论文，华中科技大学，2005 年。

②　姜同河、杨道宇、赵鹤龄：《教师社会资本的作用及建构》，《中国教育学刊》2010 年第 5 期。

本课程开发、教学经验分享等活动。特别是新手教师缺乏教学决策经验，借助于师徒带教、集体教研、公开课展示等社会资本建构形式，可以迅速理解他人的实践经验，领悟到书本上学不到的技能和经验，加快专业成长的速度。同时在这个过程中加深与同事的友好合作，扩大相互了解，优化人际环境、尽快融入到学校文化中。

三　象征资本与教师教学决策的发展

　　布迪厄认为，象征资本是用以表示礼仪、威信或声誉的积累策略等象征性现象的资本形式，它体现了行动者的符号影响力，因而又称之为符号资本。它的价值在于掩盖行动者的真实目的，诱导人们对真实的资本获得与交换过程产生"误识"。"各种类型的资本转化为象征资本的过程，就是各种资本在象征化实践中被赋予象征结构的过程，就是以更曲折和更精致的形式来掩饰资本的正当化和权力分配的过程，也是各种资本汇集到社会精英和统治阶级手中的过程。"① 象征资本不是特定的某种资本，它源于其他资本类型的隐身与转换，作为一种非独立存在的资本形式，它存在于其他三种资本流通和兑换的结合处。或者说，象征资本与经济资本、文化资本、政治资本、社会资本并不是能够截然分开、相互并列的关系，每一种资本类型都在不同程度上发挥象征资本的作用，所有其他资本类型需要通过象征资本获得真实或潜在的绩效和正当性。② 因此各种资本类型具有相互之间的可转换性。经济资本是其他各类资本的基础，文化资本和社会资本在一定条件下可以转化为经济资本，这种转化往往通过象征资本的符号化过程来获得其合法性，从而实现社会阶层的生产和再生产。不同资本以隐蔽的方式在各个场域内进行流通和交换，各种资本之间的兑换率受制于不同场域的特殊性，如学校场域中的文化资本的兑换率要远高于其他资本。

　　布迪厄对教育场域的研究发现，象征资本是教育精英们的专利。学校场域中的各类彰显着成功行动者价值的教育头衔是一种典

---

　　① 宫留记：《布迪厄的社会实践理论》，河南大学出版社 2009 年版，第 138 页。
　　② 周霄汉、李侠：《象征资本的运作及其不正当收益》，《佛山科学技术学院学报》（社会科学版）2013 年第 5 期。

型的符号资本，是制度化的、可以被感知的、由各级权力保证的社会存在，体现了主流教育观念界定卓越教育者的法定规则。专家教师作为中小学教育场域中的教师精英，获得和掌控象征资本是他们所付出的各类专业资本的价值体现，专家教师这一学术术语的广泛使用也直接反映了置于学校场域中的优势地位的教师群体的符号化。要在学校场域的专业阶梯中晋升，教师必须以大量文化资本的投入获得制度化的象征资本，或者说，最大限度地将自我拥有的文化资本转换为象征资本。文化资本是象征资本的主要来源形式，文化资本向象征资本的转化有两种方式。一是专业性的资本转化，如由于教师教学业绩突出、教学能力突出而形成的圈内口碑、学科专业影响力与威信。二是制度性的资本转化，包括各级教育行政机构认可和推崇的、可以被学校场域的所有人感知的学术头衔和各级各类名师称号；教育行政部门组织的优质课比赛、教学能手比赛的等级证明和各种教育机构中的学术兼职等形式。最被教师们看重的象征资本是后者。这些被官方权力保证的教育头衔和称号使得"同样的工作会因做这份工作的人的头衔的不同而得到不同的报酬"，而且"头衔本身就是一种比工作的内在特征更为稳定的制度"。① 这种稳定性使这些由文化资本和社会资本转化而来的象征资本不仅可以直接转化为经济资本，而且可以成为获得更优质、更高层次象征资本的资本积累。教师能够拥有最大程度的象征资本、占有尽可能多的优质文化资本，是教师在学校场域中逐渐形成专业地位、具备专业影响力、支配力的核心要件，也是教师教学决策发展成效的保障。反过来，以学生学业成绩为代表的教师教学决策运行的高成效，又会成为这些教师获得更多更好的场域资本，尤其是社会资本和象征资本的重要基础。

　　教师拥有的各类资本之间也是相互转化的，这种转化的可能性也成为教师积极追求各类资本的数量和质量、不断提高自身专业层级的动力。教师在工作岗位上拥有的经济资本主要包括工资、奖金和其他经济收入形式如与"齐鲁名师"等各类名师称号直接配套的

---

① 宫留记：《布迪厄的社会实践理论》，河南大学出版社 2009 年版，第 140 页。

经济资本。这些经济收入主要是从教师拥有的象征资本、文化资本和社会资本转化而来。教师工资收入高低与其职称紧密相关，高层次职称和名师等专业声誉的获得是教师社会资本和文化资本的共同体现；奖金多少与学生考试成绩相连，学生考试成绩的高低则是教师拥有的文化资本的体现。新手教师主要是师范生到入职三至四年之间的初任教师，他们经过四年的本科生或者六至七年的本、硕专业训练，拥有的主要资本形式是文化资本。代表专家教师地位与力量的核心资本是符号资本与社会资本，他们通过与文化资本的兑换而实现。这一兑换过程既是教师个体能力的不断累积，也是外界对教师个体权利的赋予。学校场域内各种资本之间的流动及由此形成的教师之间有差别的资本占有结构，是教师作为教育个体的主观谋划与学校管理制度之间互动的产物。当学校资本的生产和分配以经济利益和教师层级分化等功利性的外在目的为价值追求，遮蔽了教师和学生全面发展这一本体性目标时，就会引发学校场域内物化资本的扩张，造成学校教育关系的异化。

　　总之，教师拥有的资本与其教学决策发展之间是一种相互生成的关系。教师在学校场域中的地位是其职业惯习和特定场域中的位置之间相互影响的产物，而位置的状况则是由教师个体占有的文化资本、社会资本和象征资本在资本结构中的比例和资本总量来规定的。教师职业惯习与可控制的资本之间的"共谋"导致了教师教学决策发展的高低位差。

结　语

社会理性视角下的教师教学决策运行

决策理论中的社会理性观认为，决策者不仅是在自然环境中谋求自身利益最大化的自然人，而且是处在各种复杂关系中的社会人，其信念与偏好、问题解决方案的制订与选择都会受到社会中各种关系的影响。这些社会关系对决策者的决策行为构成了制约或者促进决策的双重影响。一方面，各种社会关系会限制决策者做出完全理性的判断与决策；另一方面，当出现决策情境的不确定或决策者的能力不足时，社会关系也会帮助决策者做出比较合理的判断与选择。无论是教师自我的职业生涯规划还是教师群体的专业成长，都是教师个体性与社会性共同作用下的结果。教师教学决策也是在学校教育场域所包含的复杂社会关系中运行的。

教师教学决策运行及其发展既不是体现为经济人假设理论中所认定的，教师决策是通过精确计算功利的方法以最有效地实现预定教学目的的工具理性；也不是自然人假设所主张的，教师教学决策是主体纯粹决策认知和绝对理性的表现；而是教师与学校教育制度、各种社会规范与规则、资源占有与运用、人际竞争与合作等因素不断互动的结果。

社会理性视野中的教师教学决策运行要求我们重新审视教师的专业发展问题。当前对教师专业发展方向的定位有多种多样的标准，如教师应该从经验型转向反思研究型、教师应该由经师转为人师、教师应该由工匠型转换为智慧型等。这样非此即彼的二元论思维模式促使我们思考：在特定的成长阶段，教师教学决策的专业属性一定是单一的吗？我们经常发现，在新手教师特别是熟练教师的经验型教学决策活动中，其智慧型教学决策时隐时现；专家教师的课堂教学中并非全是教育智慧，也包含着大量的技术与经验性决策。这说明我们要突破既有的线性思维，从多元和个性化的角度重新审视教师的教学决策发展。教师教学决策发展未必都是直线的阶梯形，也应该和能够呈现一种体现教师个性特色、横向延展性的发展。这种延展性发展思路不再将专家教师视为从熟练教师中脱颖而出的少数人；也避免将"智慧、生命、批判、研究"等标签固定于专家教师这一角色身上。教师的专业成长应当呈现为一种"百花齐放，百家争鸣"的动态开放状态，大量熟练教师也可以成长为各具专业特色、各种风格类型的专家型教师，这种超越了"精英取向"的教师专业成长理念才是对不同教师有差异的内在发展需求与发展动力的真正尊重与满足。

教学决策的发展不仅仅是教师个体职业生涯发展的目的，也形成教师群体和学校教育场域整体优化的内容和手段。教师的专业发展既是教师个体不断努力的结果，也是教师群体互助合作的产物。教师个体的专业发展，包括教师个体对自我的职业生涯规划和教师对自我教学过程的批判反思与研究活动，是教师不断成长的重要保证。合作的教师专业发展是教师群体的合作共赢，体现了在学习共同体理论昭示下，教师专业发展的新趋势。教师个体的专业发展总是在特定的学校教育环境中进行，优质的教育生态环境可以为教师提供更多的文化资本、社会资本，更好和更快地促进教师的专业提升，而所有教师个体的专业水平提升又是教育生态环境不断优化的基础。优质的教育生态环境必然包含着一定数量的优秀教师个体，两者的发展是相得益彰的关系。

附录 1

教师教学决策问卷调查表

尊敬的老师：您好！

本表是一项有关教师教学决策研究的内容。该调查旨在为本书研究提供素材，不记名，所有的回答都将被严格保密；请不要有任何顾虑。您的回答对我们的研究有极大的帮助，请如实作答。非常诚挚地感谢您的合作！

一　您的背景资料（请在选项上打√号）

1. 您的教龄多长？

A. 不到 5 年　　　B. 6—15 年　　　C. 16—25 年

2. 您所受教育的水平＿＿＿＿

A. 专科　　　　　B. 本科　　　　　C. 研究生

3. 您任教的学段＿＿＿＿

A. 小学　　　　　B. 高中

4. 您有哪些教学方面的荣誉称号或承担的教学职责？（本题可多选）

A. 各类名师称号（齐鲁名师/地市级名师）

B. 市级以上优质课/教学能手称号

C. 主持过/着市级以上的教研课题

D. 皆无

二　问卷内容（没有选择要求的为单选，有要求的为多选，按照要求选择符合的选项，在选项上打√号）

1. 在备课时您会优先考虑哪些要素？（按照你认为的重要性先

后选出 3 项，答案写在横线上）

　A. 确定教学目标

　B. 设计教学步骤与方法

　C. 分析学情

　D. 分析教学内容

　E. 评估学习效果

重要性排序：＿＿＿＿＿＿

2. 您在备课过程中哪些活动花费时间最多？（最多选 3 项）

　A. 分析学情

　B. 确定评估学生学习效果的方法

　C. 分析教学内容

　D. 设计学生活动

　E. 确定具体教学目标

3. 您在教学计划时，是否会考虑备用方案，以应对上课时学生可能出现的反应？

　A. 总是这样

　B. 经常这样

　C. 很少这样

　D. 从不这样

4. 若会考虑，一般您会设计几个备用方案？

　A. 1

　B. 2

　C. 3

5. 对一个课时进行备课时，您会从整个单元考虑设计吗？

　A. 总是这样

　B. 经常这样

　C. 很少这样

　D. 从不这样

6. 在不同的班级讲同样的内容时，您会使用有差别的教案吗？

　A. 总是这样

　B. 经常这样

　　C. 很少这样

　　D. 从不这样

　　7. 在制订教学计划（备课）时，您通常会采取哪些策略？（最多不超过 3 项）

　　A. 根据课程标准制订教学计划

　　B. 为需要教的内容制订一个年度计划

　　C. 制订单元计划

　　D. 写详细的每节课教学计划

　　E. 在课堂教学中激发学生动机

　　F. 安排时间做指导性练习和独立练习

　　G. 对不同学习风格的学生引入不同的活动

　　H. 增添那些激发学生兴趣且符合学生需要的教学材料

　　I. 在教学之前评估学生的预备知识

　　8. 在教学过程中您会优先考虑哪些要素？（按照重要性先后选出，答案写在横线上）

　　A. 教学目标的实现

　　B. 学生对课本知识的掌握

　　C. 教学策略是否有效

　　D. 课堂纪律问题

　　E. 不同程度学生的学习需要

　　F. 学习效果评估

　　重要性排序：_____

　　9. 希望教学能始终按照自己的计划进行，不希望改变预定的教学方案，是这样吗？

　　A. 总是这样

　　B. 经常这样

　　C. 很少这样

　　D. 从不这样

　　10. 如果必须，什么情况下您会变更原有的备课方案？（最多选 3 项）

　　A. 学生理解出现困难

B. 学生出现纪律问题

C. 发现时间不够用

D. 学生临场的探究兴趣

E. 因学生差异导致原有计划无法实施

11. 对于课堂中学生出现的分心走神等负面行为，您会采取以下哪种应对措施。（单选）

A. 调整自己的教学以引起学生兴趣

B. 马上批评学生

C. 边教学边提醒学生

D. 先置之不理，讲完再说

12. 您对上课过程中每个知识点的时间是怎么安排？

A. 都很明确，且讲课过程中能完全按照事先安排顺利地讲完

B. 大致明确

C. 考虑到，但没详细制订和考虑

D. 没考虑过这个，讲到哪儿算哪儿

13. 您在上课时经常以什么为重点展开？（单选）

A. 教学计划实施的流畅与否

B. 学科内容的掌握

C. 教学策略的调整

D. 课堂互动与生成

14. 上完一节课后，您会反思教学中存在哪些问题和不足，并努力寻找方法改进吗？

A. 总是这样

B. 经常这样

C. 很少这样

D. 从不这样

15. 上完一节课后，您对学生的评价主要包括以下几个方面：（最多选 3 项）

A. 教师提问时的学生表现

B. 学生的学习方式

C. 小组学习中的学生投入

D. 学生情意态度的发展

E. 学生对知识的理解与应用

16. 上完课后，您对自身的教学评价主要包括以下几个方面：
（最多选 3 项）

A. 师生互动有效

B. 学生积极性的调动

C. 对教学事件的临场处理

D. 教学目标是否实现

E. 清晰明了的教学指导和讲解

F. 自我的教学理念是否有问题

G. 融洽的课堂气氛

H. 对班级进行有效的组织和管理

I. 教学生动、有趣，深受学生喜欢

附录 2

××小学青蓝工程实施方案

一、指导思想

××小学以科学发展观为指导，以创新为灵魂，充分发挥名校长、名师的传、帮、带作用，加快青年教师的成长，提高青年教师的思想素质和业务水平，促进年轻教师迅速适应教育岗位，全面推进我校师资队伍的建设，实现学校的可持续发展。

二、组织领导（略）

三、青蓝工程参与对象

1. 骨干教师的产生：

由教师自我推荐产生，原则上任教不足五年的教师都应积极参加。愿意加入骨干教师的老师先要写出申请，申请中写明专攻的学科（个别的可跨学科）及选定的与你结对子的名师（最好写三人，最后经领导小组研究后一人与你结对子）。

2. 明星教师的产生：

被选定的水城名师、东昌名师、校级名师、教坛新秀做明星教师。

一般一位明星教师与两位骨干教师结对子。骨干教师、明星教师最后的产生以及谁与谁结对子经结对子领导小组研究后权衡决定。

3. 明星教师的义务和权利

义务：

（1）每学期听课不少于 20 节。

（2）每学期至少撰写 1 篇论文（包括教学随笔、教学故事、教学案例等）。

（3）每学期听与你结对子的骨干教师的课不少于2节，要有记录并及时给予指导，同时向骨干教师展示至少一节课，骨干教师要有记录。

（4）经常向骨干教师推荐可读性强的文章、刊物。

（5）对于骨干教师的公开课、说课、论文、作业的批改、教案的编写、课题的研究等教学活动都应给以指导帮助。

（6）是省级教学能手的明星教师要准备2节经典课，1个专题汇报材料。出过省级课的明星教师要准备1节经典课。以备学校急需时用。

权利：

（1）优先参与各种培训及教研活动。

（2）量化评估时，每学期与一名骨干教师结对子加10分。当与你结对子的骨干教师取得各种教学方面的成绩时（如论文、能手、优质课等，学生成绩不计），明星教师折半加分。

2. 骨干教师的义务和权利

义务：

（1）每学期业务笔记的数量是普通教师的1.5倍。

（2）每学期听课不少于20节。

（3）每学期至少撰写2篇论文，要经过明星教师的审批。

（4）每学期至少执教两节课让与你结对子的教师指导，其中一节写出详案与反思上交教科室。

（5）每学期末骨干教师上一节校级汇报课，对结对子两位老师的情况进行考察。

（6）通过多种方式虚心主动与明星教师进行交流。

权利：

优先参加学校的各种教学活动。

结对子的两位教师每学期要商订出切实可行的计划，并按计划认真履行自己的义务。结对子的老师两年可解除结对子关系，到时两人写出结对子情况总结交教科室。

四、青蓝工程的过程管理

1. 每学年初，由教科室对新教师进行岗前培训。

2. 新学年初举行青蓝工程结对仪式，会议上总结上届青蓝工程实施情况并进行表彰，对教师进行爱岗敬业和为人师表教育。

3. 每学期初确定每对师徒每周相互听课的具体时间，由教科室负责考勤。若听课时间有变动，需提前报教科室备案并明确补听的具体时间，以便考勤。

4. 每学期检查青蓝工程手册两次。学期中进行中期检查以督促过程的实施；学期末再次检查手册并进行总结和评比。

5. 组织汇报课活动及时交流和评价。

6. 适时召开座谈会、专题讲座、业务交流会活动。

7. 严格考评环节，发挥抓考评促过程的作用。《青蓝工程》手册上的评价表的结果作为被指导教师出师与否的依据。

五、考核评价与奖励

1. 根据被指导教师学年初拟订的达标计划，采取自我评价（10%）、年级组评价或教研组评价（30%）和学校考评小组综合考评（60%）相结合的方法进行评价，评价结果记录在手册上存档。

2. 根据"青蓝双方的职责和义务"的完成情况作为考评的依据。

3. 由考评小组综合各方面的考评意见，评出每期青蓝工程活动的优秀、良好、合格、不合格若干名，同时对指导教师的工作情况也进行考核评估，并给予奖励。在职称评定中将会对表现突出者给予体现。

参考文献

一 中文文献

1. ［法］埃德加·莫兰：《复杂性思想导论》，陈一壮译，华东师范大学出版社 2008 年版。

2. ［法］布迪厄、［美］华康德：《实践与反思——反思社会学导引》，李猛、李康译，中央编译出版社 2004 年版。

3. ［南非］保罗·西利亚斯：《复杂性与后现代主义》，曾国屏译，上海世纪出版集团 2006 年版。

4. 辞海编辑委员会：《辞海》，上海辞书出版社 1999 年版。

5. 陈向明：《教师如何做质的研究》，教育科学出版社 2001 年版。

6. ［美］丹尼尔·坦纳、劳雷尔·坦纳：《学校课程史》，崔允漷等译，教育科学出版社 2006 年版，第 329 页。

7. ［美］丹尼尔·贝尔：《后工业社会的来临——对社会预测的探索》，高铦译，新华出版社 1997 年版。

8. ［美］戴维·斯沃茨：《文化与权力：布尔迪厄的社会学》，陶东风译，海译文出版社 2006 年版。

9. 丁钢：《中国中小学教师专业发展状况调查与政策分析报告》，华东师范大学出版社 2010 年版。

10. ［美］克里克山克、贝勒尔、梅特卡夫：《教学行为指导》，时绮译，中国轻工业出版社 2003 年版。

11. 高宣扬：《当代法国思想五十年》（下），中国人民大学出版社 2005 年版。

12. 高宣扬：《布迪厄的社会理论》，同济大学出版社 2004 年版。

13. 宫留记：《布迪厄的社会实践理论》，河南大学出版社 2009

年版。

14. 黄孟藩、王风彬:《决策行为与决策心理》, 机械工业出版社 1995 年版。

15. 胡重庆:《反思性实践范式下的教师专业发展研究》, 四川出版集团 2013 年版。

16. 教育部师范教育司:《教师专业化的理论与实践》(修订版), 人民教育出版社 2003 年版。

17. 教育部:《义务教育数学课程标准》(2011 版), 北京师范大学出版社 2012 年版。

18. [美] 儒索、安宝生、徐联仓:《决策行为分析》, 北京师范大学出版社 1998 年版。

19. 教育部师范司:《教师专业化的理论和实践》, 人民教育出版社 2003 年版。

20. [美] J. B. 贝斯特:《认知心理学》, 黄希庭译, 中国轻工业出版社 2000 年版。

21. [澳] 科林·马什:《初任教师手册》, 吴刚平译, 教育科学出版社 2005 年版。

22. 李忠尚:《软科学大辞典》, 辽宁人民出版社 1989 年版。

23. 刘捷:《专业化:挑战 21 世纪的教师》, 教育科学出版社 2002 年版。

24. 连榕:《教师专业发展》, 高等教育出版社 2007 年版。

25. 刘云杉:《从启蒙者到专业人——中国现代化历程中教师角色转变》, 北京师范大学出版社 2006 年版。

26. 李强:《社会分层十讲》, 社会科学文献出版社 2008 年版。

27. [澳] 马尔科姆·沃特斯:《现代社会学理论》, 杨善华译, 华夏出版社 2000 年版。

28. [美] 尼古拉斯·雷舍尔:《复杂性—— 一种哲学概观》, 吴彤译, 上海世纪出版集团 2007 年版。

29. [美] 诺思豪斯:《卓越领导力——十种经典领导模式》, 王力行译, 中国轻工业出版社 2003 年版。

30. 钱学森:《创建系统学》, 山西科学技术出版 2001 年版。

31. ［美］R. A. 罗宾斯:《决策的陷阱》,袁汝涛译,吉林文史出版社 2004 年版。

32. 宋德云:《教师教学决策》,重庆大学出版社 2010 年版。

33. 吴刚平:《学校课程管理实务》,高等教育出版社 2005 年版。

34. 王霁:《认识系统运行论》,中国人民大学出版社 1990 年版。

35. 王建军:《课程变革与教师专业发展》,四川教育出版社 2004 年版。

36. 颜泽贤、陈忠、胡皓:《复杂系统演化理论》,人民出版社 1993 年版。

37. 吴彤:《自组织方法论研究》,清华大学出版社 2001 年版。

38. ［美］威廉·威伦等:《有效教学决策》,李森译,教育科学出版社 2009 年版。

39. 吴康宁:《教育社会学》,人民教育出版社 1997 年版。

40. 文军:《西方社会学经典命题》,江西人民出版社 2008 年版。

41. 王建军:《课程变革与教师专业发展》,四川教育出版社 2004 年版。

42. 徐碧美:《追求卓越——教师专业发展案例研究》,陈静译,人民教育出版社 2003 年版。

43. 谢翌、张释元:《教师文化论》,中国社会科学出版社 2012 年版。

44. ［美］约翰·杜威:《我们怎样思维·经验与教育》,姜文闵译,人民教育出版社 2005 年版。

45. 杨豫晖:《数学教师教学决策——以小学数学教学为例》,重庆大学出版社 2012 年版。

46. 颜泽贤、陈忠、胡皓:《复杂系统演化理论》,人民出版社 1993 年版。

47. 袁世全:《公共关系词典》,汉语大词典出版社 2003 年版。

48. ［美］约翰·霍根:《科学的终结》,远方出版社 1997 年版。

49. 叶澜等：《教师角色与教师专业发展》，教育科学出版社 2001 年版。

50. 张朝珍：《教师教学决策论》，人民出版社 2011 年版。

51. 庄锦英：《决策心理学》，上海教育出版社 2006 年版。

52. ［美］詹姆斯·G. 马奇：《决策是如何产生的》，王元歌译，机械工业出版社 2013 年版。

53. 朱旭东：《教师专业发展理论研究》，北京师范大学出版社 2011 年版。

54. 周彬：《决策与执行：制度视野下的学校变革》，教育科学出版社 2005 年版。

55. 赵明仁：《教学反思与教师专业发展——新课程改革中的案例研究》，北京师范大学出版社 2009 年版。

56. ［日］佐藤学：《课程与教师》，钟启泉译，教育科学出版社 2003 年版。

57. 张万祥、万玮：《教师专业成长的途径——30 位优秀教师的案例》，华东师范大学出版社 2005 年版。

58. ［美］格拉索恩：《校长的课程领导》，单文经译，华东师范大学出版社 2003 年版。

（二）期刊论文类

1. 鲍传友：《教师专业发展中的文化冲突》，《教育学术月刊》2008 年第 4 期。

2. 成晓利：《论教学经验的困境及其超越》，《中小学管理》2006 年第 6 期。

3. 蔡宝来、车伟艳：《国外教师课堂教学行为研究：热点问题及未来趋向》，《课程·教材·教法》2008 年第 12 期。

4. 崔允漷：《论课堂观察 LICC 范式：一种专业的听评课》，《教育研究》2015 年第 5 期。

5. 迟艳杰：《教学本体论的转换——从"思维本体论"到"生成论本体论"》，《教育研究》2001 年第 5 期。

6. 陈晓端、龙宝新：《回归事件：后现代有效教学的使命》，《陕西师范大学学报》（哲学社会科学版）2007 年第 2 期。

7. 陈向明：《实践性知识：教师专业发展的知识基础》，《北京大学教育评论》2003 年第 1 期。

8. 杜玉华：《社会结构：一个概念的再考评》，《社会科学》2013 年第 8 期。

9. 方宏：《教师应致力于提高教学执行力》，《兰江导报》2012 年第 3 期。

10. 费玉林：《中学骨干教师的成长规律研究和培养方法探索》，《教学与管理》1999 年第 7 期。

11. 冯俊文：《行为与决策科学研究的新领域——习惯域分析》，《系统工程与电子技术》2000 年第 3 期。

12. 谷梦琴：《聚焦课堂，提升教师课程执行力》，《天津教育》2011 年第 5 期。

13. 高清海：《信仰理性·认知理性·反思理性——理性"天然合法性"的根据何在》，《学海》2001 年第 2 期。

14. 郭永峰：《论教师的课堂观察技能及其培养》，《教学与管理》2011 年第 1 期。

15. 何克抗：《也论教学设计与教学论》，《电化教育研究》2001 年第 4 期。

16. 胡定荣：《影响优秀教师成长的因素——对特级教师人生经历的样本分析》，《教师教育研究》2006 年第 4 期。

17. 蒋礼：《基于教育自觉的教师专业化发展实践研究》，《中小学教师培训》2014 年第 8 期。

18. 姜飞月：《生涯混沌理论：心理学理论的新视角》，《南京师大学报》（社会科学版）2007 年第 4 期。

19. 金生鈜：《学校场域与交往惯习（一）——关于教育交往的对话》，《福建论坛》2007 年第 6 期。

20. 姜同河、杨道宇、赵鹤龄：《教师社会资本的作用及建构》，《中国教育学刊》2010 年第 5 期。

21. 刘黎明：《教师专业自主发展：内涵、意义及内在路径》，《当代教师教育》2012 年第 1 期。

22. 李志厚：《国外教学设计研究现状与发展趋势》，《外国教育研究》1998 年第 1 期。

23．连榕、孟迎芳、廖美玲：《专家—熟练—新手型教师教学策略与成就目标、人格特征的关系研究》，《心理科学》2003 年第 1 期。

24．卢晖临、李雪：《如何走出个案——从个案研究到扩展个案研究》，《中国社会科学》2007 年第 1 期。

25．李松林：《论教师学科教材理解的范式转换》，《中国教育学刊》2014 年第 1 期。

26．刘生全：《论教育场域》，《北京大学教育评论》2006 年第 1 期。

27．刘海燕：《试论教师实践知识的生成机制》，《教学与管理》2006 年第 15 期。

28．李琼、丁梅娟：《超过十年教学经验教师的专业生涯发展路径研究》，《全球教育展望》2012 年第 6 期。

29．李森、崔友兴：《论教师专业发展动力的系统构建和机制探析》，《教育理论与实践》2013 年第 4 期。

30．李森、崔友兴：《论复杂性理论视野下的教师专业发展支持系统》，《教师教育学报》2015 年第 4 期。

31．赖志超：《教师分层的教育社会学探究》，《广东教育学院学报》2008 年第 4 期。

32．柳夕浪：《教学惯习·教学专业·学会教学》，《教育科学研究》2004 年第 9 期。

33．李琼、丁梅娟：《超过十年教学经验教师的专业生涯发展路径研究》，《全球教育展望》2012 年第 6 期。

34．孟迎芳、连榕、郭春彦：《专家—熟手—新手型教师教学策略的比较研究》，《心理发展与教育》2004 年第 4 期。

35．庞丽娟、叶子：《论教师教育观念与教育行为的关系》，《教育研究》2000 年第 7 期。

36．潘婉茹：《教师为什么不愿意合作——以学校场域中的教师惯习为研究视角》，《当代教育科学》2014 年第 10 期。

37．丘碧群：《教师工作价值观的现状分析及管理对策》，《学校党建与思想教育》2010 年第 6 期。

38．申继亮、费广洪、李黎：《关于中学教师成长阶段的研究》，《天津师范大学学报》（基础教育版）2002 年第 9 期。

39．石中英：《理性的教化与教学的理性化》，《高教探索》2004 年第 4 期。

40．沈玉顺：《促进中小学教师高水平快速专业发展：策略与途径》，《教育发展研究》2011 年第 15—16 期。

41．邵云雁、秦虎：《教师合作：厘清与反思》，《教师教育研究》2009 年第 5 期。

42．孙宏安：《谈教师专业发展的目标》，《辽宁师范大学学报》（社会科学版）2010 年第 5 期。

43．田江、李丽、周福盛：《师范生课堂教学行为的新手专家法研究》，《宁夏大学学报》2003 年第 6 期。

44．涂艳国、王卫华：《论教师的教学惯习对教学机智的影响》，《教育研究》2008 年第 9 期。

45．［美］福特·布朗：《社会资本理论综述》，木子西译，《马克思主义与现实》2000 年第 2 期。

46．魏薇、陈旭远、贾大光：《教师专业决策能力：内涵、价值与发展路径》，《中国教育学刊》2011 年第 8 期。

47．吴彤：《科学哲学视野中的客观复杂性》，《系统辩证法学报》2001 年第 4 期。

48．王国强：《面对新课改，中老年教师该何去何从》，《教育报》2009 年第 9 期。

49．王嘉毅、魏士军：《影响中小学优秀教师成长的因素分析——以 30 位优秀教师的成长经历为样本》，《当代教师教育》2008 年第 9 期。

50．王忠玲、阮成武：《学校文化激励与初任教师专业发展——初任教师"存活"的三个维度》，《中国教育学刊》2007 年第 11 期。

51．吴振利、饶从满：《关于教师合作问题的理性思考》，《课程·教材·教法》2009 年第 11 期。

52．姚志敏、谢利民：《教师课程执行力——一个值得关注的课题》,《教育探索》2010 年第 11 期。

53. 杨启亮:《教师职业专业发展的几种水平》,《教育发展研究》2009 年第 24 期。

54. 余文森:《试论教师的三种境界: 教书匠 能师 人师》,《中国教育学刊》1997 年第 4 期。

55. 俞国良:《专家—新手型教师教学效能感和教学行为的研究》,《心理学探新》1999 年第 2 期。

56. 于海波、马云鹏:《论教学反思的内涵、向度和策略》,《教育研究与实验》2006 年第 6 期。

57. 朱新卓:《“教师专业发展” 观批判》,《教育理论与实践》2002 年第 8 期。

58. 张朝珍:《中小学教师职业生涯规划的问题反思——基于决策分析的视角》,《现代中小学教育》2013 年第 3 期。

59. 张朝珍、张敏:《基于经验的教师课堂生成性决策探析》,《当代教育科学》2008 年第 14 期。

60. 郑太年等:《我国教师的教学方法及其对学生数学成绩和问题解决能力的影响》,《全球教育展望》2013 年第 2 期。

61. 张定强:《中学教师教学决策能力的现状调查及分析》,《课程·教材·教法》2012 年第 11 期。

62. 张敏霞等:《北京农村教师专业发展模式及存在问题的调查》,《教师教育研究》2007 年第 1 期。

63. 朱陶:《论教师专业发展动力生成路径》,《宁夏社会科学》2013 年第 5 期。

64. 周彬、吴志宏、谢旭红:《教师需要与教师激励的现状及相关研究》,《教育理论与实践》2000 年第 9 期。

65. 周霄汉、李侠:《象征资本的运作及其不正当收益》,《佛山科学技术学院学报》(社会科学版)2013 年第 3 期。

66. 钟启泉:《基于核心素养的课程发展: 挑战与课题》,《全球教育展望》2016 年第 1 期。

(三)学位论文类

1. 高加春:《高中地理专家型教师与新手型教师课堂提问的比

较研究》，硕士学位论文，华东师范大学，2011 年。

2．高炜：《汉森科学哲学思想研究》，博士学位论文，南开大学，2013 年。

3．刘李胜：《决策认识论引论》，博士学位论文，中共中央党校，1993 年。

4．刘莹：《专家型与新手型教师教学决策比较研究——以重庆市 Q 中学英语教师为个案》，硕士学位论文，重庆师范大学，2011 年。

5．陆霞：《中小学教师职业规划的实践研究》，硕士学位论文，华中师范大学，2008 年。

6．李丹：《农村教师专业发展动力研究》，硕士学位论文，河南大学，2012 年。

7．潘振华：《新手—熟手—专家型中学数学教师教学策略的比较研究》，硕士学位论文，福建师范大学，2007 年。

8．申妮：《高中化学熟手型教师和师范生教学过程的比较研究》，硕士学位论文，山西师范大学，2011 年。

9．田甜：《新手型数学教师与专家型数学教师教学过程的比较研究》，硕士学位论文，华中师范大学，2009 年。

10．杨翠蓉：《小学数学专家教师和新教师教学过程中的认知比较研究》，博士学位论文，华东师范大学，2006 年。

11．尹筱莉：《化学专家·新手教师课堂教学特质比较研究》，博士学位论文，华东师范大学，2007 年。

12．占丰菊：《课堂教学中教师互动性决策的初步研究》，硕士学位论文，华东师范大学，2004 年。

13．张敏：《专家型与新手型外语教师的课堂教学决策比较研究》，硕士学位论文，重庆师范大学，2009 年。

14．朱伟珏：《布迪厄"文化资本论"研究》，博士后研究工作报告，复旦大学，2005 年。

15．张峰：《社会资本与教师科研发展》，硕士学位论文，华中科技大学，2005 年。

二 外文部分

1. Beau Fly, Jones, Lorna Idol, *Dimensions of Thinking and Cognitive Instruction*, Lawrence Erlbaum Associates Inc, 1990.

2. Bell B., Gilbert J., "Teacher Development as Professional, Personal, and Social Development", *Teaching & Teacher Education*, Vol. 5, 1994.

3. C. M. Clark & P. L. Peterson, "Teachers' Thought Processes", *Handbook of Research on Teaching*, Vol. 3, 1986.

4. "Charlotte Danielson: Observing Classroom Practice", *Educational Leadership*, Vol. 3, 2012.

5. D. A. Westerman, "Expert and Novice Teacher Decision Making", *Journal of Teacher Education*, Vol. 4, 1991.

6. H. L. Dreyfus, S. E. Dreyfus, T. Anthanasiou, *Mind Over Machine: The Power of Human Intuition and Expertise in the Era of the Computer*, New York: Free Press, 1988.

7. Elizabeth Gatbonton, "Looking beyond teachers' classroom behaviour: Novice and experienced ESL teachers' pedagogical knowledge", *Language Teaching Research*, Vol. 12, 2008.

8. E. Ropo, "Teachers' Conceptions of Teaching and Teaching Behavior: Some Difference Between Expert and Novice Teachers", *Paper presented at the Annual Meeting of the American Educational Research Association*, Vol. 4, 1987.

9. F. B. Murray & A. Porter, *The Teacher Educator's Handbook: Building a Knowledge Base for the Preparation of Teachers. The Jossey-Bass Education Series*, Jossey-Bass Publishers, 350 Sansome St., San Francisco, 1996.

10. G. Morine-Dershimer, E. Vallance, *Special Study B: A Study of Teacher and Pupil Perceptions of Classroom Interaction*, Far West Laboratory for Educational Research and Development, 1975.

11. H. Borko, C. Livingston, "Cognition andimprovisation: Differ-

ences in mathematics instruction by expert and novice teachers", *American Educational Research Journal*, Vol. 2, 1989.

12. H. Borko, C. Livingston, R. J. Shavelson, "Teachers' Thinking About Instruction", *Remedial and Special Education*, Vol. 6, 1990.

13. J. Calderhead, *Teachers' Classroom Decision Making*, London: Holt, Rinehart and Winston, 1984.

14. J. R. Anderson, "Acquisition of cognitive skill", *Readings in Cognitive Science*, Vol. 4, 2015.

15. K. Carter, K. Cushing, D. Sabers, P. Stein, D. Berliner, "Expert-Novice Differences in Perceiving and Processing Visual Classroon Information", *Journal of Teacher Education*, Vol. 3, 1988.

16. M. Moallem, "An Expert Teacher's Thinking and Teaching and Instructional Design Models and Principles: An Ethnographic Study", *Educational Technology Research and Development*, Vol. 2, 1998.

17. R. Yinger, "Routines in Teacher Planning", *Theory into Practice*, Vol. 3, 1979.

后　记

　　从华东师范大学博士毕业两年后，希望再进一步提升自己学术水平的想法促使我作为一名"超龄"申请者勇气十足地来到南京师范大学，申请教育学流动站的博士后。之所以选择南师大，是因为我一直敬仰的杨启亮教授。参加此次博士后面试的竞争者众，我心里没底。但暗下决心，如果不是师从杨老师，这个博士后的机会我就放弃了。谢天谢地，我终于成了"杨门女将"。尽管杨老师经常给我们纠正说，对博士后的指导教师不要叫导师，要称之为学术合作教师，但在感情上、心理上，我依然把杨老师视为继博士导师吴刚平教授之后、同样尊重和热爱的导师。

　　由于我是在职进行博士后的研究工作，和杨老师面对面的接触并不经常。为了深入理解他的教育思想和治学经验，除了在有机会见面的时候请教外，还认真拜读了杨老师发表的大量学术成果，获益匪浅。由于各种原因，我的博士后出站一拖再拖，使已经到了退休年龄的杨老师，迟迟无法在形式上为自己的职业生涯画一个句号。我心生不安，但杨老师的理解、支持和耐心让我打起精神，为了顺利出站、真正成为杨老师的学生而努力，终于在2016年的上半年完成了全部的博士后研究工作并顺利出站。

　　谢谢杨老师的不吝赐教和指导，促使我反思自己的研究思路和现有的研究局限性，这为本书稿的修改和我下一步的努力方向奠定了坚实的基础。谢谢李如密教授，在我为能否顺利出站而迷茫的时候，来我校做学术报告的他鼓励我不要放弃，要相信自己能做到。谢谢在我博士后开题和出站答辩时提出宝贵意见的吴康宁教授、李如密教授、胡建华教授和张乐天教授，他们基于不同学术视角的指导也成为本书稿重要的学术营养。

　　特别感谢参与本研究的三位教师，他们不但牺牲了自己的宝贵时间参与本书所需要的教师课前说课、课堂观察和课后访谈等系列活动，还贡献了大量的草根资料，正是他们的配合和付出，才使本书写作得以顺利进行。感谢我的学生程洁和郭翠萍，在最初的数据搜集期间，她们和我一起走进课堂进行观察，一起参与教师访谈，帮助我将访谈录音资料转化为文字。

　　感谢我的家人，在支持我读博士之后又继续支持我的博士后研究工作。从聊城到南京的奔波，从工作到学习的兼顾，使我对家庭的付出太少，没有他们的理解和支持就没有我今天的收获。

　　最后，要向中国社会科学出版社的王琪编辑表达诚挚的谢意，正是王琪老师的大力支持和辛勤劳动，才保证了本书的顺利出版。

　　在成书的过程中，对相关研究成果的借鉴基本上都注明了出处，但可能仍有疏漏之处，敬请专家学者见谅。对书中观点偏颇、评介不妥之处，也恳请各位专家读者批评指正。

张朝珍
2016.8